JN141083

スポーツ問題研究会［編］

発行　民事法研究会

# 第４版　はしがき

『Ｑ＆Ａ　スポーツの法律問題〔第４版〕』ができあがりました。本書は、スポーツ選手（アスリート）・指導者・観客・支援者（サポーター）、つまり、スポーツが好きなすべての人を対象にしています。

私たちスポーツ問題研究会は、今から27年前の1991年に発足しました。当時の思いは以下の設立趣旨に述べられています。

## スポーツ問題研究会・スポーツ119番
## 設立趣旨

### Ⅰ　スポーツの必要性

⑴　健康とスポーツ

人間の財産は、肉体とそれに宿る精神である。より速く、より高く、より遠く、より巧く、これまでできなかったことができるようになった時の喜びは、何人も経験するところである。肉体を鍛え、精神を磨き、心身の健康を維持・増進する。

スポーツは、人生の楽しみである。

⑵　余暇の利用とスポーツ

スポーツは、人間の活力の源泉である。各個人が切磋琢磨し、競い合うことにより、コミュニケーションを育てる社交の場である。人間の寿命の伸長と労働時間短縮による余暇の増大は、人生の実質を増大させる。余生は決して余った時間ではなく、余暇は決して余った時間ではない。健康に老いることの重要性は、これからますます強調される。

スポーツは、人生の最良の栄養である。

⑶　世界平和とスポーツ

ところで、人間にとって闘争本能は本質的属性であることは否定できない。そして、人間の歴史は、この闘争本能のもっとも赤裸々な現象形態である戦争によって幾多の生命・身体を犠牲にしてきたのである。もとより、闘争本能だけから戦争が発生したわけではないが、今後予想される戦争の最悪のシナリオは、核戦争による人間の破滅であり、このような事態は何としても避けねばならない。幸いスポーツは世界共通のルール化により、人間の闘争本能を満足させる側面を有する。私たちは、武器をスポーツ用具に持ち替えねばならない。

互いに競い合うことにより生み出される友情と連帯の絆は、人生の大きな糧である。スポーツは、国籍・民族・人種・言語・主義・思想・宗教等の相違を払拭し、平和を象徴する。

すなわち、スポーツは人間社会の生存・平和の礎である。

## Ⅱ　スポーツ界における現代的問題点

このように、スポーツを愛することは、人間を、そして平和を愛することであり、スポーツは、個人的にはもちろん、社会的にもますます有用なものになりつつある。これを反映して、現代の日本におけるスポーツの振興には著しいものがある。

アマチュアスポーツは、レジャーの時代を象徴して種々に展開され、プロスポーツも、マスコミ媒体の定量を占有し、話題に尽きない。

しかし、スポーツについては、教育・指導の過程から、競技実践の場、さらに安心してスポーツに親しむための社会制度の構築に至るまで、さまざまな問題を抱えている。個別的なルールの問題、義務教育課程での体育授業、高等教育機関での推薦制度、身体的負傷に伴う紛争処理、アマチュアとプロの垣根の問題、といった一般的問題のほか、例えば、スポーツを利用した詐欺商法、ゴルフ場における農薬散布といった個別的問題等、いくつもの大きな問題を残している。

要するに、現代の日本においては、スポーツにまつわる病める領域、これから検討を要する領域が厳然として存するのである。

さらに、これらのスポーツに関する問題を扱う国家機関が文部省の一部でよいのか、スポーツ省を創設すべきではないのか、という国家施策上の問題も存する。

これらの問題点を踏まえて、各方面から将来を展望し、総合的・世界的視点から、スポーツを語り合うことが必要と考える。

### Ⅲ　私たちの当面の課題―スポーツ119番

(1)　昨年秋、私たちは、あるプロスポーツ選手の現実に直面し、その法的問題を考える機会に巡り合った。

熟練したスポーツマンが、その技能を活かし、プロ選手として活躍するのは自然な発想であり、それは職業選択の自由でもある。そして、これを観る者にとって、プロフェッショナル同士の最高技能の激突は、ときには自分がプレーする以上の感激・興奮を伴う。しかし、それら選手の話を聞き、現在のプロスポーツ選手が置かれている地位が法的に極めて不安定であり、人権擁護の観点から問題ではないかと思ったのである。

そこで、私たちは、このような実態をより正確に把握し、まずプロスポーツ選手の不安定な法的地位を改善し、彼らが安心して競技に打ち込める条件の整備に努める必要性を痛感した。同時に、その研究の過程で判明してくる社会的問題についても焦点をあて、憧れの職業と呼ぶに相応しい実質にする必要があると考える。また、同様な事態はアマチュアスポーツ界にも存在している。

(2)　こうして私たちは、「スポーツ119番」という考えを提唱すべきだと思うに至った。それは、華やかなスポーツ界の、ともすれば見落とされがちな影の部分に光を当てることを意味する。

スタープレーヤーの影で理不尽に泣く選手はいないのか、あるいは、スタープレーヤーと言われたその人が、スポーツマンであったことを後悔する日々を送っていないかということである。国威発揚のためのスポーツの利用、企業による使い捨て、怪我・疾病への無保障、身体酷使による選手生命の断絶、等々の問題である。

そして、このような形で流される涙が、一所懸命に闘って敗れた時のスポーツマンの熱い涙と異質であることは言うまでもない。これらは、人が生まれながらに有する権利、基本的人権に深く関わる事柄である。

生命の喜びであり、讃歌たるべきスポーツが、人権を軽視する結果に導かれてよいはずがない。

(3)　そこで、私たちは、スポーツにまつわる人権侵害の諸問題について、スポーツを愛する多くの人たちからの問題提起を受けるとともに、当面スポーツ選手の法的地位の実態を把握するための研究を行うものとする。

私たちは、全人類にとってのスポーツの価値が、いっそう高まることを念願するものである。

スポーツを愛する方々のご指導とご理解・ご協力・ご支援を切にお願いする次第である。

1991年　スポーツの秋

**スポーツ問題研究会**

以来四半世紀以上の月日が流れました。上記設立の趣旨には、足りないところもありますが、今も色あせずに輝いていると自負しています。

その間、日本のスポーツ界ではＪリーグが誕生し、サッカーワールドカップが日韓共催で開催され、ＶリーグやＢリーグもでき、さらに近い将来2019年にはラグビー・ワールドカップ、2020年には東京オリンピック・パラリンピック、2021年にはワールドマスターズとビッグイベントも目白押しです。

そして、このスポーツの楽しみをより強固なものとするため、2011年に「スポーツ基本法」が制定され、スポーツ庁もできました。

スポーツ基本法は、その年の３月11日、悲惨な東日本大震災・福島原発事故があった、まさにその年に成立したものですが、直後に開催された春の高校選抜野球大会、プロ野球の開催にあたっての嶋基宏選手の野球の底力を見せましょうとの力強いメッセージ、サッカーなでしこジャパンの女子ワールドカップ優勝など、いずれもスポーツには、人を感動させ勇気づける普遍的な力があることを、私たちに教えてくれました。

この法律は、前文の「スポーツは、世界共通の人類の文化である」ではじまり、「スポーツを通じて幸福で豊かな生活を営むことは、全ての人々の権利であり」と、高らかにスポーツが基本的人権であることを宣言しています。

いうまでもないことですが、平和でなければスポーツはできません。そのことは過去の世界大戦時に、オリンピックや国内のスポーツ競技大会が中止されたことでも明らかです。 ただ、もう一つ、平和でなければスポーツができないだけでなく、スポーツには「平和を創る力」(平和創造機能) があることです。

その意味で、東京オリンピック・パラリンピックのレガシー (遺産) として何を残すべきかといえば、未来に続く「平和の礎」だと思います。

これまで私たちは、スポーツの法律問題として、主として個別の事件に実務家として法的対処をしながら研鑽を重ねてきました。

そして今では、若手メンバーを中心に、スポーツだけでなくエンターテインメント部門も含めた研究会として、大阪弁護士会スポーツ・エンターテインメント法実務研究会があり、毎月例会で活発な研究発表などを行っています。

私たちは、今後とも、個別事件の法的処理はもちろん、スポーツ基本法やスポーツ庁を、より具体的に活用し、スポーツを通じて豊かな生活を営むため、さまざまな活動や提案をしていきます。

引き続き、みなさまのご指導とご支援を、よろしくお願いします。

2018 (平成30) 年　早春

**スポーツ問題研究会**

**代表　辻　口　信　良**

# （初版）はしがき

スポーツ問題研究会が誕生したのは、1991年の秋でした。その後、ヤクルトスワローズ古田敦也選手と球団との代理人交渉問題、JBC（日本ボクシングコミッション）によるボクシングジム経営制約の問題、ゴルフ場開場遅延の民事責任追及とその責任者の範囲の問題などで、スポーツ界における不明朗な点や不条理につき問いかけてきました。

会員がスポーツをめぐる問題を持ち寄り、研究し、発表し、議論する月１回の例会のほか、「スポーツ119番」という電話相談も２回試みる中で、スポーツについての様々な「悩み」や「問題点」を知りました。有名なプロスポーツ選手をはじめ、社会人として半ば職業的にスポーツを行う人からの相談、また、中学・高校・大学などで部活を行う学生やその親御さんからの相談など、相談の内容は様々で、客観的にもきわめて深刻といえる相談から、第三者からみるとそれほど悩まなくてもというものまで、いろいろありました。

私たちは、直面した１つひとつの問題に対し、ときには訴訟の提起、公正取引委員会への申告等による解決も選択しつつ、問題の所在を明らかにしようと努めてきました。こうした活動を進める中で、スポーツ界の悩みに対し、法的観点からスポットを当てて論じている書物が意外に少ないことに気づくとともに、スポーツ界の中で、法律がもっともっと場所を占めさせてもらえるはずだと感じるようになりました。

ところが、スポーツ界では、スポーツと法律は無縁でありたいのか、自分たちの悩みを弁護士や税理士などの専門家に相談することをためらい疎んじる風潮が強いようです。私たちが一番おもしろくも悲しいと思ったのは、「スポーツ選手がお金のことであれこれ言うのは、スポーツ選手らしくない」という奇妙な批判を耳にしたときでした。冷静に考えれば、こんな非常識な言葉はないのですが、日本では、それが意外ともっともらしく響くようです。

もちろん、スポーツの世界にルールがあるごとく、スポーツをめぐる悩みやトラブルの解決にもルールがあるのは当然です。相談者の中には、ルールを無視して、わがままな結果の獲得だけを求めるものもありました。本書の中でも一部触れましたが、このような理のないわがままに対しては、これをきっちりとルールの中に収める必要があります。いずれにしても、一方で、スポーツについての様々なことがらを、もっと気軽に相談してもらえたらと思うとともに、他方、私たちにそのような受け入れ体制がきちんとできているのだろうかとの反省もさせられました。

そして、これらのことを合わせたうえで、なお、私たちは「スポーツ万歳」と叫び、すばらしいプレーには大いなる拍手を惜しみません。また、楽しむスポーツには幸福追求への大いなるのびやかさを期待します。

ところで、スポーツ問題研究会のメンバーの中には、スポーツをめぐる実社会での法律上・税務上の諸問題の解決、学問的な研究教育活動にとどまらず、次のような実践活動を行ってきた者もいます。

たとえば、サッカーでJFLだった京都パープルサンガをＪリーグに昇格させるため、桂を「京都にＪリーグを　市民の会」代表とし、これを冨島らが支援し、25万人もの署名を集め、燃えないと言われた京都に、1995年、見事にＪリーグを招致、地域社会におけるスポーツのあり方に旋風を起こしました。また、辻口・森谷・新矢らで、2008年、大阪にオリンピックを招致しようと、応援団を組織、現在も奮闘中です。これらは、いずれも、この研究会の発足の趣旨にの沿うものであり、理論と実践の両輪で活動を続けてきました。

そんな折、これらの研究内容や紛争解決の実態をまとめて本にしないかとお話があり、検討に入りました。しかし、スポーツと法律・税金・保険などの問題については、これまであまり正面から論じられておらず、先にも述べたとおり類書も乏しかったこと、また、執筆陣各自が個別の仕事を持っていることなどから、なかなか作業が進まず、発刊が大幅に遅れてしまいました。

ただ、内容については、実際に相談のあった事例、スポーツ界で表面化している事件などを基礎としており、かなりユニークかつ実践的なものになったのではないかと思います。もとより、私たちの未熟さや誤解により、不十分、不正確を内容もあると思いますが、皆様の叱正を得て、改めていきたいと思っています。

本書の出版については、民事法研究会の田口信義・田中敦司両氏の熱心かつ我慢強い励ましがありました。ここに感謝の気持をこめ、ありがとうございましたと言わせていただきます。

1997年9月

スポーツ問題研究会
編集責任者
桂　充弘　新矢　等
辻口信良　冨島智雄
森谷昌久　山田文男

『Q＆A スポーツの法律問題〔第4版〕』

# 目 次

## ●第1章 スポーツと法律●



## ●第2章 スポーツと人権●

## ●第3章 スポーツ事故●

# ●第4章　スポーツビジネス●

## ●第5章　スポーツの団体運営●



## ●第6章　アンチ・ドーピング●

## ●第7章　スポーツにおける不祥事●

# 凡　例

●法　律

| | |
|---|---|
| 独占禁止法 | 私的独占の禁止及び公正取引の確保に関する法律 |
| 景品表示法 | 不当景品類及び不当表示防止法 |
| 男女雇用機会均等法 | 雇用の分野における男女の均等な機会及び待遇の確保等に関する法律 |
| 暴力団対策法 | 暴力団員による不当な行為の防止等に関する法律 |
| 個人情報保護法 | 個人情報の保護に関する法律 |
| 性同一性障害者特例法 | 性同一性障害者の性別の取扱いの特例に関する法律 |
| バリアフリー新法 | 高齢者、障害者等の移動等の円滑化の促進に関する法律 |

●判例集

| | |
|---|---|
| 民集 | 最高裁判所民事裁判例集 |
| 刑集 | 最高裁判所刑事裁判例集 |
| 集民 | 最高裁判所判例集民事 |
| 下民集 | 下級裁判所民事裁判例集 |
| 判時 | 判例時報 |
| 判タ | 判例タイムズ |

※なお、公益財団法人日本体育協会は、2018年４月１日から団体名を「公益財団法人日本スポーツ協会」に改称しますが、本書では脱稿時点の名称である「公益財団法人日本体育協会」を用いています。

# 第1章

# スポーツと法律

# Q1 スポーツと法律の関係

スポーツと法律はどのような関係があるのでしょうか。

A

## スポーツと法律

スポーツと法律というと、まず「それ、どのような関係があるのですか」と聞かれます。2011年にスポーツ基本法ができるまでは、必ずといってよいほど、そう聞かれました。

わが国では、人々の生活を法律関係としてとらえるのが苦手です。そして、いまだに自主的に考えて行動せず安易に応諾したり、長いものには巻かれる式の近代的行動様式が残っています。その結果、法の規定に従い合理的に行動する「法の支配」について考えるのが淡泊でもあります。

そのような国民性とも関連し、スポーツと法律は関係ないのではないかと、長い間多くの人に思われてきました。

しかし、本書の目次をみればスポーツと法律が大いに関係しているとわかりますし、現在、全国の約60の大学で「スポーツ法」の講座が開講されています。「スポーツ法とは何ですか」との質問に対して、私は「ある法がスポーツに関係すれば、その関係する限度でその法はスポーツ法です」と答えています。

実際には、スポーツ事故での、主として不法行為の分野を切り口として1970年頃から、アメリカを中心に発達してきたのがスポーツ法です。

日本でも、同じくスポーツ事故の責任や損害賠償請求を扱う不法行為を出発点として、プロ選手の契約問題、そして近時は無体財産法を含む種々の産業法などを絡めながら、広い分野でスポーツ法が浸透しつつあります。

## 憲法上の「新しい人権」としての「スポーツ権」

スポーツに関する具体的な法律については、Ｑ４で説明するとして、ここでは、より基本的な、憲法とスポーツの関係について考えてみます。

スポーツについて、憲法に明文規定はありませんが、スポーツ権は、憲法上の「新しい人権」です。このことについて、私などは、スポーツ基本法制定以来、特に強く主張しています。

そもそも「新しい人権」については、表現の自由（憲法21条）のように憲法制定時に明文として掲げられていなくても、その後の社会の進展、状況の変化などにより保障が要請される「新しい人権」があると説明され、多くの憲法学者が肯定しています。

「新しい人権」について実際には、その権利の歴史性、普遍性、他の権利との関係など種々の要素を考慮して慎重に決定すべきだといわれています。そして具体的には、人格権、プライバシー権、環境権、知る権利、日照権、眺望権、嫌煙権、平和的生存権などが、「新しい人権」だと主張されています。

## スポーツの現代的意義と法
## ——個人的意義・国家的意義・国際的意義

憲法上の新しい人権として認められるかどうかは次の基準によるべきです。すなわち、抽象的でなく、具体的・実質的・現実的に現代社会そして現代社会に生きる人間にとって必要不可欠なものとして意義づけられるか否か、より理念的にいえば個人を大切にする現代社会を前提に、憲法13条の根源的価値（個人の尊重・個人の尊厳）に適合するか否かを基準に考えるべきだと思います。

その観点からスポーツを考えてみると、現代社会においてスポーツには、次のとおり「個人的」、「国家的」、「国際的」な三つの不可欠で重要な意義があり、「スポーツ権」は「新しい人権」としてふさわしいと思います。

① 個人的意義としては、スポーツが、その語源としてのデポルターレ（de-portare）の言葉どおり、楽しい、おもしろい、元気が出る点で人格的生存に不可欠である点です。逆説的ですが、個人が健康に老いて元気に死んでゆくための大切な権利としてのスポーツです。

② 国家的意義としては、統計もありますが、適度なスポーツが国民の健康維持に役立ち、国家の医療費削減につながる点です。そして、元気な高齢者によるボランティア活動が行われ、また家族・地域社会で知識・知恵などの承継も可能となることで、社会の活力源にもなり宥和的社会に奉仕します。

③ 国際的意義としては、平和な社会をめざしこれから徐々に武器を放棄してゆく（べき）国際社会の中において、特に若者を通じてのスポーツでの

国際交流は、間違いなく戦争の代替・補償機能としての意味をもつという点です（創る平和＝スポーツの平和創造機能）。

このような観点から、スポーツ権は、憲法上の新しい人権として極めてふさわしいのです。

## スポーツ法の分類

本書での個別事例で検討されるとおり、スポーツはそれぞれの場面で、多くの法律と関係しています。ここでは、スポーツ法を次の５つに分類して考えてみましょう。

①　スポーツ基本法　　スポーツ振興法の全面改正で成立したスポーツ基本法は、スポーツ法にとって最も重要な法律です。私たちは、前文の「スポーツは、世界共通の人類の文化である」から始まる全35条の基本法をよくかみしめ活かしながら、国や地方公共団体に対し、積極的に個別の法律・条例の制定や施策実施の要望を行い、スポーツ権の実質化を図る必要があります。

②　教育関係法規　　スポーツ関係法の中で、教育関係法規は無視できません。というのは、わが国でのスポーツは、江戸末期から明治維新にかけて入ってきて以降、当時の帝国主義的な世界情勢もあり、楽しいだけではなく学校での教育の一環、つまり知育・徳育と並ぶ体育として位置づけられてきた歴史的経緯があります。私はこれを「スポーツの体育化」と呼び、日本のスポーツ法の特徴・特殊性だと考えています。

教育関係法規の中には、教育基本法を筆頭に、学校教育法、社会教育法などがあります。

③　行政関係的法規　　スポーツを運用・活用するための行政法的な、自然公園法、独立行政法人日本スポーツ振興センター法や、スポーツ振興投票の実施等に関する法律（toto 法）などです。どちらかというと、スポーツを外側から法的に支え、また規制します。

④　その他のスポーツ関係法規　　その他、先にも述べたとおり、スポーツとしての社会事象が法律と関係する場合、それはスポーツ法なのであり、前記民法の不法行為（709条）や契約法（623条など）は債権各論における

債権発生原因としての意味をもちます。また、独占禁止法や不正競争防止法といった経済法、さらに無体財産法といわれる、いわばスポーツビジネスの世界で現在花形的地位にある法律群もあります。これらは、それぞれの具体的事例の中で適用が論じられることになります。

⑤　スポーツ固有法　　なお、法とは何かという議論とも関連しますが、私は、スポーツをする人（アスリート）が強く拘束される、ドーピング防止規程やプロ野球の統一契約書などをスポーツ固有法として考えたいと思います。

このスポーツ法がどのような内容を有しどのような適用関係になるかなどは、今後のスポーツ法の重要な課題です。

## スポーツ権の内容

前述のスポーツ権は、「する権利」、「観る権利」、「支える権利」のそれぞれの側面からとらえることができます。そのうち、一番大切なのは、する権利（アスリート・ファースト）ですが、するのではなく、観戦することで、する以上の感動を得ることもありますし、たとえばマラソン競技におけるボランティアのように、支える側に回って、スポーツを楽しむこともできます（スポーツ権については、Q５も参照してください）。

実際に、スポーツに関する法律がどのような形で社会に現れ、活用されているかについては、Q４に分類、記載されており、また本書の各個別事例の中で説明されていますので、そこを参照してください。

**【参考文献】**

辻口信良『“平和学”としてのスポーツ法入門』（民事法研究会、2017年）

（辻口信良・新矢　等）

## Q2 スポーツのルールと法

スポーツにはなぜルールがあるのですか。ルールと法は違うのですか。

A

### スポーツは犯罪か

ボクシングは人を思い切り殴り、ラグビーは相手の足をつかんで倒し、柔道は相手を投げ飛ばします。同じことを街中で行えば、間違いなく逮捕されるでしょう。傷害罪、暴行罪、逮捕・監禁罪に問われ、あるいは損害賠償を請求されるかもしれません。

犯罪にもなりかねない危険なことが、なぜリングの上、グラウンドの中なら許されるのか。それはスポーツだから、言い換えると「スポーツのルールに従っているから」にほかなりません。ルールがあることでスポーツは法的に保護されるのです。

実際に、アマチュアのバレーボールの試合中に相手プレーヤーに負傷させた事故の裁判で、「そのスポーツのルールに著しく反することがなく、かつ通常予測され許容された動作に起因するものであるとき」は、ケガをさせても違法ではないとしています（東京地裁昭和45年２月27日判決・判時594号77頁）。

### ルールは契約か、法か

スポーツをするときは、誰もが互いにルールに拘束されることを事前に了解します。そして、試合が始まった以上は、そのルールを守り、守らなければ反則として不利益を受けます。

このように、スポーツでは、ルールというあらかじめ合意した取り決めの中で戦いながら、試合という共同作業を行っています。これは法的な観点でみると契約によく似ています。契約も、事前の取り決めを前提に共同して活動するものだからです。このため、当事者同士が納得すれば、ルールを変更して、５人対５人で野球をしても、スクラムを押さないことにしてラグビーをしても全く自由です。当事者が特に決めなかった部分は、そのスポーツの一般的なルール、すなわち、「公認野球規則」や「サッカー競技規則」など、競技団体がつくった公式のルールに従うという暗黙の了解があります。

一方、競技団体が主催・関与する公式戦は、「公認野球規則」や「サッカー競技規則」などの公式の競技規則が適用されます。プレーヤーは、競技団体の構成員の義務としてこのルールに服さなければなりません。これは、競技団体の多くが定款で競技規則を制定でき、これに構成員が従わなければならないことを定めているためです。たとえば、ワールドラグビー（ラグビーの国際統括団体）の規約３(b)は、「ワールドラグビーの機能及び目的」として「定款、規定、及び、競技規則の作成、解釈」をあげています。また、公益財団法人日本バレーボール協会定款４条⑽は、「この法人は、前条の目的を達成するために次の事業を行なう」として「バレーボール競技規則に関すること」としています。この場合は、当事者が合意したからといってルールを変更することはできません。

以上から、スポーツのルールには二つの意味があるといえます。一つは実際にスポーツをするときのルール、もう一つは競技団体がつくった公式のルールです。

## 試合場を飛び出したルール

スポーツのルールは、将棋で飛車は前後左右に動くと決まっているのと同じように、スポーツの中での「遊び方」を定めたものです。

したがって、本来は、ルール違反があっても、試合中に反則として反映されるにとどまるはずです。

しかし、ルールがプレーヤー個人の法的権利にまで影響を及ぼすケースがあります。

たとえば、危険なプレーや侮辱的な発言、審判に対する暴言があると、反則として、サッカーは相手チームに直接フリーキック、ラグビーは相手チームにペナルティキックが与えられます。しかし、これにとどまらず、違反したプレーヤー個人に対して、レッドカードや退場処分が言い渡され（サッカー競技規則12条、ワールドラグビー競技規則10条、公認野球規則6.04）、さらにこれだけではなく、後日、競技団体から試合出場停止や罰金の支払いを命じられることがあります。こうなると個人の市民的な活動の自由や財産権に影響を及ぼすものとなります。

2006年のサッカーワールドカップで、フランスのジダン選手がイタリアのマテラッツィ選手の挑発を受けて頭突きをした事件がありました。新聞報道によると、国際サッカー連盟（FIFA）は、ジダン選手に社会奉仕３日と罰金約70万円、マテラッツィ選手に２試合の出場停止と約47万円の罰金を命じています。

人権、倫理、安全など、スポーツに対する社会の目が厳しくなるにつれ、このような法とルールが接近・交錯する場面は、今後ますます増えていくものと思われます。

（宮島繁成）

## コラム ■不易百年

わが国のベースボールは、明治５（1872）年に明治新政府のお雇い教師、米国人ホーレス・ウイルソン氏が第一大学第一番中学（東京大学の前身）の学生に伝えたのが始まりだ。ウイルソン氏が学生に野球を教えた動機は、学生たちの体力が心もとなく、これからの新生日本を担う青年は、しっかり勉強するために、まず身体を鍛えるべきだと考えたからである。

ウイルソン氏が「諸君運動場に出よ！　身体を鍛えよう」と戸外でベースボールを教えたのがわが国の野球事始めと伝えられている。東京一ツ橋の学士会館の前庭には記念碑が設置されている。

高校野球は、大阪豊中で大正４（1915）年に開催された全国中等学校優勝野球大会にて産声をあげ、全国高等学校選手権大会（夏の大会）として、平成27（2015）年で100年の節目を迎えた。第二次世界大戦のため４年間の中断があったので平成30（2018）年に記念すべき100回大会を迎える。

現在、国民的関心を得ている高校野球も、歴史を紐解くと大きな危機があった。危機というより外圧というべきだ。最初は明治43（1910）年の東京朝日新聞社が展開した「野球害毒論」だ。このとき、野球のおもしろさに取りつかれた学生たちの行き過ぎが指弾された。

しかし、大阪朝日新聞社は、「野球を通じて立派な青少年を育成する」という理念の下、村山龍平社長の英断で全国中等学校優勝野球大会を創設した。たちまち人気を博し、大正13（1924）年に阪神電鉄が甲子園大運動場を建設するに至った。

二つ目は、昭和７（1932）年に文部省が出した「野球統制令」だ。学業との関係を懸念した文部省が、当時の全米大学体育協会（NCAA）でカーネギー財団が実態調査した資料を参考に学生野球の健全化を求めた。当初は学生野球の統括団体ができるまでという意向だったものが、その後戦時体制になり軍部の介入を許した。

三つ目は、戦後の連合国軍最高司令官総司令部（GHQ）の「日本の体育」（昭和21（1946）年３月）の指針だ。夏の選手権大会の復活を認められたものの、この指針によって春の選抜大会は「学生の全国大会が２回もあるのはおかしい」とクレームがつき、アメリカ流に年間を通していろいろなスポーツに取り組むべきだと指導された。

しかし、物資の統制下にある当時、さまざまなスポーツの用具を準備するのは無理であると反論し、代わりに12月から翌年４月１日までは「アウトオブシーズン」を設け、その期間には一切の大会はやらないことになった。また、全国中等学校野球連盟の創設や学生野球憲章などを整備し、難局を乗り越えた。

以上は、いわば外からの圧力だったが、四つ目は平成19（1997）年に露見した「特待生問題」だ。かねてより高校野球では野球の技量を対象にした特待生制度は認めないとしていたが、いつの間にか私立学校の多くがそのような特待生制度を採用し、内部で「経年変化」していった。

他の高校スポーツ競技が制限なく特待生を容認していたこともあって、この問題を重視した国会議員が、日本高等学校野球連盟が設けた有識者会議への参画を強く求めてきた。これに対し国会議員の介入に抵抗を示す意見があり、私がその断りに出向いた。

私は、「人間は本来、自然治癒力が備わっていて、自然治癒力で治すほうが、外科的処置や投薬で治すより、本当の健康を取り戻すことができるという。ぜひ我々の自主的な努力を見守っていただきたい」とお断りした。

社会環境や価値観は変化するが、高校野球の歴史を顧みて野球を通じて立派な青少年を育成するということについて、「不易百年」、守ってきた精神を忘れないでいたい。

**田名部和裕**（公益財団法人日本高等学校野球連盟理事）

## Q3 スポーツ・インテグリティ

スポーツ・インテグリティとはどういう意味でしょうか。スポーツ・インテグリティを脅かす要因としてはどのようなものがあるのでしょうか。

A

### スポーツ・インテグリティとは

インテグリティ（Integrity）という用語については、これを正確に表現する日本語がないのですが、一般的には「清廉」、「高潔」などと訳されます。スポーツ・インテグリティとは、スポーツにおける公平性やフェアネスなどを守るもの、ルールなどを超えたスポーツにおいて守るべきものという意味合いで使われることが多いですが、その意味は一義的ではありません。

犯罪行為などの法律違反行為、スポーツにおける規則違反行為、人権や正義に反する行為、公平性や平等性に反する行為、フェアプレイやスポーツマンシップに反する行為などがスポーツ・インテグリティを脅かす行為といわれています。

近時、スポーツ界においては、スポーツ選手による賭博行為や大麻吸引行為、八百長や無気力試合、ドーピングや人種差別行為などスポーツ・インテグリティを脅かすような行為が後を絶ちません。

### スポーツ・インテグリティの類型

スポーツ・インテグリティを脅かす行為にはいろいろなものがありますが、類型化すると大きく二つに分けられます。

まず一つは、法律・規則に違反する行為です。ドーピングがその典型です。野球賭博などの賭博行為も日本においては違法であり法律違反となります。このような行為については、法律や規則違反であることが明白ですので、法律や規則に従った処分が可能です。

もう一つは、法律・規則には違反しないが、フェアプレイの精神やスポーツマンシップの観点などからスポーツ・インテグリティを脅かすとされるものです。無気力試合がその典型です。2012年ロンドンオリンピックのバドミントン予選において、中国や韓国、インドネシアの４つのペアが、決勝リーグでの対戦相手を考えてわざと負けるように無気力な試合を行ったことがありました。これについて世界バドミントン連盟は、選手行動規範が規定する不適切行為である「勝つための努力を怠る」、「スポーツ精神にもとる、明白に有害な行為」にあたるとして、4ペア8選手を失格としました。これに対しては、そもそも明確なルール違反ではないのに処分が可能か、決勝で勝つための行為であり選手達は勝つための努力を怠ったわけではないのではないかなどの問題も指摘されました。このように、スポーツ・インテグリティを脅かす行為のうち、明確な法律や規則違反でない行為については、これを事後的に処分することには問題も生じます。そこで、このような行為が行われないよう啓発活動を行う、違反行為を明確化する、スポーツ・インテグリティを脅かす行為が起こらないような大会のシステムを整備するなど事前の対策が重要となります。

## スポーツ・インテグリティを脅かす要因

スポーツ・インテグリティを脅かす要因はさまざまなものがあります。

たとえば、ドーピングは、選手が薬物を用いてもパフォーマンスを向上したいと考えることに要因があり、これについては選手の生命・身体の危険、公平性、スポーツマンシップ違反などがスポーツ・インテグリティを脅かす根拠とされます。

八百長については、賭博が絡む八百長とそうでない八百長がありますが、賭博が絡む八百長については試合結果などを操作して賭博を有利に運ぶという要因があり、これは賭博という偶然性に賭ける行為そのものに違反することがスポーツ・インテグリティを脅かす根拠となります。賭博が絡まない八百長として、日本の大相撲における八百長事件がありましたが、勝ちを操作して皆が番付上有利になるようにするという相互扶助的な要因がありました。これについては、大相撲が真剣勝負のスポーツの一つとされていることがインテグリティを脅かす大きな根拠とされました。

**【参考文献】**

『法的観点から見た競技スポーツの integrity ―八百長，無気力試合とその対策を中心に―（日本スポーツ法学会年報第20号）』（日本スポーツ法学会、2013年）

（堀田裕二）

## Q4 スポーツに関する法律

スポーツに関する法律にはどのようなものがありますか。また、そのような法律は何のためにあるのでしょうか。

スポーツに関する法律としては、何といってもまずスポーツ基本法があります。しかし、それだけではありません。スポーツに直接関係する法律は他にも多々ありますし、スポーツだけを対象とした法律でなくとも、スポーツの世界に関係する法律はたくさんあります。

### スポーツ基本法

#### (1) スポーツ基本法の成立・施行

2011年６月17日、従来のスポーツ振興法を全面改正する形で、スポーツ基本法が成立し、同年８月24日に施行されました。

スポーツ振興法は、東京オリンピック・パラリンピックを３年後に控えた1961年に成立したもので、それから50年を経て、スポーツ基本法が成立したことになります。

#### (2) スポーツ基本法の内容

スポーツ基本法の内容は、概説すると次のとおりです。

① 目　的　　スポーツ基本法の目的は、「スポーツ立国の実現を目指し、国家戦略として、スポーツに関する施策を総合的かつ計画的に推進するため」（前文）とされています。この法律はいわば、日本のスポーツ政策に関する憲法的な位置づけとなっています。

② 対象の拡大　　従来のスポーツ振興法では、プロスポーツを振興の対象外としていましたが、スポーツ基本法では、プロスポーツもその対象に含めることとなりました（２条６項）。

また、障害者スポーツの推進についても明文規定が設けられました（２条５項）。

③ スポーツ権の明記　　人にはスポーツをする権利、すなわちスポーツ権があることが明記されました（前文・２条１項）。なお、スポーツ権につい

てはQ５で解説します。

④　国や地方公共団体が取り組むべき事項　　国は、スポーツに関する施策を推進するべく、スポーツ基本計画を定めなければならないことになっています（９条）。また、スポーツ施設の整備（12条）、スポーツ事故の防止（14条）など、国や地方公共団体が取り組むべき事項が列挙されています。

スポーツ振興法には規定がなく、新たに盛り込まれたものもあります。

たとえば、大会の代表選手選考に関する紛争など、スポーツに関する紛争が増加していることから、国は、そうした紛争を迅速かつ適正に解決するための措置を講じることとなりました（15条）。また、国際大会での日本選手の活躍等をめざして、優秀なスポーツ選手の育成のための措置を講じることになりました（25条）。スポーツの公正、公平を保つため、ドーピング防止活動を推進すべきことも盛り込まれています（29条）。

⑤　スポーツ団体の努力義務　　スポーツ団体は、公の団体ではありませんが、各種競技大会を開催したり、日本代表選手を選考したりするなど、スポーツ活動において不可欠の存在となっています。

そこで、スポーツ団体も、安全への配慮（５条１項）、団体の適正な運営（同条２項）、スポーツに関する紛争の迅速かつ適正な解決（同条３項）等に努力しなければならないこととされました。

**⑶　今後の展開**

前記のように、スポーツ基本法は、さまざまな施策について明記されており、非常に価値の高いものといえます。しかし、その一方で、それぞれの規定が理念的なものにとどまっているため、具体的に国がどういった施策をとるべきなのか、はっきりしない面があります。また、国などの義務の程度も、「努めなければならない」、「必要な施策を講ずるものとする」といった表現になっているものが多く、たとえば国がこれらの義務に違反した場合にスポーツ基本法を根拠に国の責任を問えるかといったことについても、現時点では曖昧であると言わざるを得ません。

今後、スポーツ基本法上一つの条文で規定されている、スポーツ施設、スポーツ団体、ドーピング防止などそれぞれの分野について、具体的な施策を明らかにした個別法を制定する等、さらなる施策の推進が期待されるところです。

## スポーツに直接関係する法律

2015年10月１日、文部科学省の外局としてスポーツ庁が設置されましたが、これは文部科学省設置法という法律が改正されたことにより設置されたものです。

次に、公営競技に関する法律として、競馬法、日本中央競馬会法（競馬）、自転車競技法（競輪）、モーターボート競走法（競艇）、小型自動車競走法（オートレース）があり、スポーツくじ（totoなど）に関する法律として、スポーツ振興投票の実施等に関する法律があります。また、独立行政法人スポーツ振興センター法があり、同法人は、スポーツくじの実施事業や、学校管理下でのスポーツに関する災害に対する保険給付等を行っています。

2019年に日本で開催されるラグビーワールドカップ、2020年の東京オリンピック・パラリンピックに関しても、それぞれ特別措置法が制定されており、組織委員会に国の職員を派遣することなどが定められています。また、1964年の東京オリンピック・パラリンピック開催に合わせて国民の祝日に関する法律が改正され、スポーツに親しみ、健康な心身を培う日として「体育の日」が設けられています。

さらに、国が制定したものではないので法律ではありませんが、ドーピング防止に関する規程として、公益財団法人日本アンチ・ドーピング機構が定める日本アンチ・ドーピング規程があります。この規定に違反すると、記録の失効や長期間の出場停止など厳しい制裁が科されますから、特に日本代表クラスの選手にとっては、法律に勝るとも劣らない重要な規程といえます。

## スポーツに関係するその他の法律

日本では、教育は知育、徳育、体育からなるとされた時期があるため、スポーツはこの体育教育の一環として行われてきた面があるため、教育と密接にかかわっています。そして、体育教育にかかわる法律として、教育基本法、学校教育法、社会教育法などがあります。

また、スポーツ選手とスポーツ団体の関係を規定するものとして労働基準法、労働契約法、労働組合法などの労働関係の法律が、スポーツに関する知的財産を守るものとして著作権法、商標法、不正競争防止法などの知的財産に関する法律が、公のスポーツ施設について都市公園法などが、スポーツ用品について製造物責任法などがそれぞれあります。

さらに、スポーツに限らず、私人間の紛争について一般的に定めているのが民法であり、犯罪について一般的に定めているのが刑法です。民法や刑法がスポーツの場面で問題になることも多々あります。たとえば、スポーツ事故により損害が発生した際には、民法上の不法行為（709条）や安全配慮義務違反などの形で責任を問うことになります。また、スポーツ選手が違法な賭博に手を貸し、結果を左右するような行為をしていたことが発覚した場合は、刑法に規定されている賭博罪（185条）などを適用して処罰することになります。

**【参考文献】**

日本スポーツ法学会編『詳解スポーツ基本法』（成文堂、2011年）

**（岡本大典）**

## Q5 スポーツ基本法が定める権利

スポーツをする権利というものは法律上認められているのでしょうか。認められているとした場合、憲法やスポーツ基本法にどのように定められていますか。

### スポーツ権とは

ご質問では「スポーツをする権利」とありますが、まず、その内容について考えてみましょう。

たとえば、走る、跳ぶ、投げる、泳ぐ、といった身体を使った運動により気分を発散するのもスポーツの魅力であり、それを味わう権利はスポーツをする権利そのものといえるでしょう。トレーニングにより身体を鍛え、身体能力の向上を確認し充実感を得ることができるのもスポーツならではですし、チームスポーツで仲間とともに味わう勝利の喜びは、他では味わえないものです。

しかし、「スポーツ権」というときは、そうしたプレーヤー自身がスポーツをする権利だけでなく、スポーツを見る者の権利も含むものです。すなわち、プロとアマチュアを問わず、他者がスポーツをする姿を見て、あるいはその音を聞いて、その勝敗に一喜一憂したり感動を覚えたりする機会を得る権利も、「スポーツ権」に含まれます。

また、スポーツ選手を指導する立場にある指導者にとっての、「指導する権利」もまたスポーツ権の対象といえるでしょうし、スポーツ大会を運営する関係者たちにとっての、「スポーツに携わる権利」もスポーツ権の対象となるでしょう。

このように、スポーツを中心として、スポーツにかかわる当事者たちは、それぞれにスポーツ権を行使しているととらえることができます。

では、このスポーツ権とは、法律上認められているのでしょうか。

### 日本国憲法におけるスポーツをする権利

まず、はじめに日本国憲法において「スポーツをする権利」が認められているかというと、正面から「スポーツをする権利」を明記した条文はありません。

しかし、従前より、各人権規定の解釈により、スポーツをする権利は認められると考えられてきました。

たとえば、憲法13条が保障する幸福追求権から、スポーツをすることにより喜びを得る権利があると解釈することは可能です。

また、生存権について規定する憲法25条によれば、国民は健康で文化的な最低限度の生活を送る権利があるとされているところ、スポーツを通じて健康を手にし、かつ文化的に豊かな生活を送る権利があるとも解釈できます。

さらに、プロスポーツ選手として生活を送ることを選択することは、まさに憲法22条が保障する職業選択の自由の対象といえるでしょうし、憲法21条の表現の自由のうち、自己実現の側面を強調するならば、スポーツを通じての自己実現の機会も保障されると考えることができます。

したがって、直接的な明文上の規定がなくとも、スポーツをする権利は憲法上保障された権利であると主張することができるのです。

また、国際的には、1978年のユネスコ第20回総会において、「体育・スポーツ国際憲章」が採択され、その１条において、体育・スポーツの実践はすべての人にとって基本的権利であると明らかにされたことも重要です。

## スポーツ基本法の制定によるスポーツ権の明文化

もっとも、わが国の法制度をみても、従前のスポーツ振興法においてスポーツ権が明文化されていなかったように、スポーツ権を明文化した法律はこれまでありませんでした。

しかし、スポーツ振興法を全面改正する形でスポーツ基本法が2011年に規定されたことにより、大きな前進がありました（制定の経緯等については、Ｑ４を参照してください）。すなわち、同法前文は、「スポーツは、世界共通の人類の文化である」としたうえで、「スポーツを通じて幸福で豊かな生活を営むことは、全ての人々の権利であり、全ての国民がその自発性の下に、各々の関心、適性等に応じて、安全かつ公正な環境の下で日常的にスポーツに親しみ、スポーツを楽しみ、又はスポーツを支える活動に参画することのできる機会が確保されなければならない」として、スポーツはすべての人々の権利であることを高らかに宣言したのです。

## Ⅹ スポーツ基本法が定めるスポーツ権

スポーツ基本法は、２条において基本理念を定めており、スポーツを通じた幸福で豊かな生活を営む権利がある旨を規定しています。

また、スポーツは「国民が生涯にわたりあらゆる機会とあらゆる場所において、自主的かつ自律的にその適性及び健康状態に応じて行うことができるようにすることを旨として、推進されなければならない」（スポーツ基本法２条１項）とも定めており、これまでに比較的手薄であると認識されてきた地域スポーツの振興（同条３項）や障害者スポーツの推進（同条５項）についても規定をおいています。

スポーツ基本法は国や地方公共団体に対し、スポーツ施設の整備等に努める義務も課していますが（12条）、スポーツ施設等の整備は、プレーヤーや指導者らのみならず、スポーツを見て楽しむ側にとっても、スポーツに触れて楽しみ人生を豊かにする機会が保障されることを意味します。また、スポーツ団体にも一定の努力義務が課されました（同法５条）。

もっとも、現状では、スポーツ基本法のそれぞれの規定は理念的なものにとどまっているため、具体的に国や地方公共団体がどういった施策をとるべきなのか、はっきりしない面があります。また、前記のとおり、国などの義務の程度も、努力義務にとどまっているものが多く、国がこれらの義務に違反した場合にスポーツ基本法を根拠に国の責任を問えるかといったことについても、現時点では曖昧であるといわざるを得ません。

今後、スポーツ基本法上の条文で規定されている、スポーツ施設、スポーツ団体、ドーピング防止などそれぞれの分野について、具体的な施策を明らかにした個別法を制定する等、さらなる施策の推進が求められます。

そして、スポーツ権の内容も、そうした法整備の過程の中で、より具体的に、法的に保護されるべき権利として議論されることが期待されます。

**【参考文献】**

日本スポーツ法学会編『詳解スポーツ基本法』（成文堂・2011年）

（桂　充弘・相川大輔）

## Q6 民事と刑事

体育会系の部活動において、監督が部員を殴打し、部員が鼓膜を損傷した場合に、その監督が有罪判決を受け、さらに損害賠償を請求する裁判を起こされたと聞きました。このような場合、監督は有罪判決と損害賠償という責任が二重にかかるのでしょうか。

A

### 刑事責任と民事責任

法的な責任が問題となる場合、刑事責任と民事責任という二つの異なる責任を観念することができます。刑事責任とは、違法な行為に対し、国家権力によって刑罰が科せられる責任です。これは犯した罪に対する応報と犯人に対する教育・改善を目的とするもので、国家に対する関係として位置づけられるものです。他方、民事責任とは、被害者が被った損害に対し、加害者が賠償責任を負うという私人対私人の関係での責任を指します。ご質問に沿っていうと、有罪判決を受けるというのは刑事責任の問題で、損害賠償責任を負うというのは民事責任の問題です。

### 刑事責任

刑事責任についてより詳しく説明すると、国が社会倫理規範に違反した行為のうち、特に刑罰という制裁をもって、国民にその社会倫理規範の遵守を強制する場面において、この違反した者が負うところの責任ということができます。ご質問についていうと、わが国（あるいは世界共通）の社会倫理規範においては、何人も他人を傷つけてはいけないとされているわけですから、他人を傷つけた者は犯罪を犯した者として刑罰を科せられるわけです。このような社会倫理規範に違反する犯罪は自然犯・刑事犯といわれ、主に刑法がそれらの犯罪を規定しています。

また、国や地方公共団体が行政目的を達成するために刑罰をもって一定の行為の遵守を強制する場合があります。行政刑法と呼ばれ、法定犯といわれるものです。たとえば道路交通法で、車両の左側通行を強制し、その違反者に罰則を科すような場合です（17条4項・119条1項2の2）。これらは法技術的なもので、社会倫理規範とは基本的に関係しません。

次に、自然犯・刑事犯あるいは法定犯にしろ、国民が自分のどのような行為がどのような犯罪に該当し、どのような刑罰を科せられるのか、あらかじめ知らされていないと行動の予測が立ちませんし、国が刑罰権を恣意的に行うのであれば、国民の基本的人権が実質的に保障されません。そこで、どのような行為が処罰され、どれくらいの刑罰が科せられるのかについてあらかじめ法律で明確に定め、その内容も適正なものにすることが絶対に必要です。これを「罪刑法定主義」といいます。たとえば、刑法は傷害罪について、「人の身体を傷害した者は、15年以下の懲役又は50万円以下の罰金に処する」と規定しています（204条）。

## 民事責任

他方、前記のとおり、加害者と被害者という私人対私人間の責任として考察されるのが民事責任です。ご質問のように監督の殴打によって、部員が鼓膜を損傷したというような場合では、監督は部員に対し、殴打という違法行為によって、部員の身体を傷つけたわけですから、治療にかかった費用や傷害に対する慰謝料などが損害に対する賠償という形で補塡されなければならないことになります。もし、難聴というような後遺症が残った場合は、このことによる損害も賠償の対象になります。民法709条は、「違法に他人の身体財産を傷つけた者はその損害を賠償する責任を負う」と規定しているところ、ご質問についてみると、監督の殴打行為は「違法」と評価され、部員は殴打行為によって鼓膜（身体）を損傷したのですから（行為と損害との因果関係）、監督は、この条文に基づき、部員が鼓膜の損傷により被った金銭的損害（治療費相当額等）や精神的損害を賠償しなければならない責任があるのです。

## 刑事責任と民事責任の関係

監督が刑事事件で有罪になって、たとえば刑務所に入って罪を償ったとしても、それは監督が国から下された刑罰を終えた（刑事責任を果たした）ということにすぎませんから、これをもって部員が受けた身体の損害を償った（民事責任を果たした）ことにはなりません。したがって、監督は、刑事事件で有罪判決を受けたからといって、部員に対する損害賠償義務を免れるわけではありません。その意味で、監督には、刑事責任と民事責任という二つの責任がかかりうることになります。

（小谷英男）

## コラム ■未来のトップアスリートに向けて

私がアメリカのメジャーリーグベースボール（MLB）ボストンレッドソックスとマイナー契約したのが1997年11月末、今から約20年前になります。当時は日本の高校生がアメリカのMLBから初めてスカウトされたと話題になり、実力ではなく話題性でたくさんの取材を受けました。当時、私は東京六大学への進学がほぼ決まっていました。しかし、レッドソックスのスカウトマンに私の体格と足の速さを評価していただき、他方、私は、日本では全体的なバランスを評価するのに対してアメリカでは特化したものを評価するという着眼点の違いに惹かれ、10万ドルの契約金でアメリカ行きを決めました。

当時は、今のような高速インターネットで情報収集できる環境はおろか、電話代が10分100ドルのため電話での十分な情報収集も難しい時代で、とにかく情報がありませんでした。とはいえ、それでも情報を集めようと思えば多少は集められたとは思うので、情報の大切さについて当時の私は気づいていなかったというのが正解かもしれません。行き当たりばったりでアメリカでプレーするにあたって重要な情報についても収集もできていなかったため、後で述べるとおり、当然スタートダッシュ（1年目の実績づくり）に失敗しました。

アメリカは2月末のキャンプイン初日から最終日まで休みなしで毎日オープン戦があります。シーズンはキャンプ最終日から1日の移動日を挟んでスタートするのでオープン戦を含めると9月頭のシーズン終了まで約180試合することになります。メジャーリーグになると約200試合になります。

完全に準備不足であった私はベースボールにもアメリカでの生活にも慣れるのに半年、つまりシーズン終了間際までかかりました。アメリカは働いているときしか給料が出ないので9月にはチケットを渡され帰国します。

アメリカで半年、日本で半年の暮らしを3年間繰り返し、4年目にはチームの外国人枠（27人枠）を外れメキシコでプレーをし、シーズンオフに解雇されました。翌年はヘルニアで１年休養し、24歳のときに野茂英雄さんに拾ってもらいアメリカの独立リーグで１年プレーしました。

その後29歳まで５年間日本のクラブチームで社会人野球をし、引退しました。

私がアメリカでプレーをして一番感じたことは、とにかく合理的だということです。アメリカと日本の野球、特に野手のレベルの差が埋まらないのは実戦経験の差だと思います。アメリカのマイナーリーグと日本のプロ野球の二軍の試合数はおおよそ２倍近くの差があります。実戦に勝る経験はないというアメリカの考え方を表している感じです。

また、冒頭にも少し触れましたが、アメリカではとにかくスタートダッシュ（１年目）が大事です。ドラフト１位で高額な契約金をもらって入団した選手でさえ１年目に結果がでなければ２年目以降は契約金ゼロドルの選手とほぼ同等の扱いとされてしまいます。シーズンに向けてしっかりと準備ができない人はダメだということです。

時間にもすごく厳しいです。遅刻したら解雇されてしまうこともあります。合理的に考えるアメリカでは有限である時間をおろそかにするはずがありません。

これまでの海外での経験で今すごく役に立っていることは、物事をジャッジするのに感情や主観的要素ではなく、あくまで毎日の積み重ね（試合）の結果で客観的にジャッジをするということです。また、アメリカやメキシコに住むことによって比較対象ができ、日本での常識が世界では常識ではない、世界は広いということ、日常にある常識を常に疑う感性を身に付けられたことも私の大きな財産になっています。これらの財産は勢いで挑戦したからこそ得られたものです。

若いアスリートに限らず、子どもたちに私から伝えられることがあるとするならば、できるできないの可能性思考ではなく、やりたいやりたくないの可能性志向でどんどんと自分の世界を広げることの重要性です。見たことがない景色を見たとき、知らないことを知ったときの感動を、感受性の高い若い頃に味わっておくことが大きな財産になり、その先の結果が大きく変わるはずだということです。

少しの勇気を出せる子どもたちが一人でも多く増えるお手伝いがこれからもできれば幸いです。

**川畑健一郎**（元ボストン・レッドソックス１Ａ）

# Q7 スポーツにおける紛争解決

スポーツにおいて事故や紛争が起こった場合、どのように解決すればよいのでしょうか。また、スポーツ仲裁とは何ですか。

A

## スポーツに関する紛争と法の支配

スポーツに親しむ人が増え、社会的な関心が集まることはスポーツの発展のためには必要であり、好ましいことではありますが、スポーツ活動も多くの人がかかわって行われるようになると、事故や契約のトラブル、関係者の不祥事に対する処分等、種々のトラブルも生じます。

また、大会出場資格や選手選考をめぐる紛争（詳細は、Q16・Q17など）やドーピング紛争（詳細は、Q71・Q72など）などのように、スポーツ界特有の紛争類型もあります。

このようにスポーツ活動において生じるさまざまな紛争を、スポーツ団体内の特定の有力者の独断的な判断ではなく、誰もが納得できる一定のルールに則って公正に解決する（法の支配を及ぼす）という視点は、スポーツ活動が、多くの市民から理解を得ながら活動を発展的に展開していくうえで、とても大切です。

スポーツ基本法においても、「スポーツ団体は、スポーツに関する紛争について、迅速かつ適正な解決に努めるものとする」（2条3項）と定められていることからも、スポーツの世界で生じた紛争も、法的にみて適正に解決されることが求められていることがわかります。

ただし、スポーツに関する紛争を解決するためにとりうる法的な手続は、次のようにトラブルの内容によって異なります。

## 契約トラブル、事故の賠償の場合――当事者間での交渉、裁判所の裁判手続

選手契約やスポンサー契約など、契約にまつわるトラブルが生じた場合や、事故で負傷した場合には、まず当事者（またはその代理人）間の交渉によって解決を試みることが考えられます。

当事者間の交渉が奏功しない場合には、裁判所に調停を申し立てたり、訴訟を提起したりすることが考えられます。

## 選手選考や団体内処分、ドーピング紛争――スポーツ仲裁

他方で、選手選考や資格停止処分などのスポーツ団体内での決定や処分、ドーピング紛争などに関しては、基本的には、日本国内の裁判所に対して不服を申し立て、解決を求めることはできません。

なぜなら、日本国内の裁判所に訴訟を提起するためには、その紛争が「法律上の争訟」（裁判所法３条）でなければならないのですが、選手選考や資格停止処分などのスポーツ団体内部での決定や処分は、一般的には自律的なスポーツ団体内部の問題であって、裁判所が判断すべき法律上の争訟にはならないと考えられているからです。

また、裁判手続それ自体には通常長い時間を要します。代表選考や資格停止処分などに関して、それが法律上の争訟と認められた場合であっても、最終的な判決が得られるまでの時間を考えると、競技者にとって現実的な救済にならないのです。

そこで、主にこれら裁判所での解決が期待できないスポーツに関連する紛争を適正に解決するために、スポーツ仲裁制度が設けられています。

そもそも仲裁手続とは、紛争の当事者の合意（仲裁合意といいます）に基づき、第三者（仲裁人）の判断（仲裁判断）に紛争の解決を委ねる制度です。裁判外の紛争処理手続（ADR＝Alternative Dispute Resolution）の一つです。この仲裁手続の中で、特にスポーツに関連した紛争を対象とする仲裁手続を、スポーツ仲裁手続と呼びます。

スポーツ仲裁を行う機関としては、1984年に国際オリンピック委員会によって、スイスのローザンヌに本部を置き、主として国際的なスポーツ紛争を扱っているスポーツ仲裁裁判所（CAS＝Court of Arbitration for Sport）が有名です。

シドニーオリンピックの競泳の日本代表選手選考で落選した千葉すず選手が財団法人日本水泳連盟（現在は公益財団法人）の選手選考決定に不服申立てをした事案や、日本プロサッカーリーグ（Ｊリーグ）Ｊ１に所属していた我那覇和樹選手がＪリーグからドーピング違反を理由として出場処分を受けたことに

対し不服を申し立てた事案などが大きく報じられました。近年では、国際体操連盟内部での懲戒処分を受けた日本人の役員が、他国役員らとともに不服申立てを行い、申立てが認められた事案などもあります。

## 日本スポーツ仲裁機構（JSAA）

国際レベルのスポーツ紛争は別として、日本の当事者同士がCASのスポーツ仲裁を利用することは、理論的には不可能ではないものの、実際の問題として当事者双方に生じる経済的負担や言語的負担は、多大なものとなってしまいます。

そこで、日本国内においてスポーツ団体からの処分決定に関して不服がある場合は、2003年に設立された公益財団法人日本スポーツ仲裁機構（JSAA＝Japan Sports Arbitration Agency）の手続を利用し、スポーツ仲裁の申立てを検討することが考えられます。なお、スポーツ仲裁手続を利用するためには、紛争当事者双方がスポーツ仲裁制度によって解決を図ることに合意していること（仲裁合意）が必要です。もちろん、紛争が生じてから仲裁合意を得ることも考えられますが、現在、公益財団法人日本オリンピック委員会（JOC）や公益財団法人日本体育協会（日体協）加盟のスポーツ団体の約７割の団体では、紛争を迅速かつ適正に解決するという観点から、組織内の規約において、団体内での処分決定に不服がある場合には、スポーツ仲裁機構の仲裁手続で解決を図るというような内容の条項（自動応諾条項）が設けられるに至っており、今後より多くの団体で同様の規定が普及していくものと考えられます。

さらに、日本スポーツ仲裁機構では、最終判断を第三者に委ねず、一定の手続機関の下で、専門家による解決策の提案や助言を受けながら、話合いによりお互いが合意することで紛争の解決を図るスポーツ調停の手続や、広くスポーツ関連の契約トラブルや事故紛争などに関しても利用可能な特定仲裁合意に基づくスポーツ仲裁手続も設けられています。スポーツ仲裁の具体的な手続についてはQ61を、代表選考に関する仲裁例についてはQ17を参照してください。

スポーツ紛争の解決のためには、これらの手続の中から、事案に応じて適切な手続を選択する必要があります。

**（岡村英祐）**

# 第2章

# スポーツと人権

## Q8 スポーツと性別

スポーツをするうえで、性別による問題はありますか。スポーツにおける性差別をなくすための取組みはなされているのでしょうか。

A

### 現　状

現在、スポーツで男子のみに限られている競技はあるでしょうか。

2016年のリオデジャネイロのオリンピックでは28競技306種目が争われました。その中で男子のみに限定された競技はなく、女子のみに限定されたものは新体操、シンクロナイズドスイミングとなっています。現在、スポーツ競技における男女の差別的取扱いは解消する方向で進んでいます。今後のスポーツ振興の課題の一つとして、女性と男性のスポーツ指導者の違いを考慮したコーチング教育プログラムの開発を進め、女性の生理に対する社会的支援の方法の検討も加え、スポーツ指導者への教育機会を増やす必要があるとの指摘がなされています。

### スポーツ基本法の理念

2011年にスポーツ振興法を全面改正して施行されたスポーツ基本法２条では、基本理念として、「スポーツは、スポーツを行う者に対し、不当に差別的取扱いをせず、また、スポーツに関するあらゆる活動を公正かつ適切に実施することを旨と」することをうたっています（８項）。そして、同法は国の責務、地方公共団体の責務、スポーツ団体の努力などを定めており、また、上記基本理念に基づく諸施策がなされていくことになりますので、スポーツにおける性による問題も、女性に競技への参加を認めないという問題から、男子スポーツと女子スポーツ間の平等（機会均等の視点）をどのように図っていくかという問題に重点が移っていくのではないかと思います。

### 男女共同参画社会基本法の理念

また、スポーツの分野での性別問題については、男女共同参画社会基本法も関係すると思います。同法２条において、「男女共同参画社会の形成」を、「男女が、社会の対等な構成員として、自らの意思によって社会のあらゆる分野における活動に参画する機会が確保され、もって男女が均等に政治的、経済的、社会的及び文化的利益を享受することができ、かつ、共に責任を担うべき社会を形成することをいう」と定義し、同法３条で「男女の人権の尊重」が定められています。スポーツは社会・文化的所産であり、同法では国の責務、地方公共団体の責務、国民の責務が定められていることから、その理念に沿った機会均等の諸施策がなされることが期待されます。

## 大相撲の土俵への女性立入禁止

ところで、皆さんもご存知のように、大相撲の土俵へは女性の立ち入りが禁止されているという問題があります。現在、相撲競技については女性の競技者も認められています。大相撲の土俵に女性が立ち入ることが禁止されていることは、大相撲をスポーツととらえれば、大相撲力士は男子のみしかなれないという意味で性への差別といえます。

公益財団法人日本相撲協会の見解は「大相撲は神事に基づき女性を土俵にあげないという伝統がある」というものであり、現在もこれが維持されています。この問題が世間で注目されたのは、1978年の「わんぱく相撲東京場所荒川区予選（５年生の部）」で準優勝した少女が、蔵前国技館での決勝大会の出場資格を得たにもかかわらず、日本相撲協会から出場を拒否されるという事件でした。当時の労働省婦人少年局長が同協会に抗議をしましたが、結局、その少女は蔵前国技館の土俵を踏むことはありませんでした。そして、1990年（平成２年）の初場所前に女性初の官房長官に就任したこの局長が、本場所の優勝力士に土俵上で内閣総理大臣杯を手渡したいと日本相撲協会に申し入れてこれを拒否され、2000年に全国初の女性知事が大阪府知事賞を手渡したいと日本相撲協会に申し入れてこれも拒否されています。

ちなみに、江戸時代には女相撲が行われていたようであり、「神事に基づき女性を土俵にあげないという伝統がある」という見解について、宗教的な根拠があるのかという疑問は払拭できないのではないかと思います。

## 日本高等学校野球連盟の選手登録制限

スポーツにおける性別については、高校野球において女子は選手登録できないという問題があります。2016年度に公益財団法人日本高等学校野球連盟（高野連）が定める大会参加資格規定では、参加選手資格の一つとして、「その学校に在学する男子生徒で、当該都道府県高等学校野球連盟に登録されている部員のうち、学校長が身体、学業及び人物について選手として適当と認めたもの」（５条）と定められています。この規定は全国高等学校野球選手権大会、全国高等学校軟式野球選手権大会（いずれも地方大会を含む）、選抜高等学校野球大会、その他高野連主催の大会参加者および国民体育大会参加者に、また、都道府県高等学校野球連盟主催の各種大会および試合参加者に適用されます。

したがって、この規定が存在し続ける以上、女子の甲子園球児を見ることはできないということになります。

また、現在では、高校野球において、甲子園に限らず地方大会でも女子マネージャーがベンチ入りをしている光景が当たり前となっていますが、マネージャーとして女子生徒のベンチ入りが認められたのは、今から約20年前、1996年の夏の第78回全国高等学校野球選手権大会からです。

日本のプロ野球では、特に女子を排除する規定はありません。不合格にはなりましたが、過去には、女子選手がプロテストを受験したことがあります。また、アメリカでは1997年５月、メジャーリーグではありませんが、独立リーグで初の女子プロ野球選手が誕生しています。また、東京六大学野球でも、1999年に初の日本人女子選手が誕生し2001年の春季リーグで同選手が投手として出場し、マスコミの話題となったときもありました。

憲法の定める「法の下の平等」並びに憲法をもとにするスポーツ基本法および男女共同参画社会基本法の理念からすれば、高野連の定める大会参加資格規定５条の「その学校に在学する男子生徒」を「その学校に在学する生徒」に変更できない合理的理由は見出せないのではと考えます。

（冨島智雄）

# Q9 スポーツとセックスチェック

オリンピックなどのトップアスリートが参加する競技会では、女子選手に対して、性別確認検査（セックスチェック）が行われることがあると聞きます。その検査の目的は何ですか。また人権上の問題点はないのでしょうか。

## ❶セックスチェック（性別確認検査）の導入とこれまでの経緯

### (1) セックスチェックとは

スポーツ競技会におけるセックスチェック（性別確認検査）とは、端的にいえば、女子の種目に男子選手が出場するのを防止するため女子選手に実施される性別の確認検査のことです。

かつて、ナチスドイツにおいて、国際大会で女性と偽って女子走り高跳びに出場させられていた選手がいました。その後、1960年代の東西冷戦下、国威発揚のもとスポーツ界も熾烈なメダル争いが演じられる中、西側諸国から、旧ソ連・東欧圏の女子選手に対し、外見上男性みたいだと盛んに性別疑惑が提示されるようになりました。そのためオリンピックでも1968年メキシコシティー大会から女子選手に対し一律・定型の性別確認検査が義務づけられました。

検査法として、1966年の欧州陸上選手権では、女子選手に対し全裸で外性器を見せる視認検査が用いられましたが選手にとって屈辱的な方法であったことからこれを改め、オリンピックでは口内の粘膜の一部を採取しDNA解析を用いる方法（簡単にいえば、性染色体とされるものがXXなら女性、XYなら男性）が採用され、人権上も一定の改善が図られました。

### (2) DNA解析の問題点

しかし、このDNA解析を用いる検査法にも重大な問題が潜んでいました。

1985年、神戸ユニバーシアード大会で、女子ハードルのスペイン代表マリア・パティノ選手は検査で性染色体の型がXYと判明し、失格となりました。しかし、同選手は性自認（自らの性別に対する自意識）も体つきも女性であることから、それに屈せず、専門医の協力を得て、XY 染色体であっても男性ホルモンに反応できない体質（アンドロゲン不応症）であり、子どもは産めないが他の身体機能や心理も女性であることを証明し、約３年後にその地位が回復されたのです。またほかに、この検査で XY 染色体であったことから金メダルを剥奪された女子選手が後に実際に子どもを出産したケースもありました。

結局、これらはいわゆるインターセックス（性分化疾患）のケースであり、そうした知見への考慮不足から、これまで水面下で多くの「女性」アスリートが不当な扱いを受けてきたのです。そこでオリンピックでは、2000年シドニー大会から女子選手に対する一律・定型の性別確認検査は廃止されるに至りました（ただし、その後も具体的な性別疑惑が生じたケースでの個別の検査義務は残され、現に後述のとおり実施されています）。

### ⑶　インターセックスの存在

近年も、メダル争いの激しさから女子競技種目での性別疑惑が具体的に大きく報じられるケースが出ています。

2006年ドーハ・アジア大会陸上女子800mで銀メダルを獲得した選手は、個別の性別確認検査で失格となりました。これにより同選手はこれまで「女性」として生きてきたのに、一部メディアからなりすまし等と蔑まれ、社会生活の基盤（信用・人間関係など）を崩壊させられる影響を受け、ついに自殺を図るまでに追い詰められました（幸い未遂にとどまりました）。

また2009年世界陸上選手権ベルリン大会の女子800mで金メダルを獲得した南アフリカのキャスター・セメンヤ選手にも風貌や体つき等から性別疑惑が噴出し、その後、同選手は国際大会からの撤退を余儀なくされました。一部メディアによると、検査により同選手には未発達の精巣があり、平均女性の３倍にあたる男性ホルモンが分泌されていることが医学的報告で示されたとしています（ただしその後、国際陸上競技連盟より同選手の性別確認検査の結果は機密事項として扱われることが広報されました）。ただその後、一定の対応があった模様で、セメンヤ選手は、国際大会への復帰を無事果たし、2016年リオデジャネイロオリンピックでは見事、女子800mで金メダルに輝いています。

## Ⅹ 新しい基準導入の試みと今後の課題

### (1) 新たな基準の試み

結局、DNA 解析を主とする性別確認検査は、その判別基準や手法が完全でないことにより、男性が女性と偽って出場する不届き者を暴くのではなく、知らずして体質異常を抱えている女性を暴くだけの検査になってしまっているのです。

そこで改善のため、国際オリンピック委員会（IOC）は、ロンドンオリンピック（2012年）から新たな基準の導入を図りました。すなわち、男女の競技能力の差は主に筋肉量や骨格の差異に由来し、それは男性ホルモンであるアンドロゲン（特にテストステロン）の作用に基づくものであるとし、そこで女子選手に対して、血中のテストステロン濃度につき一定の基準値（男性の標準値範囲などから算出）を超える場合、女子競技種目での競技参加を認めないというものです。

しかし、この新たな規定も、境界の基準値をどこに設定するのか、その基準値にどこまで科学的正当性があるのか等の課題が当初からありました。そして実際、インドの女子陸上短距離のデユティ・チャンド選手は、ある大会でこの新規定によるテストにより血中のテストステロン濃度が高すぎる女性として失格の処分を受けました。しかしこれに承服できない同選手は、2015年にこの新たな規定は無効であるとしてスポーツ仲裁裁判所（CAS）に訴えた結果、同裁判所は2017年７月までにテストステロンの数値が高い女性アスリートが実際に競技上の優位性を有するか否か、科学的証拠を示すよう国際陸上競技連盟に求め、それまで当該規定は一時停止されることになりました。これにより、チャンド選手は2016年リオデジャネイロオリンピックに出場を果たしています。

### (2) 今後の課題

実は、男女の性別は単純明快に区分できるものではなく、性染色体や内・外性器、ホルモン分泌など多面的な要素で構成され、その境界はグラデーションのようなあいまいな連続性をもっていることがわかってきました。

そこでまず、今更ながら本質的な問いかけとして、各競技スポーツの分野において、男女区分を設けることが本当に必要かという視点から再検討することが求められます。実際、オリンピックにおいて、馬術競技（演技の正確さや美しさを競う「馬場馬術」のみならず、正確さに加えスピードも必要な「障害馬術」も含める）は、男女が全く同じルールのもとで一緒に競い合っています。馬術の場合、運動の主体は馬であり、馬のコンディションづくりや馬をコントロールするいわば手綱さばきこそが選手の技量といえることから、一般的な男女のパワー差や体格差が競技成績を左右する要素としては比重が低いとみられているからです。その意味で全くの私見ですが、たとえば冬季オリンピック種目であるカーリング競技などは思い切って男女区分を廃止してもよいのではないかと思います。

次に、それでも競技の特性から、公平性確保の要請により男女区分を設けることが必要であるならば、その必要性を下支えする、合理的で、しかも選手らに受け入れ可能な性別判別の基準を設けることが重要となります。このような視点によれば、今日においては、性別の境界があいまいな連続性を有することを踏まえ、まずは選手個々の多様性を前提に、多面的な要素を組み入れた判別手法を用意し、そのうえで競技ごとの特性を踏まえた多元的な基準を設定することが求められます。この点、たとえば陸上競技と新体操などでは、異なる性別判定基準が用いられることも許容されるべきでしょう。

そして今後も、競技ごとの特性を踏まえながら、その採用する性別判定基準を最新の科学的知見に応じて不断に見直していくという対応しかないように思います。

いずれにせよ、性別確認検査にあたっては、何より人権上の観点から、風貌などからくる選手への興味本位で無責任な性別疑惑の風説等を防止する手立てを講じながら、選手の人格の尊厳に十分配慮した検査手続が保障されることを強く望みたいものです。

（木村重夫）

# Q10 スポーツとセクシュアル・マイノリティ

スポーツは、性的少数者（セクシャル・マイノリティ）にどのように向きあっていますか。また、トランスジェンダーのスポーツ選手は競技に際し性別上どのように扱われるのでしょうか。

A

## 性的少数者としてのLGBT

### (1) 性的少数者

性的少数者（セクシュアル・マイノリティ）を示す用語にLGBTがあります。これはL（レズビアン：女性同性愛者）、G（ゲイ：男性同性愛者）、B（バイセクシュアル：両性愛者）、T（トランスジェンダー：性同一性障害を含む性別越境者）の頭文字を並べたもので、性的指向が異性を愛するという典型的なケースと異なる人々や、性自認が身体的性別と一致しない人などを指し、性的少数者らを端的に表す名称として用いられています。

ところで、電通ダイバーシティ・ラボによる「LGBT調査2015」（7万人弱を対象にしたもの）によれば、LGBT層（各頭文字以外の性的少数者を含む）の割合は7.6%と発表されています。これはおよそ13人に1人という割合であり、推定値であるとしても、性的少数者の現況が決して社会の異端者というような矮小化したとらえ方であってはならないことを示しています。

### (2) スポーツ界にみるLGBT

世界のスポーツ界をみると、オリンピックで5つの金メダルを獲得したオーストラリアのイアン・ソープ選手（水泳）や、アメリカ女子サッカーの元代表ワンバック選手ら有名選手が同性愛者であることを公表（カミングアウト）しており、また2016年リオデジャネイロオリンピックの際の報道によれば、女子柔道のブラジル代表金メダリストのラファエラ・シルバ選手を含め、少なくとも50人弱ものオリンピアンがLGBTであることを公表したと伝えています。

スポーツ界でこうしたカミングアウトの動きが加速した背景には、2014年、オリンピック憲章の「オリンピズムの根本原則」の一部改正があげられます。すなわち6項で、オリンピック憲章の定める権利および自由について、人種、肌の色、性別、性的指向、言語、宗教、出自などで差別を受けない旨をうたい、差別禁止の例示中に「性的指向」が付加されたのです。

では、オリンピアンらがLGBTであることをカミングアウトする狙いはどこにあるのでしょうか。それは、性的少数者の存在の社会的認知が進むことを意図し、また性的少数者への偏見や差別を克服して、共生社会をめざすことをアピールすることにあると思われます。現に多くの人々が、性的少数者であると否とにかかわらず等しくトップアスリートとして、自らを律し努力した成果を見せる姿に大いに啓発されたことでしょう。

### ⑶　LGBTを取り巻くわが国の状況

わが国では、2004年７月より性同一性障害者特例法が施行され、成人の未婚者で、性別適合手術を受けたなど一定の要件を満たしている場合、性別変更ができ、その新たな性別で婚姻も可能となりました。

また2015年11月より、東京都渋谷区では同性間において男女の婚姻関係と異ならない実質を備える場合、その社会生活関係をパートナーシップと定義して同性婚を公証する「パートナーシップ証明書」の発行を始めました（その後いくつかの自治体も同趣旨の制度を導入しています）。

しかし、社会の一般的な意識として、LGBTに対してまだ理解が不十分なのが実情です。たとえば、「女性」の性自認を有し、性同一性障害にかかわる精神科療法を受けている社員（すでに家庭裁判所で女性名への変更も認められている）につき、女性装で出勤したことを業務命令違反として勤務先の会社が懲戒解雇した事案について、当該社員が女性の行動を抑制されることによって精神的苦痛を感じることを踏まえて、会社側の権利濫用を認め懲戒解雇を無効とした裁判例があります（東京地裁平成14年６月20日決定・労働判例830号13頁）。

また会員制のゴルフクラブへの入会にあたり、すでに性同一性障害者特例法により戸籍上「女性」となっていた者に対し、入会を拒否したクラブ側の対応について、人格の根幹部分を否定したものであり、憲法14条の平等原則の趣旨に照らし違法と判示した裁判例があります。このケースでクラブ側は、他のクラブ会員が抱く不安感や一体感の毀損などを指摘しましたが、裁判ではそれは抽象的な危惧にすぎないと退けられています（東京高裁平成27年７月１日判決・労働判例ジャーナル43号40頁）。

日本のスポーツ界、特に団体競技では一体性が強調されるあまり、異分子を過度に排除しようとする傾向がみられます。しかし本来、スポーツこそ何よりも自己実現を図る営為であり、多様性が尊重されるべきものです。先にみたオリンピック憲章の精神を踏まえ、スポーツをする側も見る側もともに性的少数者への差別や偏見を克服し、その適切な理解と配慮が広がることを期待したいものです。

## 競技スポーツにかかわる課題

競技スポーツにおいては、LGBT のうちT（トランスジェンダー）について独自の課題があります。中でも、身体的性別が男性であった者が「女性」へ移行する MtF（Male to Female）の場合、女性カテゴリー（女子競技種目）への参加は、身体条件的にみれば一般に競争優位への移行と解されることから、競技の公平性確保の観点から一定の参加条件を吟味することが必要となります。

この点に関し、国際オリンピック委員会（IOC）は従来（アテネオリンピックからロンドンオリンピックまで）、性別適合手術を受け、その新しい性別で法的承認があり、手術後２年以上にわたる適切なホルモン療法の継続などの条件を定めていました。しかし、トランスジェンダーの中にはホルモン療法等のみで性別適合手術を欲しないケースもあり、また法的整備が整っていない国もあるなどの事情から、IOC は2015年、科学的知見を踏まえて MtF の参加条件を、概要次のように緩和しました（なお FtM については、制限なく男子競技種目に参加できます）。

① ４年以上にわたり性自認が「女性」であることを表明していること（したがって、性別適合手術は必要条件から外れました）

② 男性ホルモンである血中テストステロン濃度が女子競技種目への参加の12カ月前から参加期間中を通して10nmol（ナノモル）／l 未満であること

以上により、2016年リオデジャネイロオリンピックではこの新基準が採用され、MtF のアスリートの門戸が広がりました。

いずれにせよ、今後も各競技団体の取組みによる、その競技ごとの特性に応じた公平性の合理的基準の設定とその検証が重要です。そして、それらを通じて、困難な状況を乗り越えてきた MtF のアスリートにとって、これからも女子競技種目への参加と活躍の場が広がることを期待したいものです。

（木村重夫）

## Q11 スポーツと外国人問題

外国人が日本国内でスポーツをする場合に、何か制限を受けることはありますか。大相撲についての国籍要件や外国出身力士枠は、人権の観点から問題はないのでしょうか。

A

### 外国人のスポーツをする権利

スポーツをする権利は、国籍、人種、性別等を問わず誰でも享有する権利です。日本国内においても、外国人のスポーツをする権利は憲法上の保障が及ぶと考えられており、外国人ということだけでスポーツをすること自体が妨げられるということはないはずです。

しかし、日本人選手の保護や日本スポーツ界の技術水準の維持・確保等の目的で、日本国内のさまざまな大会や競技において、外国人選手の出場が制限されていたり、出場枠が設定されたりしています。この点で、外国人のスポーツをする権利が制限されているといえるでしょう。

以下、代表的なアマチュア大会やプロスポーツの外国人の出場制限についてみていきます。

### アマチュアスポーツと外国人

まず、高校生の代表的なスポーツ大会としては、全国高等学校総合体育大会（インターハイ）があげられます。インターハイは、「高等学校に在籍する生徒の健全な発達を図る」という目的を強調しており、参加できる外国人を、在籍する高校を卒業する目的で入学した生徒のみに限定しています（短期留学生不可）。これはインターハイの本来的目的からすれば当然のことでしょう。

次に、アマチュアの代表的なスポーツ大会としては、国民体育大会（国体）があげられます。国体は、その参加資格を「日本国籍を有する者」と定め、ごく一部の例外（特別永住者を含む永住者など）を除き、外国人の参加を認めていません。この制限には議論もあるところです。このような国体の国籍条項の違憲性が争われた裁判で、裁判所は、「憲法は、国民や県民の心身等の健全な発達等を目的として開催される国民体育大会等の参加資格までも外国人の参加資格を認めるべきであることを規定しているとは解されないからである。右は立法政策、行政政策の問題にすぎない」と述べ、大会主催者の裁量を広く認定し、外国人の国体への参加を認めませんでした（福岡地裁平成５年８月31日判決・判タ854号195頁）。

また、近年話題に上るものとして、駅伝大会の外国人起用の問題があります。長距離区間に外国人を起用して他の学校・チームを大きく引き離し、そのまま逃げ切って優勝したり上位入賞するという「外国人頼み」の展開に批判が絶えないところです。こうした外国人の起用法については、高校駅伝大会では１区を除く区間に１名のみ、大学駅伝（全日本大学駅伝、箱根駅伝）ではエントリー２名・出場１名まで、全日本実業団対抗駅伝では２区を「インターナショナル区間」としその区間のみ出場可能とする等の制限があり、外国人の出場に歯止めをかけています。

## プロスポーツと外国人

プロスポーツにおいては、チームに登録したり試合に出場したりできる外国人の人数に上限を設ける「外国人枠」があります。

プロ野球では一軍登録は４人まで（ただし、投手または野手として同時に登録できるのはそれぞれ３人まで）、Ｊリーグでは「一般外国人枠３人」＋「アジア枠またはＪリーグ提携国枠１人」＋「在日枠（日本で出生し日本の義務教育中・修了であるか日本の高校・大学を卒業した者）１人」の最大５人まで、Ｂリーグでは外国人・帰化選手合わせて３人まで（うち帰化選手は１人まで）など、各スポーツの文化・特色によってさまざまな定め方がみられます。

このような「外国人枠」は、資金力のあるチームが海外の有力選手と際限なく契約してチーム間の戦力格差を生じさせてしまうことを防止する点では有用な制度です。しかし、かつては「助っ人」と呼ばれた外国人も、日本のプロスポーツの技術水準の向上により、必ずしも日本国内において活躍できるとは限らなくなっています。むしろ、自国を飛び出して日本に活躍の場を求めてやってくる外国人選手にとっては、「外国人枠」は過剰な制限となりかねません。

日本のプロスポーツ界の発展に応じて、今後は「外国人枠」による制限も徐々に緩やかなものになっていくでしょう。

## X 大相撲の国籍要件と外国出身力士枠

以上のような「外国人枠」は、日本の国技ともいわれる大相撲にも存在します。

当初は外国人を対象とした制限は存在していなかったのですが、曙ら外国人力士の躍進を契機として、1992年、外国人力士の総数を40人以内とする「外国人枠」が設けられました。その後、2002年には外国人力士は１部屋１人までとの制限に変更されました（当時の相撲部屋は54部屋でしたので、総数の上限は54人となりました）。

もっとも、この制限は「外国籍の力士」にしか及ばなかったため、上記制限の回避のために帰化し日本国籍を取得することにより「外国人枠」に該当しなくなった力士が多くの部屋でみられるようになりました。そこで、2010年からは、帰化者も含めて「外国出身力士」は１部屋１人までというより厳しい制限になっています。

この厳しい制限には、日本の伝統文化や日本人力士の保護のためやむを得ないとする見方や、帰化した力士は同じ日本人であるにもかかわらず制限をするのは憲法14条の「法の下の平等」に反するとの見方など、さまざまな意見があります。

さらに、力士が引退後に親方となり相撲部屋をもつ場合には、日本国籍が必要となります。相撲部屋をもつためには「年寄名跡」という年寄の名を襲名する権利を取得しなければならないのですが、その取得に日本国籍が要件となっているのです。この制度のもとでは、引退して相撲部屋をもとうとする外国人力士は必ず日本国籍を取得し帰化しなければならず、憲法の「法の下の平等」や「職業選択の自由」に反するのではないかとの指摘もなされています。

**（葛城　繁）**

## コラム ■私と水泳

水泳とは、両腕がなく生まれてきた私を、親が、溺れないようにと海や川、プールなどに連れて行ったことがきっかけで出会いました。スイミングスクールに通い始めたのは4歳でした。4種目を習得しましたが、小学校高学年になり、水泳以外のことにも挑戦したいと思い、水泳を一時離れ少年サッカーを習い始めました。

中学2年生のとき、担任の先生が、障がい者水泳の大会があることを調べ出してくださり、障がい者水泳と出会い、再びスイミングスクールへ通いました。初めて出場した近畿身体障がい者水泳大会で、私は、自分と同じ障がいがある方と平泳ぎで勝負し、負けました。悔しくて、いつか絶対に勝ってやるという思いになり、練習を強化しました。

高校生になり、2002年釜山フェスピック大会で日本代表デビューをしました。そして初めての国際大会で銅メダルを獲得しました。その後、国際大会や合宿に参加しタイムも伸びていきました。

2004年アテネパラリンピックに出場が決まり、念願の目標が達成できました。同着3位で銅メダルを獲得し、表彰台に上がり、国旗を掲げることができ、とてもうれしかったです。

2008年北京パラリンピックにも出場しましたが、結果は5位でした。翌年、普段の生活と練習で酷使した両膝を手術しました。このときは一番辛く水泳を止めようと思いましたが、復活してメダルを取ることが応援してくださっている皆さんへの恩返しと思い、1年間リハビリに励みました。翌年、復帰でき、アジア水泳選手権大会で金メダルを獲得できました。

2012年にはロンドンパラリンピックに出場しました。予選でアジア記録を更新し、決勝は2位で銀メダルを獲得しました。人生で一番記憶に残る試合でした。

2016年のリオパラリンピックでは予選でほぼベストに近いタイムで泳ぎ、決勝へ進めました。決勝ではいつになく緊張し、足が震えレースがとても怖かったです。決勝では、前半は攻めて自己ベストを出しましたが、結果は予選より約2秒タイムを落とし7位入賞でした。

現在は2020年の東京大会に向けて、強化練習中です。東京大会の実施を契機に、今以上に障がい者スポーツを知ってもらい、応援にも来ていただき、健常者・障がい者の間の隔たりがない社会になることを願っています。

**中村智太郎**（ロンドンパラリンピック 100m 平泳ぎ銀メダリスト）

# Q12 スポーツの代表選考と国籍変更

少し前に、日本人のマラソン選手が、外国のオリンピック代表選手に選ばれるために国籍を変更したことが世間から問題視されました。代表選考のために国籍を変更することには、どのような問題があるのでしょうか。

A

## 国籍変更による代表チームへの加入

スポーツ選手の中には、オリンピックやワールドカップ等の国際大会に出場したり、それらの大会で勝ち抜くために、出身国の国籍を別の国籍に変更する選手がいます。

その背景には、国際大会への出場を望みながら競争が激しい出身国では代表に選出されることが難しい選手側と、強力な他国出身の選手を自国の代表として代表チームを強化したい国側の利害が一致していることがあります。特に、帰化した中国出身の選手を自国代表としてオリンピック等へ輩出している卓球競技等で、その傾向が顕著です。

本来、大会への参加資格については、各競技団体や大会主催者の裁量に委ねられる事項であり、それらの団体が定めたルールに従う限り、国籍を変更して他国代表として大会に出場することも自由であるはずです。しかし、選手が国籍を変更して出身国以外の国の代表に選出されることには、かねてからこれを問題視する声があります。

## オリンピック出場にあたっての国籍変更の要件

たとえば、国際オリンピック委員会（IOC）が定めるオリンピック憲章によれば、オリンピック等の国際大会に代表選手として出場したことがある競技者が国籍を変更した場合、原則として前回出場から３年以上が経過しなければ、新たな国の代表選手としてオリンピックに出場することができません（オリンピック憲章規則41付属細則２）。ただし、この期間は、国内オリンピック委員会（NOC）と国際競技連盟（IF）との合意のもとに、IOC 理事会が個々の状況を考慮し、短縮または撤廃することができるとされています。現に、個別の競技では、当事国の合意や居住実績を理由とするさまざまな例外規定が認められており、国籍変更後から即時にオリンピック出場が可能となる場合もあります。

それら例外規定により、近年、出身国以外の国のオリンピック代表選手となるために、有力な選手が国籍を変更することが増えてきました。2016年のリオデジャネイロ五輪前に新たな国籍での大会出場を許可された選手が80人以上に達するなど、国籍変更が特に多い陸上競技には関しては、国際陸上競技連盟が、国籍変更と大会出場についての現行規定の厳格化を検討し始めています。

## 猫ひろし氏によるカンボジア国籍取得問題

2012年のロンドン五輪にあたり、日本のタレント（猫ひろし氏）が、カンボジア国籍を取得し、カンボジア代表としてマラソン競技に出場しようとしていることが話題となりました。日本国内では、話題づくりの売名行為ではないか、落選したカンボジアの選手がかわいそうといった批判的な意見が寄せられました。このときは、結局、国際陸上競技連盟が、「国籍取得から１年未満かつ連続１年以上の居住実績がない」等の理由で参加資格を満たさないと判断し、ロンドン五輪への出場は叶いませんでした。

しかし、猫ひろし氏は、その後カンボジア代表として国際大会に出場するなどの実績を積み、ついに2016年のリオデジャネイロ五輪ではカンボジア代表として出場を果たしました。猫ひろし氏が何度もカンボジアに滞在してトレーニングを重ねていたことなどから、リオデジャネイロ五輪のときには、ロンドン五輪のときのようなバッシングの声はあまり聞かれませんでした。

## 代表選考にあたっての国籍変更の問題点

猫ひろし氏の問題に限らず、経済的に豊かな中東の一部の国が、身体能力の高いアフリカ諸国出身の選手を、金銭を対価として自国へ帰化させていることが問題視されるなど、国籍変更した外国出身選手を自国代表とすることへの批判的な意見は世界各地でみられます。

国籍変更の自由は、日本では憲法22条２項により保障されており、国籍変更そのものを法律やルールで制限することは許されません。このことは、国籍変更に特別な要件を課していない他の多くの国々でも同様です。そして、競技団体等が定めた規則に従ったうえで、国籍を変更して他国の代表選手になることは、競技のルールにも何ら違反するものではありません。

とはいえ、国際大会の代表選手は、自国の多くの国民の期待を背負い、自国を代表して出場しているのであり、国民から「直前に国籍変更して代表になった選手が活躍してもうれしくない」といった意見が出ることも無理からぬことです。報酬目的で帰化する選手が続出すれば、国民の競技への関心を低下させることにつながりかねません。また、経済的に豊かではない国は、有力選手をすべて引き抜かれてしまい、国際大会で活躍できなくなるおそれもあります。

代表選考のための国籍変更は、法律やルールですべて解決することが難しい問題ですが、代表選手や国内の競技団体としては、国際大会に出場する代表選手がその国を代表する立場にあるということを自覚し、代表選手が当該国の国民からの信頼を得られるよう努力することが必要と考えます。

## ラグビーの代表チームの特殊性

2015年に、ラグビーのワールドカップが日本で開催され、優勝候補の南アフリカ代表を破るなどの日本代表の活躍ぶりが大きな話題となりました。ラグビーの国際試合を初めて見た人の中には、日本代表に外国人選手が多数含まれることに驚いた方がいるかもしれません。

ラグビーについては、国際ルールで、次の①～③のいずれかの要件を満たすことによって、外国籍の選手が代表チームに加入して国際大会に出場することが認められています（ワールドラグビー「技に関する規定」８条１）。

①　その国で出生している

②　両親、祖父母の１人が当該国で出生している

③　プレーする時点の直前の36カ月間継続して当該国を居住地としていた

上記ルールは、当該国と一定の関係がある選手であれば、たとえ外国籍であっても当該国の代表選手として国際大会に出場することを認めるものです。このようなラグビーの代表選考のルールは、従来の国籍要件とは異なる基準によって代表選手の資格範囲を決するものとして、代表選考と国籍要件の問題を考えるにあたり参考となるものと思われます。

（田中　敦）

# Q13 スポーツと人種差別

サッカーの試合等では、サポーターや選手が、相手チームの選手に対して人種差別的な行為を行ったこと等が問題となることがあります。競技団体やチームは、このような人種差別的な行為をどのように取り締まっているのですか。

## スポーツにおける人種差別

サッカーのＪリーグをはじめ、さまざまなスポーツでは、数多くの国籍、人種の選手が同居してプレーしていることが通常です。

しかし、その一方で、選手、サポーター、審判による人種差別的な行為が問題となることが少なくありません。いうまでもなく、差別的行為は人権侵害行為であり、恥ずべき行為です。

スポーツが魅力的であり続けるためには、差別をなくすことが重要ですし、スポーツにかかわる人こそ、差別根絶へ向けた社会の模範になるよう努力をする必要があります。

## 実際に行われている差別的行為

### (1) 代表的な差別的行為

選手が試合中、相手を挑発する趣旨等で、特定の選手に対して差別的な発言をすることがあります。たとえば、ウルグアイ代表のルイス・アルベルト・スアレス選手が、相手チームのパトリス・エヴラ選手に対して、黒人蔑視的なニュアンスを含む（なお、本人はこの点を否定しています）「ニグロ」という言葉を複数回発したことで、８試合の出場停止の処分がなされたことがあります。

他方で、サポーターが行うものもあります。たとえば、欧州のサッカーリーグでは、黒人選手に対して、侮辱的な意味でバナナを投げたり、差別的な意味を含む応援歌を歌うという行為が繰り返されています。

日本でも、ソーシャル・ネットワーキング・サービス（SNS）で黒人差別的な発言をして問題となったことがありますし、下記の浦和レッズ差別横断幕事件のような事件もたびたび生じています。

### ⑵　ポーズ・ジェスチャーの意味が問題となる場合

上記のほか、ある行為の象徴的な意味が、差別的な意味ととらえられ、問題となることがあります。たとえば、ギリシャのサッカー選手であるヨルゴス・カティディス選手はゴールを決めた後、観客に向けて右手を上げる特定のポーズをとったことが、ナチス式敬礼のポーズであると指摘されました。ギリシャサッカー連盟は、この行為が、ナチスの犠牲になった人々に対して著しく敬意を欠くものとして、同選手を代表チームからの永久追放処分を下しました（本人は、このポーズがナチス的な意味合いがあるとは知らなかったと弁明しています）。

### ⑶　差別的行為に対する対応・制裁

差別的行為がなされれば、選手に対する罰金・出場停止処分、サポーターに対するスタジアムの入場禁止、クラブに対する罰金等の制裁がなされることがあります。

ただ、実際には、その行為がどのような場面で、どのような意図でなされたか等により、その行為が差別的行為に該当するか否かが明確でないことがありますし、通常、本人は差別的な意図を否定します。そのため、差別的行為の該当性並びに制裁の是非およびその程度の判断については、しかるべき機関において、慎重かつ適切になされることが期待されます。

## X　浦和レッズ差別横断幕事件（2014年）

### ⑴　事案の概要

浦和レッズの一部のサポーターが、「日本人以外お断り」を意味する「JAPANESE ONLY」と書いた横断幕を観客入場口に掲出した行為が差別的行為として問題となりました（当該サポーターらは差別的な意味はなかったと説明しています）。

また、浦和レッズのクラブ運営本部が、この横断幕の存在を認識してから、撤去までに１時間余りを要したこと等が、浦和レッズ自身も差別を容認したと受け止められるような対応をしたものとして問題となった事案です。

### ⑵　処分の内容

Ｊリーグは、浦和レッズに対し、けん責（始末書をとり、将来を戒める）および１試合の無観客試合の開催というＪリーグ史上最も重い処分を下しました。

また、浦和レッズは、掲出行為を行った者が所属するそのサポーターグループに対する無期限の活動停止の処分をするとともに、そのグループに所属するメンバー全員に対して浦和レッズが出場するすべての試合について無期限入場禁止の処分をしました。上記の無観客試合により、浦和レッズは数万単位のチケットの払戻しを行い、多大な経済的損失が発生しました。そもそも、Ｊリーグの試合が、サポーターの声援もない状態で行われたこと自体、極めて異常な事態であり、選手やサポーター等すべての関係者にとって大きな損失となりました。

また、本来、クラブの応援に来ているはずのサポーターが、スタジアムでの応援自体できなくなることは、たとえ、本人の行為が許されるものではなかったとしても、不本意な結果であることは間違いありません。

このように、本事件では、差別的行為に対して極めて重大な処分がなされたものと評価できます。

### (3)　差別的行為への制裁の強化の流れ

Ｊリーグが浦和レッズに対して重大な処分をしたのは、世界的に差別根絶のために差別的行為に対する制裁が強化されていることが背景にあります（国際サッカー連盟（FIFA）が2013年５月の総会で行った、「人種差別主義及び人種差別撲滅に関する決議」に端を発します）。これを受け、日本サッカー協会（JFA）も懲罰規程を改定し、差別への制裁を強化しています。本件の処分もこのような制裁強化に関する世界的な潮流に沿ったものといえるでしょう。なお、JFAの罰則規程には、無観客試合措置以外にも、勝ち点の減点や、下位リーグへの降格処分などのより重い処分も存在します。

この事件の後も、Ｊリーグや浦和レッズは、SNS上の差別発言の投稿等に対して迅速な対応をしており、差別的行為に対する対応は迅速かつ厳格なものとなっているように思われます。

## 差別根絶へ向けた他の取組み

上記の事件を契機として、差別根絶へ向けて、Ｊリーグや浦和レッズは内部的な教育を実施する等、差別がなく、誰もが安全で安心して試合を観戦できる環境を整えるためのさまざまな取組みを行っています。

これは、必ずしも制裁の強化のみが差別を根絶することにつながるわけではないという考え方の表れといえます。つまり、制裁を強化することで、抑止力が働きますが、制裁を恐れてクラブの運営、応援を行うということ自体望ましいものではないという見方があり得ます。また、制裁があるから差別的行為をしないというのでは（仮に制裁がなかったら差別的行為が発生してしまうのでは）、差別的行為の禁止の趣旨を真に理解したものとはいえません。理想論かもしれませんが、制裁の規程などなくても、クラブ、選手、サポーターそれぞれが、自律した精神をもって、自らの意思において、差別を根絶しようとすることが望ましいものといえます。そのため、過去の差別的行為の事件および制裁の強化を契機として各人、各機関が差別的行為の禁止の意味をあらためて考え直し、もって、差別根絶への意識を高めることが必要と感じられます。

浦和レッズ差別横断幕事件は、別のサポーターが、その横断幕が差別的意図を有するものではないかと問題提起したことが事件発覚の契機となっています。この方々のように、各人が差別根絶へ向けた意識をもてることが大切なのではなかろうかと考えられます。

**【参考文献】**

陣野俊史『サッカーと人種差別』（文春新書、2014年）
『サッカー批評（68号）』（双葉社、2014年）

（河端　直）

# Q14 スポーツと障がい者の権利

障がい者が健常者と同じようにスポーツに参加したり、スポーツを観戦するために、どのような取組みが行われていますか。現在、障がい者のスポーツ大会としてはどのような競技会があるのでしょうか。

A

## 障がい者スポーツとは

障がい者スポーツは、パラスポーツとも呼ばれ、以前は、障がいのある方のためだけのスポーツであるととらえられることがありました。

しかし、最近では、障がいのある方と健常者の混合チームによる車椅子バスケットボールが行われるなど、障がいのある方も含めた誰もが一緒に楽しむことができるスポーツととらえられるようになってきており、多くの人々に「適応された」（Adapted）スポーツを意味する「アダプテッド・スポーツ」（Adapted Sport）と呼ばれることもあります。

## スポーツ基本法での障がい者の権利の明確化

2011年8月に施行されたスポーツ基本法ではすべての人にスポーツを楽しむ権利を認め、スポーツの推進は国の責務であることが明記されています。そして、基本理念を定めた同法2条5項では「スポーツは、障がい者が自主的かつ積極的にスポーツを行うことができるよう、障がいの種類及び程度に応じ必要な配慮をしつつ推進されなければならない」として障がい者スポーツの重要性について言及しています。

このスポーツ基本法を受けて、2012年3月にはスポーツ基本計画が策定され、その基本的政策課題を「年齢や性別、障害等を問わず、広く人々が、関心、適性等に応じてスポーツに参画することができる環境を整備すること」として、障がい者のスポーツ推進が図られています。

## ルールづくり

一般のルールをそのまま適用してしまうと、障がいのために健常者と同様にできないことがあり、スポーツとしてのおもしろさが半減してしまうこともあります。そこで、障がい者スポーツにおいては、ルールを一部変更している場合があります。

たとえば、車いすテニスでは２バウンド以内の返球が認められており、バレーボールではネットの高さを低くしてコートも狭くしています。走る競技では視力障がいのある選手の目の役割を果たすガイドランナーと伴走する、走幅跳などでは「コーラー」と呼ばれる補助者が声を出して視力障がいのある選手に踏切位置や跳ぶ方向を選手に伝えるなど、サポートを受けて競技することが認められています。

## クラス分け、ポイント制

腕や脚、視覚、聴覚など障がいの種類・内容や程度がさまざまである中で、優れたアスリートを公平に決めるために、陸上や競泳などのスポーツでは、障がいの種類や程度によってクラスを分け、そのクラス内で成績を競っています。

また、車椅子バスケットボールなどでは、障がいの程度に応じて点数をつけ、出場選手の合計点に上限を設けてチーム編成させるポイント制度を採用しています。

## スポーツ施設における配慮

2006年２月に施行されたバリアフリー新法では、公共の体育館や水泳場などの一定の建築物に障がい者の方も利用しやすいように設計することを義務づけました。

また、スポーツ基本法では、「スポーツ施設を整備するに当たっては、当該スポーツ施設の利用の実態等に応じて、安全の確保を図るとともに、障害者等の利便性の向上を図るよう努めるものとする」と定めています（12条２項）。

これらを受けて、スポーツ施設において、段差をなくす、傾斜を緩やかにするなどの物理的なバリアフリーが図られるようになりました。最近では競技場で車いすでの観戦スペースが設置されています。ガンバ大阪の新スタジアムである市立吹田サッカースタジアムでは、車いす席を全体の0.75％にあたる約300席を設置しています。

なお、新国立競技場の整備計画では、車いす席を約450席設置するとともに、車いす席の位置を高くして、前方の席の人が立っても視界が遮られないようにするなどの配慮を行うとされています。

## 障がい者のスポーツ大会

日本では、1951年に東京都で身体障がい者スポーツ大会が開催されてから広がりをみせ、1963年にはほとんどの都道府県で身体障がい者スポーツ大会が開催されるようになりました。1965年には、全国身体障がい者スポーツ大会が開催されました。

障がい者スポーツの世界大会としては、パラリンピックが有名ですが、それ以外にもデフリンピック、スペシャルオリンピックスなどがあります。

まず、パラリンピックは、1948年にロンドン郊外で開催された脊髄損傷者の競技大会が源流とされていますが、その後、対象者が広がり、今では主に肢体不自由の身体障がい者を対象とした世界最高峰の障がい者スポーツ大会となりました。オリンピックと同じ年に同じ場所で開催されるのが特徴です。

次に、デフリンピックとは、４年に１度、世界規模で行われる聴覚障がい者のための総合スポーツ競技大会です。デフリンピックは1924年にフランスで夏季大会が開催されるなど、パラリンピックより歴史があります。2017年はトルコのサムスンで開催され、日本人選手は108名が参加しました。

また、スペシャルオリンピックスとは、知的障がいのある人たちがさまざまなスポーツトレーニングとその成果を発表する競技会であり、その主なものには、各国・各地域で年間を通して継続的に行われるスポーツプログラムと、４年に１度開かれる国際大会があります。いつもどこかで活動しているということから、「オリンピックス」と複数形で表記されています。日本では、長野県で2005年２月末から冬季世界大会が実施されました。

（藤村航太郎）

## Q15 障がい者スポーツと健常者スポーツの交流

少し前に、両足義足の陸上選手が、パラリンピックのみならずオリンピックにも出場したことが話題となりました。障がいをもった選手が健常者と同じ競技会に出場することに何か問題はありますか。逆に、障がい者を対象とするスポーツに健常者が参加することはできるのでしょうか。

A

### 障がいを有する選手のオリンピック挑戦

#### ⑴　オスカー・ピストリウス（陸上）の事例

オスカー・ピストリウス（南アフリカ）は、先天性の身体障がいにより生後11カ月で両足の膝から下を切断しました。両足義足の陸上選手である彼は、「ブレード」と呼ばれるカーボン製の義足を使い、「ブレードランナー」の異名をもちます。

彼は、2008年の北京オリンピックに陸上男子400mで出場をめざし、その前年、国際陸上競技連盟（IAAF）に出場資格を求めましたが、「推進力のあるカーボン製の義足の装着が、競技力向上を手助けする人工措置を禁ずる競技規定に抵触する」とされ、認められませんでした。そこで、彼は、同年５月16日、スポーツ仲裁裁判所（CAS）に提訴しました。CAS は、IAAF の決定を覆す裁定を下し、参加標準記録さえクリアすれば、義足の選手でもオリンピックに出場することが可能との判断を示しました。残念ながら、彼は、参加標準記録をクリアできず、北京オリンピックの出場は果たせませんでしたが、４年後のロンドンオリンピック陸上男子400m、および男子４×400mリレーのメンバーに選出され、両足義足の陸上競技選手では初めて、オリンピックへの出場を果たしました。

#### ⑵　マルクス・レーム（幅跳び）の事例

マルクス・レーム（ドイツ）は、2003年（14歳）の夏、ウェイクボードの練習中に事故に遭い、右足のひざ下を切断しました。20歳で義足を付けて陸上に挑戦し、2012年のロンドンパラリンピック陸上男子走り幅跳びにおいて７m35cmで優勝しました。その後も記録を伸ばし、2014年の健常者と競ったドイツ選手権では、健常者を抑えて8m24cmで優勝し、2015年の障がい者の世界選手権で8m40cmの世界記録をマークしました。これは、2012年ロンドンオリンピックの優勝記録の8m31cmを9cmも上回っています。リオデジャネイロオリンピックの参考標準記録をクリアしていた彼は、「参考記録でもよい」と出場を願っていましたが、IAAFが「義足が有利に働いていないことの証明」を出場条件に付けたことにより、結局、彼は、出場を断念するに至りました。

リオデジャネイロパラリンピックでは、彼は男子走り幅跳びにおいて8m21cmの大会新記録で連覇を達成しました。リオデジャネイロオリンピックの優勝記録8m38cmには17cm届きませんでしたが、障がい者が健常者と十分に競えることを証明しました。

## 車いす・補装具等の器具の公平性の問題

上記のように、障がいを有する選手が、オリンピックや世界選手権で、健常者と競うことについては賛否両論あり、その理由の一つとしては、障がい者スポーツが車いすや義足等の器具の使用を伴うことがあげられます。

この問題は、時にはテクニカル（技術・道具）ドーピングと呼ばれることもあります。

一般的に、ドーピングとは、薬物や不正な手段を用いて競技能力を高めようとすることです。パラリンピックにおいても、禁止薬物の摂取は問題となりますが、それとは別の不公平さという意味で、車いすや補装具（義足、義手等）が問題となります。

パラリンピックでは特に選手が車椅子や補装具など用具を使用して行うスポーツが多いため、オリンピック選手が使用する競技用具（スパイクシューズや棒高跳びのポール、水着等）以上に、用具の性能の差が大きな問題となるのです。

たとえば、車いすテニスにおいては、国枝慎吾選手はアルミ製の約40万～50万円の車いすであるのに対して、ライバルのステファン・ウデ選手（フランス）は自転車のタイヤメーカー等と開発した機動性の高いカーボン製の約1500万円の車椅子を用いているとも報道されています。

用具の性能はどこまで認められるのか、今後より一層激しく議論されることになるでしょう。

## 障がい者・健常者スポーツの統合にあたっての課題（公平・平等の意義）

このように障がい者の間での用具の性能差の問題もさることながら、障がい者と健常者が同じ競技で競う場合、この問題はより顕在化します。たとえば、義足を使う者と使わない者で、記録を同列に比較することは公平・平等といえるのかが大きな問題となり得ます。

形式的にとらえるのであれば、公平・平等ではないように思います。もっとも、公平・平等を形式的にではなく、実質的にとらえるのであれば、どこまでの性能のものであれば許容できるのかといった「程度」の問題にはできるように思います。皮肉にも、この問題は、義足の性能の向上がもたらしたものです。そもそも、義足ができ始めたころは、義足を使って走る者が、健常者のしかも世界トップレベルの者と対等に競うレベルになることなどどれだけの人が予想していたでしょうか。

## 障がい者・健常者スポーツの統合の実例
## ――車椅子バスケへの健常者の参加

このように用具を使う者と、使わない者とが同じ競技で競う（たとえば、陸上競技）ということに比べると、障がい者と健常者が同じように用具を使ったうえで、同じ競技を行うことは比較的受け入れられやすいのかもしれません。車椅子バスケットボールは、その一例です。車椅子バスケットボールは、近年、大学生等の健常者の競技者が増加してきて、健常者のみのチームの結成や、障がい者のチームに健常者が加入するケースがみられるようになってきています。

車椅子バスケットボールに限らず、そもそも障がい者スポーツの中でも、チームスポーツの多くには、持ち点制が導入されています。障がいの重い選手は持ち点が低く、障がいの軽い選手は持ち点が高く設定され、１チームの持ち点の合計に上限値が定められており、すべての選手を障がいの軽い選手だけで構成することができないといったものです。この持ち点制を採用して、健常者を持ち点の高い選手と位置づけることで健常者の参加が可能になります。また、障がい者のみのチームや健常者のみのチームがそれぞれ参加できるように、さらにこの持ち点制すら採用せずに障がいの有無にかかわらず参加できるオープン大会も増えてきています。他方で、一般社団法人日本車いすバスケットボール連盟（JWBF）主催の内閣総理大臣杯や日本選抜大会等の全国大会および各大会予選においては、健常者の出場が認められていません。

今後、持ち点制をはじめとして、どのような方法によって障がい者と健常者がともにプレーできるのか、さらなる議論が必要です。

**【参考文献】**

伊藤数子『ようこそ、障害者スポーツへ』（廣済堂出版、2012年）

平田竹男＝河合純一＝荒井秀樹編著『パラリンピックを学ぶ』（早稲田大学出版、2016年）

藤田紀昭『パラリンピックの楽しみ方』（小学館、2016年）

（松尾研太郎）

## Q16 競技会参加への自由と平等

スポーツ選手が競技会へ参加する機会は、自由かつ平等に認められているのでしょうか。競技団体による参加資格の制限が、特定の選手に対する差別的な取扱いにあたることはあるのでしょうか。

A

### スポーツ基本法と大会主催者の裁量

スポーツ基本法２条８項は「スポーツは、スポーツを行う者に対し、不当に差別的取扱いをせず、また、スポーツに関するあらゆる活動を公正かつ適切に実施することを旨として、……推進されなければならない」と定めており、不当な差別的取扱いを禁じています。ここから、スポーツ選手には、差別を受けることなく競技会に参加する権利がある、と言い換えることもできます。

他方で、大会主催者は選手の出場資格について裁量を有しています。そもそも、スポーツ選手が競技会に参加するに際し、年齢による区別を設けることが一般的になされているように、大会主催者が、その裁量に基づいて参加資格に一定の条件を設けることは一般的になされることです。競技会開催の趣旨に照らして一定の参加資格を設けたり、競技を盛り上げたりするために、大会主催者が裁量を行使して参加資格を設定することは許されることでしょう。

そうすると、スポーツ選手の権利と大会主催者の裁量とが対立する構図となります。そして、大会主催者の裁量が広く認められるならば、参加資格が絞られることも許され、多くのスポーツ選手が参加できなくなってもやむなしということになりますし、他方で、裁量が狭くなれば、その裁量を超えた参加資格を設けることは許されませんから、結果として多くの選手が参加資格を得ることにつながるといえます。

大会主催者の裁量の広狭は、競技会開催の根拠となる法律の規定や、大会の趣旨・目的に照らして判断されることになりますが、後述の外国籍選手の国民体育大会（国体）への参加資格制限の是非が問われたケースなどは、大会主催者の裁量が広く認められた例だといえるでしょう。

## 競技会への参加資格の平等性と、競技の公平性との問題

また、冒頭で紹介したように、スポーツ選手には、平等に競技会に参加する権利があるといえますが、他方で、競技会への参加資格がすべての選手に平等に認められるとすれば、かえって競技の平等性を害することになりうるという難しい問題もあります。

成人選手と未成年の選手、男性選手と女性選手が一緒にプレーをすると、かえって不公平だという指摘が出るでしょうが、このことからも、参加資格に一定の条件を設けることによって競技の平等性を確保することもまた必要な要請だということがわかります。

そうすると、すべての選手に絶対的に平等に参加資格を認めるというのではなく、一定の線引きをしたうえで、一定の範疇（はんちゅう）内の選手の間では不当な差別的扱いを許してはならない、ということになりそうです。すなわち、「不当」な「差別的」取扱いは許されませんが、合理的な区別といえるならば、参加資格の制限は許容されるということでしょう。

以下、具体的な例に沿って考えてみましょう。

## アマチュアとプロの区別

かつて、オリンピックはアマチュアの祭典であるとして、プロの選手の参加資格を全面的に制限していた時代がありました。その後、オリンピック憲章の改定により、プロの選手の参加の許否は競技ごとに決められることとなりましたが、アマチュア選手にのみ参加資格を認める競技が、直ちに「不当」な「差別的取扱い」にあたるとの指摘は見受けられません。

スポーツの非対価性を重視するという目的に沿ってプロ選手の出場を制限するというのであれば、この目的（スポーツの非対価性の尊重）そのものは合理的ですし、出場資格の制限という、目的達成のための手段も一定の合理性を有しますから、許容されるといえるでしょう。

また、そもそも選手にはプロ選手に転向するか、それともアマチュア選手として活動を続けるかについての選択権があることも、プロ選手の出場を制限したとしても許容される理由の一つといえるでしょう。

国体についても、プロ選手の出場の許否は各競技によりさまざまですが、プ

ロ選手の出場を制限すること自体も、直ちに違法な取扱いとはいえません。

## 外国人選手の国体への出場の可否

では、国籍に注目し、国体の出場資格について日本国籍を有する者に限るという取扱いをすることはどうでしょうか。

これについても、かつて外国人選手の国体の出場資格が全面的に制限されていたことを受けて、違法ではないかと訴訟が起こされたケースがありますが、裁判所は、大会主催者の裁量が広範囲に及ぶことを前提に、外国人選手の出場資格の制限についても違法とは判断しませんでした（最高裁平成16年６月11日判決・判例集未登載）。

もっとも、一口に外国人といっても、観光目的で来日し短期間だけ日本にとどまる人もいる一方で、父母よりも前の世代から日本に居住している在日朝鮮韓国人の人もいれば、海外からやってきたのち永住権を取得している人もおり、長年日本に居住している人に対しても国体への参加資格を全面的に認めないという扱いは不当であると感じられます。国籍については自分の意思ではいかんともしがたい要素でもあるからです。

実際に、現在の国体は、永住権者らに対し、出場を認めるようになっています（Q11参照）。

## 転校による参加資格制限

高校スポーツでよくみられる、転校後の参加資格制限の問題はどうでしょうか。

公益財団法人日本高等学校野球連盟（高野連）の大会参加者資格規定では、転校後は原則１年間参加資格が制限されるとしており（５条３項）、高校サッカーも、転校後は原則６カ月間の参加資格が制限されています（全国高等学校サッカー選手権大会・大会要項等）。

こうした規定は、有力校が選手を引き抜く等の行為に及ぶことを防ぐ目的があるとされ、なるほど、その規定には一定の合理性が認められます。

もっとも、こうした規定も、家庭の事情による転居等による場合は例外としており、やはり本人の意思ではいかんともしがたい事由については、参加資格の制限を課さないこととなっています（ただし、いじめの場合の転校については上記の例外として扱われないようです）。

## まとめ

以上のとおり、大会の参加資格については、大会主催者の裁量が広く認められることを前提に、制限を設ける目的や、制限の範囲が合理的なものであれば、不当な差別的取扱いにはあたらないと考えられます。

もっとも、特定の選手を狙い撃ちするような制限は、制限する目的が合理的ではない、もしくは制限の範囲が合理的ではないと判断されるでしょう。また、人種差別にあたるような場合も、目的や手段の合理性が厳しく問われることになる点も忘れるべきではありません。

（相川大輔）

## Q17 スポーツをする権利と代表選考

本来の選考基準からすれば代表に選ばれるはずの選手が、恣意的な代表選考により代表から漏れてしまった場合、その選手が代表選考の結果を争うための手段はありますか。過去に、代表選考の当否が裁判で争われた事案はあったのでしょうか。

A

### 代表選考の当否をめぐる争い

裁判所は、当事者間の具体的な法律関係ないし権利義務の存否に関する争いを法律の適用により終局的に解決する場です。古い裁判例の中には、全日本柔道連盟（全柔連。現在は公益財団法人）が、あえて平等取扱条項の趣旨に反し不合理な参加資格の制限を設けたことが、代表選手の選考にあたり全柔連に与えられていた裁量権の範囲を逸脱するとして、全柔連に対し慰謝料の支払いを命じた裁判例（全柔連代表選考事件（東京地裁昭和63年２月25日判決・判タ663号243頁））があります。

しかし、「競技団体の代表選手に誰を選ぶか」というような、そのスポーツの特性・各競技者の能力等について深い理解と専門的な知識等がなければ適切な判断ができない事項に関する決定は、本来的には自律的な競技団体内部の判断に委ねるべき問題です。そして、自律性を有する競技団体には当該競技を統括・運営していくうえで裁量権が認められているため、その判断は最大限尊重される必要があります。そのため、競技団体による判断の当否を裁判所に任せることは適切ではないと考えられ、また、法律上の争訟とも認められないことから、現在では、原則として、代表選手選考の決定の当否を裁判所で争うことは認められないと考えられています。代表選考の当否に関する裁判例ではありませんが、自動車競技における選手への罰則の取消しを求めて裁判所への提訴がなされた事案では、裁判所は、スポーツ競技における順位・優劣等の争いについては、それが、私人の法律上の地位に直接影響を与えるものでない場合には、司法審査の対象となる法律上の争訟ではないとして、選手による罰則の取消しを求める訴えを却下しています（東京地裁平成６年８月25日判決・判時1533号84頁）。代表選考の当否に関する争いについて、仮に決定の取消し等を求めて裁判所へ提訴された場合には、その裁判例と同様に、法律上の争訟にはあたらないことを理由に訴えが却下されるおそれが大きいと考えられます。

また、仮に、裁判所が、代表選考過程が違法であったと認めて慰謝料の支払いによる救済を命じることができるとしても、最終的に誰を代表選手として選抜するかという専門的な決定をすることはできません。さらに、訴訟には長期間を要することが多いことから、解決したときにはすでに大会は終わっており、選手の真の救済が図れない結果となってしまうおそれもあります。これらのことから、競技団体の意思決定の当否を判断するための専門的知識を有し、かつ、迅速な紛争解決を図ることができる専門の解決機関が必要となります。

## スポーツをめぐる争いの解決の場

法律上の争訟に該当しないスポーツをめぐる紛争について、不当な処分が放置されることを防ぎ、迅速な紛争解決を実現するために、1984年に国際オリンピック委員会により「スポーツ仲裁裁判所」(CAS) が設立されました。その後、2003年6月に日本版CASといえる「公益財団法人日本スポーツ仲裁機構」(JSAA) が設立されました。これにより、日本の競技団体による代表選考等の意思決定の当否については、JSAAの仲裁手続で解決を図ることができるようになりました (なお、JSAAの設立経緯や仲裁手続の詳細についてはQ7やQ61をご参照ください)。

## JSAAにおける判断枠組みと代表選考の当否が争われた事例

### (1)　JSAAにおける判断枠組み

JSAAによるこれまでの仲裁判断においては、代表選考等に関する競技団体による意思決定の当否の判断にあたり、「競技団体には、その運営について一定の自律性が認められ、その限度においてその決定を尊重しなければならない」として、基本的には競技団体が意思決定への裁量を有することを認めています。その一方で、「①競技団体の決定がその制定した規則に違反している場合、②規則には違反していないが著しく合理性を欠く場合、③決定に至る手続に瑕疵がある場合、または④規則自体が法秩序に違反し若しくは著しく合理性を欠く場合」には、裁量を逸脱したものとして、団体による決定を取り消すことができるとの審査基準を確立しています。

### (2)　代表選考の当否が争われた事案の例

代表選考の当否に関しては、CASに申立てをした水泳の千葉すず選手の事案を皮切りに、JSAA設立後は、スケルトン・自転車・テコンドー・馬術・カヌー・ボート・ローラースケート等のさまざまな競技で、これまで数多くのJSAAでの仲裁手続がとられています。

千葉すず選手は、2000年４月に行われたシドニーオリンピックの日本代表選手に選ばれなかったことを不服として、財団法人日本水泳連盟（日本水連。現在は公益財団法人）を相手としてCASに仲裁を申し立てました。CASは、「日本水連の代表選考方法に公平性を欠く事実はなかった」として、千葉選手の代表入りを求める訴えを退ける裁定を下しましたが、選手選考基準があいまいだったことが問題となり、あわせて「日本水連が選考の基準の公開を徹底していれば今回の訴えは避けられた」として日本水連に千葉選手の仲裁費用の一部の支払いを求めました。

その後、JSAAにおいて競技団体の意思決定の当否が争われた事案の例としては、馬術の加藤麻理子選手によるアテネ五輪代表選考をめぐる事件（JSAA-AP-2004-001、代表選考の決定を覆すほどの著しい不合理さはないとして、加藤選手の申立てを棄却しつつ、本件紛争が団体側の不適切な選考手続に起因して生じたことを指摘し、団体側へ申立料金と弁護士費用の一部の負担を命じました）、ボートの武田大作選手によるロンドン五輪代表選考をめぐる事件（JSAA-AP-2011-003、選考方法および選考過程が著しく合理性を欠くとして、選考結果の取消しを命じました）、女子ロードレースの与那嶺恵理選手によるリオデジャネイロ五輪代表選考をめぐる事件（JSAA-AP-2016-001、施行前の行為に新規定を適用して不利益処分を課した点において、不利益処分の遡及適用の禁止原則に反し、著しく合理性を欠くとして、不利益処分の取消しを命じました）等があげられます。それぞれの事件の事案の詳細やJSAAによる判断内容については、JSAAのウェブサイトをご参照ください。

（足立朋子）

## コラム ■障がいを「溶かす」スポーツ

2016年２月27・28日に、世界で初めての精神障がい者フットサルの国際大会が大阪で開催されました。大会は、イタリア代表、ペルー代表、日本代表そして大阪選抜の４チームで熱戦が繰り広げられ、日本代表が見事初代チャンピオンに輝き、大阪選抜も準優勝という成績を収めました。地元開催としては願ってもない結果となりましたが、イタリア代表、ペルー代表もすばらしいチームで、彼らのコンディションがもう少し整っていれば勝敗はどうなったかわからないほど紙一重の結果でした。主催者として大会準備期間中や大会中には数々の苦労もありましたが、実行委員会をはじめとする多くの関係者のチームワークのおかげで大きな成果を上げることができたと思っています。

大会期間中延べ1000人以上の方が観戦に来られました。躍動感とフェアプレーあふれるレベルの高い試合の連続にみなさん感心され、サッカー関係者は「久しぶりに見た清々しい大会であった」と大いに喜んでおられました。また、取材に来ていたマスコミ関係者もプレーの質の高さに「これは障がい者の大会とは思えないですね」と感想を述べていました。今回の大会参加選手のほとんどが統合失調症の方であり、過去には辛い症状に悩まされ、中には入院や引きこもりの生活を余儀なくされた経験をもっている選手もいます。彼らがフットサルに出会い、仲間とともに練習を重ね、自信をつけ、そして日本代表に選ばれ精いっぱいプレーをする、その過程の中で、精神障がいのあることが周囲から見てわからなくなるような、つまり障がいを「溶かす」大きな力が働いたのではないかと思います。この彼らの姿は、こころの病のある多くの人々に勇気を与え、希望のモデルになっていくに違いありません。

イタリア代表、ペルー代表ともに帰国してからの国内の反響は大きく、この大会のドキュメンタリー映画作成の話も出るほどのようです。次回は、イタリアで開催されることが計画されており、世界中にこの活動が広がることで、障がいが「溶けて」なくなることを願ってやみません。

**岡村武彦**（大阪精神医学研究所新阿武山病院院長
特定非営利活動法人日本ソーシャルフットボール協会理事長）

## Q18 スポーツと子どもの権利

子どもにとってスポーツはどのような意味があり、子どものスポーツの権利はどのような条約や法律が保障していますか。また、子どもの現在のスポーツの状況について教えてください。

### 子どもはなぜスポーツに夢中になるのか

子どもはいろいろなことに夢中になります。スポーツもその一つです。なぜスポーツに夢中になるのでしょうか。

一つは、わかりやすい形で達成感を味わえることでしょう。難しい算数の問題が解けたというのも達成感ですが、身体全体で味わえるという意味で、もっと人間的・本能的な快感だといえます。野球を例にとると、なかなかあたらなかったボールがバットにあたった、その瞬間にうれしさと振動が身体の芯にびーんと伝わってくる感じでしょうか。

何より一番の理由は、スポーツがもっている精神的な自由または解放感にあると思います。スポーツを、単に身体を動かすことであると定義することは間違いです。スポーツは自由かつ創造的な精神活動なのです。

プレーヤーは、あらゆる局面で、無数に存在する選択肢の中から、誰にも束縛されずに次の動作を選択できます。ここでドリブルを続けるかパスをするか。ボールをクロスで返すかストレートで返すか。休み時間のドッジボールも同じです。ボールを取るか取らないか、誰をめがけて投げるか……スポーツは自由な判断に満ちています。

授業中はきゅうくつな思いをしている子どもたちも、放課後の校庭では自分が主人公です。楽しくないはずがありません。

### 子どものスポーツの権利とスポーツの意義

1989年に国際連合総会で採択された子どもの権利条約（児童の権利に関する条約）31条は、「締約国は、休息及び余暇についての児童の権利並びに児童がその年齢に適した遊び及びレクリエーションの活動を行い並びに文化的な生活及び芸術に自由に参加する権利を認める」と定めています。子どもたちは、憲法にも書かれていない、遊び、スポーツを楽しむ権利をもっているのです。

また、子どもは成長・発達する存在として、教育を受ける権利が保障されています（子どもの権利条約28条、憲法26条）。教育は算数や国語だけではありません。スポーツを通じて、人格や精神的・身体的能力を発達させる権利があり、これをサポートすることは国や大人にとっての責務でもあります（子どもの権利条約29条）。

このことは法律も認めています。スポーツ基本法２条２項は、「スポーツは、とりわけ心身の成長の過程にある青少年のスポーツが、体力を向上させ、公正さと規律を尊ぶ態度や克己心を培う等人格の形成に大きな影響を及ぼすもの」であり、学校、スポーツ団体、家庭、地域における活動の相互の連携を図りながら推進するよう求めています。

## 多様化するスポーツの場

現在、子どものスポーツの場は、学校の部活動、スポーツ少年団、スポーツクラブ、総合型地域スポーツクラブなど多様化しています。

スポーツ少年団は、1962年に、財団法人日本体育協会（現在は公益財団法人）が地域社会をベースとしたスポーツ活動をめざして創設された子どものスポーツクラブです。2015年度は約３万3000の団を数え、小学生を中心に、約72万人の子どもが登録しています。

また、民間のスポーツクラブにも多くの子どもが在籍してサッカーや水泳などのスポーツ活動を行っています。

総合型地域スポーツクラブは、多世代、多種目、多志向という特徴をもち、地域住民により自主的・主体的に運営されるスポーツクラブです。

## 部活動の意義と教育活動における位置づけ

エリートをめざす一部のスポーツの世界では部活動から離れる動きが加速しています。水泳やフィギュアスケートなどは従前から民間のスポーツクラブが中心になっていましたし、昨今は硬式野球やサッカーでも部活動以外の場で活動する子どもが増えています。JFA アカデミーや JOC エリートアカデミーなど競技団体が主体となった育成も進んでいます。部員数の減少や顧問の負担など部活動が抱える課題も指摘されています。

とはいえ、都会・地方など地域を問わず、運動能力を問わず、特別な費用もいらず、保護者の負担も少ない部活動は今なお子どものスポーツ活動の中心であることは間違いありません。競技志向が強いものもありますが、多くは子どものスポーツのセーフティネットとして機能しています。

2011年度の統計では、中学校の男子は75.1％、女子は52.7％（計64.1％）、高等学校の男子は57.2％、女子は26.7％（計42.1％）が運動部に所属しています（文部科学省『平成23年度文部科学省白書』（2012年））。

中学校と高等学校の学習指導要領は「スポーツや文化及び科学等に親しませ、学習意欲の向上や責任感、連帯感の涵養等に資するもの」として教育的効果を認め（文部科学省「中学校学習指導要領」（2008年告示・2015年改正）、同「高等学校学習指導要領」（2009年告示））、文部科学省による「運動部活動での指導のガイドライン」（2013年５月）は、運動部が体力向上や健康増進だけでなく、保健体育科等の指導と連携させることで学校の教育活動を活かし、自己の力の確認、努力による達成感、充実感をもたらし、互いに競い、励まし、協力する中で友情を深めるとともに、学級や学年を離れて仲間や指導者と密接に触れ合うことにより学級内とは異なる人間関係の形成につながるものと期待しています。

学習指導要領に記載されているといっても、努力目標にすぎず、教育課程としての位置づけはありません。ただし、これも見方を変えると、画一化された枠がないがゆえに自由に活動ができ、成績として評価されないがゆえにいきいきと活動できるという積極的な側面につながっているといえます。

子どものスポーツの受け皿となるのはどれなのか、今後も広く国民で考えていくべきテーマであることは間違いありません。

（宮島繁成）

## Q19 スポーツと未成年者の保護

未成年者にも、大人と同じようにスポーツをする権利が認められますか。心身ともに成熟していない未成年者の保護のために、大人と異なる特別なルールが設けられることはありますか。

### スポーツ権と未成年者

スポーツを通じて幸福で豊かな生活を営む権利としてのスポーツ権（スポーツ基本法前文・2条1項）は、国民に認められた権利であり、成人だけではなく未成年の子どもにも認められます。

このことは、スポーツ基本法の前文において「スポーツは、世界共通の人類の文化である」、「今日、国民が生涯にわたり心身ともに健康で文化的な生活を営む上で不可欠のものとなっている」と述べられていること、同法が定める基本理念として「スポーツは、とりわけ心身の成長の過程にある青少年のスポーツが、体力を向上させ、……人格の形成に大きな影響を及ぼすもの」であるとうたわれていること（2条2項）からも理解できます。

### 若年競技者の保護という視点からの配慮の必要性

スポーツは、他の活動では味わえない充実感を得ることができる半面、追究しようとすれば、一定の身体的、心理的な負荷を伴います。

この点、十分な経験と判断力を備えている成人であれば、各個人の責任において、自身の能力の限界等を加味しつつ、スポーツをいつ、どこで、どのように行うのがよいかについて適切な判断をすることができるものと考えられます。

しかし、未成年の競技者の場合には、必ずしも成人と同じように考えることはできません。具体的には、未成年者に関しては、過酷な環境下での酷使によって重度のスポーツ障がいを発症し、競技者としてのキャリアを早期に断念することを強いられるという問題（若年競技者のオーバーユース、オーバートレーニングの問題）、さらには、年少期から過度な競争環境に晒され、継続的にプレッシャーを強いられることで精神的に消耗し、いわば燃え尽きた状態でスポーツキャリアをドロップアウトしてしまうという問題（若年競技者のバーンアウトの問題）等が指摘されています。

これらの問題を防ぐには、若年競技者の保護を目的として、成人とは異なる特別の制度や施策を導入することが必要となる場合があります。

## 青少年向け指導者の研修制度、資格制度

まず、未成年者がスポーツを行うにあたり、競技者本人に健康や安全への適切な判断を期待できない可能性がある場合には、競技者本人に代わって、適時、適切に危険回避の必要性と方策を判断できる存在が必要となります。実際の現場で、このような判断を期待できるのは、やはり指導者しかいません。

その意味で、指導者には、当該スポーツ全般に対する知識とは別に、未成年者の心身に関する知識が求められます。さらに、指導者は、未成年者とのコミュニケーションのとり方や、未成年者の健康や安全の確保のために必要な科学的な知識も、指導技術の一環として習得している必要があります。このような指導者の能力を担保するためには、指導者を研修する制度を設けることが大切であると考えます。

指導者の研修制度の例としては、公益財団法人日本体育協会（日体協）が、各種スポーツ指導者の資質と指導力の向上を図ることを目的として導入している公認スポーツ指導者制度があげられます。この制度では、公認スポーツ指導者は、スポーツ医・科学の知識を活かして「スポーツを安全に、正しく、楽しく」指導し、「スポーツの本質的な楽しさ、素晴らしさ」を伝える責務を負うとされており、指導対象の競技ごとに、指導者に必要な知識を習得させるカリキュラムが準備され、カリキュラムの修了者には公認スポーツ指導者資格が付与されます。各競技のカリキュラムには、実技面の知識や指導方法のみならず、安全管理や教育的視点から必要とされる科学的、心理的な知識を教授するプログラムが組み込まれています。

## 特別な運営ルールや競技ルール

いかに指導者が青少年の指導に関する知識やノウハウを習得していたとしても、目の前に試合が控えている状況がある場合、健康状態に多少の問題があったとしても、優秀な技能を備えた選手を起用したいという心理が働きがちです。

また、選手本人としても、限られた選手生活の中で、多少の健康上の懸念を無視してでも、目の前の試合に全力を尽くしたいと望むのは、無理からぬことです。これらのことは、一戦必勝が求められるトーナメント戦のような場合に特に顕著です。

しかし、無理な選手起用には、当然ながら当該選手の健康を害するおそれが伴い、場合によっては選手生命を絶たれるような健康障がいを引き起こす可能性もゼロではありません。そのため、各競技においては、未成年者の健康障がいを防止すべく、競技者の年齢や体力の状況に適合するよう、成年とは異なる特別の運営ルールや競技ルールを定めることがあります。

例をあげれば、2015年11月、アメリカ合衆国サッカー連盟（USSF）が、同傘下のユースナショナルチームやアカデミーに所属する未成年選手について、10歳以下の選手によるヘディングを一律に禁止し、11歳以上13歳以下の選手については練習でのヘディング回数を制限する規定を策定しました。これは、子どものうちから繰り返しヘディングをすることで、脳振盪（のうしんとう）等を引き起こし、脳へ損傷を与えるおそれがあるとの見方があり、これを受けて若年者によるヘディングの禁止または制限を求める声が高まったことが理由です。

日本においても、公益財団法人日本柔道連盟が定める少年大会特別規定では、中学生以下の選手に対し、相手選手の健康障がいにつながりかねない一定の危険な技や行為を禁止しています。また、野球界においては、近年、小中学生を中心とした若年投手の連投が問題視されており、投球回制限や球数制限のような特別規定を導入すべきといった議論が活発化しています。

この点、伝統的な既存のルールを変更すべきとの意見に対しては、「競技の魅力を損なう」といった反対意見が少なくありません。しかし、伝統の名のもとに不合理なルールや行動様式を温存させていると、若年層のスポーツ離れを加速させ、かえってそのスポーツを衰退させることになりかねないという危機意識を常にもっておく必要があると考えます。

若年競技者によるスポーツの運営やルールに関しては、競技の本質的な楽しみの部分は核として残しつつ、積み重ねられた医学的な知見や国際的な動向にも十分目を向けて、ときには特別ルールを積極的に採用することも大切です。

（岡村英祐）

## Q20 スポーツとプライバシー権

少し前に、海外のプロスポーツ選手の女性関係がマスコミに報道され、その選手が競技への参加自粛を余儀なくされるというニュースを耳にしました。そのような報道は、選手のプライバシーの侵害にはあたらないのでしょうか。

A

### プライバシー権とは

プライバシー権とは、19世紀にアメリカで初めて提唱された権利です。プライバシー権の定義は、時とともに変化しており、当初は「1人で放っておいてもらう権利」といわれていましたが、近年の情報化社会の中での個人情報の重要性から、現在では、「自己に関する情報をコントロールする権利」と定義されるようになりました。

日本では、1964年に「私生活をみだりに侵害されないという法的保障ないし権利」という言葉で、裁判所が実質的にプライバシー権を認め（東京地裁昭和39年9月28日判決・下民集15巻9号2317頁）、以後、プライバシー権は、憲法13条により保護される権利として定着してきているといえます。

### 有名人のプライバシー権

プライバシー権が法的に保護される権利であるとしても、現実には、芸能人のプライベートにかかわるスキャンダルについての報道のように、マスメディアによるプライバシー権侵害と思われる行為が数多く存在しています。これらは、はたして許されることなのでしょうか。

たとえば、政治家に関しては、その収入や資産状況、脱税や女性問題等の有無が、選挙の際に有権者がその政治家の適格性を判断するにあたっての重要な判断要素となります。そのため、政治家や公職への立候補者等については、その人の私生活に関する事項であっても、「公の正当な関心事」または「公共の利害に関する事項」にあたるとして、プライバシー権が公共の福祉による制約を受け、プライベートな事実の公表が許されることもあるでしょう。

また、公的立場にはない私人であっても、著名人であり、私生活での行動が一般市民に対して一定の影響力を与える場合には、プライバシー権が制限されることがあります。つまり、芸能人等の著名人については、その私生活上の事項にも世間の人々が関心を抱くことが通常であり、その関心が正当なものである限り、国民の知る権利や表現の自由の観点から、一定の範囲内で著名人の私生活上の事実を公表することが許されるという考え方です。過去の裁判例の中には、著名人のプライバシー権について、このような考え方を前提とした判断をしたものがあります（東京地裁平成12年２月29日判決・判時1715号76頁）。

## プロスポーツ選手のプライバシー権

では、スポーツ選手についてはどうでしょうか。有名なプロスポーツ選手については、他の著名人と同様に、私生活での行動が一般市民への影響力をもつことがあり、この意味では、他の著名人と同じくプライバシー権が一定の制約を受けるようにも思われます。

しかし、そもそも、スポーツ選手は競技の実績によって有名になったのであり、私生活や自分のキャラクター自体を売り物にしているのではありません。そのため、本来的には、スポーツ選手は、競技とは無関係の私生活に関する事項にまで、世間からあれこれ批判されるべき立場にはないというべきでしょう。過去の裁判例の中にも、元サッカー日本代表の中田英寿氏の少年時代の家族構成や学業成績等を記した書籍が発売されたことについて、通常の著名人とスポーツ選手のプライバシー権の範囲を同列に論ずることはできず、サッカーとは関係のない私生活上の事実まで公表することは許されないとして、同氏のプライバシー権侵害を認めたものがあります（前記東京地裁平成12年判決）。

ただ、現在では、超一流といわれるスポーツ選手の中には、競技の実績だけではなく、その人の人間性も含めて世間から評価され、広告出演等の仕事を得ている人達がいることも事実です。以前、タイガー・ウッズ選手が、スキャンダルへのバッシングによって競技参加の自粛を余儀なくされたことに象徴されるように、一般の芸能人とプロスポーツ選手のプライバシー権の範囲は、その違いが少なくなってきているのかもしれません。

（田中　敦）

# Q21 スポーツと名誉毀損

最近、海外のプロテニス選手が、ドーピング疑惑をめぐる発言をした元スポーツ大臣を名誉毀損で訴えたことが話題となりました。チームや選手への批判的な発言がなされた場合、それが名誉毀損にあたるかどうかは、どのように判断されるのでしょうか。

A

## 名誉毀損とは

「名誉毀損」とは、発言、報道等により他人の社会的評価を下げることをいいます。ここでいう「名誉」の内容については諸説ありますが、一般的には、個々人が自ら有する意識や感情（名誉感情）ではなく、社会が人に対して与える評価（外部的名誉）を意味するとされています。したがって、他人の発言・報道等により本人が名誉を毀損されたと感じたとしても、それにより社会における評価が低下しなければ、名誉毀損にはあたりません。

名誉は、人格権の一つとして法的に保護されており、他人の名誉を毀損した場合には、刑事上は名誉毀損罪（刑法230条１項）となり、民事上は不法行為として損害賠償請求の対象となります（民法709条・710条）。

## 名誉毀損の判断基準

それでは、他人の社会的評価を下げる発言・報道等がすべて名誉毀損として民事上や刑事上の責任を負うことになるのでしょうか。

たとえその人にとっては社会的評価を下げる発言等であったとしても、社会にとっては有益かつ必要な情報であることもあるでしょう。そのような発言・報道等もすべて名誉毀損としてしまうと、発言・報道等に対する委縮効果が生じてしまい、憲法上保障されている表現の自由（憲法21条１項）を侵害することになり極めて不都合です。

そこで、名誉権の保護と表現の自由との調整を図るため、発言・報道等が①公共の利害に関する事実を内容とし（公共性）、②もっぱら公益を図る目的に出た場合で（公益性）、③その事実が真実であると証明されたときまたは確実な根拠に照らし真実であると誤信したと認められるときは（真実性ないし相当性)、民事上も刑事上も名誉毀損に問われないとされています（刑法230条の２参照。民事について最高裁昭和41年６月23日判決・民集20巻５号1118頁）。

なお、上記三要件をみてもわかるとおり、発言・報道等の内容がたとえ真実であったとしても、それだけでは免責されません。よく「本当のことを言っただけ」という言い分を聞くことがありますが、この言い分は名誉毀損の成否には直ちに影響しないということに注意が必要です。

以上のとおり、チームや選手への批判的な発言・報道等がなされた場合、それが名誉毀損にあたるかどうかは、まず発言・報道等の内容がそのチームや選手の社会的評価を低下させるものであるかどうかを検討し、次に上記三要件を満たすかどうかを検討して判断されることになります。

## 大相撲の八百長疑惑報道

ここで、大相撲の八百長疑惑報道の事例を紹介します。

株式会社講談社が、その発行する雑誌『週刊現代』において、財団法人日本相撲協会（現在は公益財団法人）に所属する力士が八百長を行い、日本相撲協会も八百長を放置・黙認していたことなどを内容とする記事を掲載しました。これに対し、日本相撲協会および八百長を行ったとされる力士らが、講談社に対し、名誉毀損を理由として、損害賠償と謝罪広告の掲載を請求しました。

裁判所は、記事の内容の多くが日本相撲協会および力士らの名誉を毀損するものと認定し、記事の内容が真実であることの証明もなく、かつ、取材も極めてずさんであり真実であるとの誤信につき相当な理由がないとして、出版社の名誉毀損を認めました（東京地裁平成21年３月26日判決・判時2039号25頁）。

この裁判例では、三要件の①②該当性について述べられていませんが、八百長の問題は日本の国技ともいわれる大相撲に対する信用および力士の選手生命にかかわるものですので、公共性および公益性があるということが当事者間で前提となっていたからであると思われます。

## ナダル選手へのドーピング疑惑発言

また海外では、フランスの元スポーツ大臣がテレビ番組で「プロテニスのナダル選手が2012年に試合を長期欠場したのはドーピング検査で陽性反応が出たからだ」と発言したことに対しナダル選手が、名誉毀損を理由とする訴訟を起こしたという事例があります。仮に同様の事例が日本で起こった場合、元スポーツ大臣の発言は名誉毀損になるのでしょうか。

まず、スポーツ選手にとって、ドーピングの問題は選手に対してマイナスイメージをもたらすものですから、ドーピング検査で陽性反応が出たとの発言は、選手の社会的評価を下げるものであることは明らかです。

次に、上記発言が三要件を満たすかが問題となりますが、スポーツ選手のドーピング問題は社会の共通の関心事と思われますから、公共の利害に関するものですし（①）、公益を図る目的にあったといえると思われます（②）。

そうすると、元スポーツ大臣側が、③の要件を立証することができれば、名誉毀損は成立しないと考えられます。もっとも、発言が単なる思いつきにすぎないのであれば、③の要件を満たすとは到底いえず、元スポーツ大臣には名誉毀損が成立することになるでしょう。2017年11月、フランス司法当局がナダル選手の主張を認め、元大臣へ賠償金支払いを命じたと報じられました。

## 巨人の新人選手の契約金超過疑惑

さらに最近では、プロ野球球団の読売巨人軍が、一部の新人選手との間でプロ野球12球団で申し合わせた新人契約金の最高標準額を超過する契約を結んでいたことおよび他球団の新人選手の契約金について一般社団法人日本野球機構（NPB）が厳重注意処分とした例があること等を内容とする記事を朝日新聞に掲載されたことが名誉毀損であるとして、朝日新聞に対し、損害賠償等を求めた事例があります。

第一審判決は、記事は重要な点で真実である等として巨人の請求を棄却しましたが、控訴審判決は、後者については真実性の証明がなく、かつNPB関係者に取材をせずに記事にした点で相当性もないとして、一部の損害賠償を認めました（東京高裁平成28年６月８日判決・判例集未登載）。

以上のように、上記③の要件は簡単に認められるわけではなく、裁判上でも主要な争点となる要件ですので、報道や発言等を行う際には、相当入念な調査を行うか、確実な客観的証拠に基づく必要があると思われます。

（葛城　繁）

# Q22 スポーツと肖像権・パブリシティ権

スポーツ選手の肖像権・パブリシティ権とは、どのような権利ですか。本人の許可を得ずに、有名選手の写真を宣伝広告に使用したり、ブログに掲載することはできますか。写真を掲載しなければ実在する選手の実名を使って宣伝することは問題ありませんか。

A

## 肖像権とパブリシティ権

人の氏名や肖像等（以下、「肖像等」といいます）は、個人の人格の象徴ですから、当該個人は、人格権に由来するものとして、これをみだりに利用されない権利を有すると解されています（特に、肖像に関するこうした権利を「肖像権」といいます（最高裁昭和44年12月24日判決・刑集23巻12号1625頁））。

他方、こうした肖像等は、商品の販売等を促進する顧客吸引力を有する場合があり、このような顧客吸引力を排他的に利用する権利を「パブリシティ権」と呼んでいます。このパブリシティ権は、肖像等それ自体の商業的価値に基づくもので、上記の人格権に由来する権利の一内容を構成するものと考えられています（ピンク・レディー事件（最高裁平成24年２月２日判決・判タ1367号97頁））。

もっとも、肖像等に顧客吸引力を有する人は著名人であることから、その肖像等を時事報道、論説、創作物等に使用されることもあり、その使用を正当な表現行為等として受忍すべき場合もあります。そこで、こうした表現の自由とのバランスから、いかなる行為がパブリシティ権侵害となるのかについて、できるだけ明確に限定される必要があります。

この点、最高裁判所は、前掲ピンク・レディー事件で、肖像等の無断使用行為がパブリシティ権侵害となる場合の典型例として、①肖像等それ自体を独立して鑑賞の対象となる商品等として使用した場合（たとえば、ブロマイドやグラビア写真）、②商品等の差別化を図る目的で肖像等を商品等に付した場合（たとえば、キャラクター商品）、③肖像等を商品等の広告として使用するなど、もっぱら肖像等の有する顧客吸引力の利用を目的とするといえる場合、の３類型をあげたうえで、「専ら肖像の有する顧客吸引力の利用を目的とするもの」といえるかどうかという判断基準を示しました。

要するに、肖像等が顧客吸引力を有する場合に、上記3類型もしくはこれに準ずる程度に顧客吸引力を利用する目的が認められれば、パブリシティ権侵害として差止請求や損害賠償請求が認められます。

なお、同判決の金築裁判官補足意見が、「専ら」顧客吸引力の利用を目的とするものであるかどうかの判断について、「例えば、肖像写真と記事が同一出版物に掲載されている場合、写真の大きさ、取り扱われ方等と、記事の内容等を比較検討し、記事は添え物で独立した意義を認め難いようなものであったり、記事と関連なく写真が大きく扱われていたりする場合には、『専ら』といってよい」と述べていることも大変参考になります。

## 中田英寿書籍事件

次に、スポーツ選手のパブリシティ権侵害が問題となった事案をご紹介しておきます。元サッカー日本代表の中田英寿選手の半生を、数々の私生活上のエピソードを交えながら描いた書籍について、その本文やカバー表紙等に中田選手の写真が無断使用されたことについて問題となった事案があります（東京地裁平成12年2月29日判決・判時1715号76頁）。

この事件は、前掲ピンク・レディー事件判決以前のものですので、同判決に従って判断されたものではありませんが、東京地裁は、パブリシティ権の侵害にあたるかどうかは、具体的な事案において「他人の氏名、肖像等を使用する目的、方法及び態様を全体的かつ客観的に考察して、右使用が他人の氏名、肖像等の持つ顧客吸引力に着目し、専らその利用を目的とするものであるかどうかにより判断すべき」と述べて、前掲ピンク・レディー事件判決とおおむね同様の判断基準を採用しました。

そして、本件書籍の本文中の写真の使用態様は本文の記載を補う目的で用いられたものにすぎないこと、表紙等に掲載された写真については、中田選手の有する顧客吸引力に着目して利用されているものの、書籍全体の一部分にすぎず、全体的かつ客観的に考察して、本件書籍は、中田選手の氏名、肖像等の持つ顧客吸引力に着目してもっぱら利用しようとするものであるとは認められないとして、パブリシティ権に基づく請求は棄却しました（ただし、本文の別の箇所についてプライバシー権侵害を認めています（Q20参照））。

## 競走馬のパブリシティ権――ギャロップレーサー事件

人以外の物にはパブリシティ権が認められるでしょうか。GIレース（日本中央競馬会主催の重賞レースのうち、最も格の高いレース）で優勝した競走馬などの名称を無断で使用して、ゲームソフトを製作・販売した事案で、競走馬（物）のパブリシティ権が認められるかが問題となった事案があります（最高裁平成16年2月13日判決・判タ1156号101頁）。

最高裁判所は、競走馬の名称等が顧客吸引力を有する場合があることについて理解を示しつつも、「法令等の根拠もなく競走馬の所有者に対し排他的な使用権等を認めることは相当ではなく、競走馬の名称等の無断利用行為に関する不法行為の成否については、違法とされる行為の範囲、態様等が法令等により明確になっているとはいえない現時点において、これを肯定することはできない」として、差止請求および損害賠償請求を棄却しました。

前掲ピンク・レディー事件判決も、パブリシティ権は人格権に由来するものとの立場をとっており、物のパブリシティ権は明確に否定されているといえます。

## まとめ

最後に、ご質問へ簡単に回答しておきます。本人の許可を得ず、著名人の氏名や写真を利用したり、ブログに掲載することは、それ自体、プライバシー権侵害や著作権侵害となる場合があります。また、顧客吸引力を有する肖像等を本人に無断で利用する場合には、商品等の宣伝広告への利用など、それがもっぱら顧客吸引力を利用する目的で使用される場合には、パブリシティ権侵害となり、差止請求や損害賠償請求の対象となる可能性があります。

（西本雄大）

## Q23 スポーツ選手の労働者としての権利

プロスポーツ選手は、労働基準法や労働組合法の「労働者」として保護を受けることができるのでしょうか。

A

### プロスポーツ選手の労働者性

一般社団法人日本野球機構（NPB）に所属するプロ野球選手およびＪリーグに所属するプロサッカー選手は、労働組合法上の労働者であると解されています。したがって、これら選手が組織する選手会は、団結権、団体交渉権、そしてストライキ権を保障されています。他方、労働基準法上の労働者ではないという取扱いになっています。

### 労働組合法の目的

労働組合法は、いわゆる労働三権（団結権、団体交渉権、団体行動権）を保障している憲法28条に基づいて制定されました。その目的は、労使が対等な交渉を通じて労働条件を決定する環境の確保にあります。そこで、労働組合法は労働者と労働組合に次の保護を与えています。まず、労働条件の改善をめざして労働組合がストライキを実施した場合、ストライキに参加した組合員は強要罪や脅迫罪の責任を原則として問われることはありません。そして、ストライキによって発生した使用者側の損害についても、労働組合は賠償する責任を負わないことになっています。さらに、労働組合が使用者に団体交渉を申し入れた場合、使用者は正当な理由なくこれを拒否することができません。また、組合員であることを理由とする差別的な取扱いも禁止されます。使用者のこのような行為は不当労働行為となり、労働組合は労働委員会による救済を求めることができます。

こうして対等な交渉地位を得た労働組合が使用者との間で、労働条件について交渉し、その結果合意された内容は労使間の最重要ルールとして尊重されることになります。

## 労働組合法と選手会

### ⑴ プロ野球選手会

日本プロ野球選手会は、1985年に東京都地方労働委員会（東京地労委）による労働組合の資格審査を受け、同年に同委員会から労働組合として認証を受けています。その後、同選手会は必ずしも労働組合としての権利を行使することはありませんでした。しかし、2000年以降、同選手会が労働組合としての活動を本格化させました。2002年に同選手会はNPB側が団体交渉に応じないとして労働委員会に不当労働行為の申立てをし、2004年３月に、労使間で定期的に団体交渉を実施することで和解が成立しました。その数カ月後にプロ野球界再編をめぐって労使紛争が勃発したのですが、その際に同選手会は日本プロ野球史上はじめてのストライキを実施しました。その後も、フリーエージェント（FA）制度、ポスティング制度、あるいはワールド・ベースボール・クラシック（WBC）にかかわる問題などについて労使での協議を重ねています。こうした一連の経緯を通じて、同選手会はNPBやチームとの関係において、対等な交渉地位を獲得してきました。

### ⑵ Ｊリーグ選手協会

Ｊリーグでは2011年４月に日本プロサッカー選手会（サッカー選手会）が東京地労委に労働組合資格審査の申請をし、同年９月に労働組合として認証されました。申請の発端は日本代表選手の待遇改善問題に関して労使が対立したことにあったとされています。

こうして、サッカー選手会は、プロ野球選手会と同様に労働組合法のもとで、団体交渉過程において選手の労働条件にかかわる事項については団体交渉を求める法的地位を得ることになりました。2012年には団体交渉の実質化を図るために労使協議会が設置されることが合意され、その後、２ステージ制への移行とポストシーズン制導入などについて、同協議会において議論されました。

なお、2016年、ラグビーのトップリーグに所属する選手らを会員とする日本ラグビーフットボール選手会が発足し、話題となりました。現時点では労働組合への移行を否定していますが、ラグビーにおける制度設計に選手の声が反映されるしくみが整備されつつあるといえます。

## X 労働基準法とアスリート

労働基準法は「賃金、就業時間、休息その他の勤労条件に関する基準は、法律でこれを定める」とする憲法27条に基づいて制定された法律で、労働条件に関する最低基準を定めています。

労働基準法上の「労働者」であるか否かは、報酬の額、支払われ方、社会保険や税金における取扱い、時間的・場所的拘束の有無、その他、使用者による拘束のあり方などの要素を総合考慮して判断されます。なお、労働基準法上の労働者は、労働者災害補償保険法、労働契約法、最低賃金法などの個別的労働関係法上の労働者と同義であると解されています。冒頭に述べたとおり、NPB に所属するプロ野球選手、そしてＪリーグに所属するプロサッカー選手は、実務上、労働基準法上の労働者という扱いを受けていません。したがって、最低賃金法、労働者災害補償保険法などの個別的労働関係法の適用を受けない処理がなされています。

そもそも労働基準法をはじめとする個別的労働関係法が工場労働者を念頭に制定された法律であり、同法は労働時間による人事管理が中心となる就業形態を想定していました。そのため通常の労働者とは大幅に異なる就業形態にあるプロスポーツ選手への労働基準法の適用は実情に合わないという側面もあるのです。

他方、企業の従業員としての地位を得ながらスポーツに従事している企業アスリートについては、労働基準法上の労働者とされる可能性が高いといえます。

（川井圭司）

# 第3章

# スポーツ事故

## Q24 スポーツ事故が起こった場合の責任

スポーツ事故が起こった場合、誰にどのような責任を追及できるのでしょうか。不法行為や損害賠償など難しい言葉がたくさんでてきてよくわかりません。

A

### 指導者（顧問、監督など）への請求

指導者は、受講者や生徒に対してスポーツの指導をする義務を負っており、その義務には、安全な環境でスポーツを指導する義務、つまりスポーツ事故を防止する義務が含まれると考えられています。こうした義務に違反したことによってスポーツ事故が起きた場合には、事故によって生じた損害を賠償する義務を負わなければなりません（債務不履行責任。民法415条）。

また、スポーツ事故を防止する義務に違反したことは違法なことであるとして、これを不法行為（民法709条）と評価することもできます。不法行為であるとされた場合も、やはり事故によって生じた損害を賠償する義務を負います。

ここで重要なのは、指導者が損害賠償責任を負うのは、スポーツ事故を防止する義務を怠ったといえる場合のみであるということです。スポーツ事故を防止するための適切な指導や適切な防止策を講じていた場合には、スポーツ事故が発生してしまったとしても、損害賠償責任を負いません。

### 指導者の雇い主（学校や会社など）への請求

指導者に責任が認められる場合には、その雇い主である学校や会社にも損害賠償を請求することができる場合があります（使用者責任。民法715条１項）。

指導者が属しているのが公立学校の場合には、国家賠償法１条１項に基づき、公立学校を設置する都道府県や市町村に損害賠償を請求することができます。ただし、公立学校の場合には、指導者本人への請求はできないと解されています。

### 大会等の主催者への請求

大会等の主催者は、参加者や参加チーム等との間で、大会に参加する契約を

締結しており、その契約上、大会を安全に運営する義務を負っています。そのため、そうした義務を怠ったことでスポーツ事故が起こった場合には、契約上の義務を怠ったとして損害賠償義務を負うことがあります。

## 施設管理者等への請求

スポーツ中の事故が、施設の不備や安全性の不足によって生じたと判断できる場合には、その施設の管理者や所有者に対しても損害賠償請求をする余地があります。施設の設置者・所有者は、施設の安全を確保する必要がありますから、施設が安全性を欠いていたということになれば責任を負う余地があるのです（民法717条1項本文、国家賠償法2条1項）。

## プレー中の事故と加害者本人への請求

スポーツのプレー中に、選手の行為によって事故が起きることもあります。この場合、加害者となった選手本人が損害賠償責任を負う余地もないわけではありません。

しかし、スポーツは、本来的に多少の危険を含んでいます。そのスポーツのルールに照らして社会的に容認される行動であれば、加害者である選手自身は損害賠償責任を負わないと理解するべきです。たとえば、野球の試合中にランナーが野手に体当たりして靱帯損傷のケガをさせた事例（東京地裁平成元年8月31日判決・判時1350号87頁）では、ランナーへの損害賠償請求は認められませんでした。

ただし、報道によると、2016年12月、東京地方裁判所において、サッカーの試合中に相手選手に足を蹴られて骨折したという事案で、相手選手への損害賠償請求を認める判決がなされており、議論を呼びました（その後、控訴審で和解が成立しました）。

## 損害賠償の範囲

スポーツ事故によって損害賠償責任を負う場合には、次の費用等について賠償しなければなりません。

①　治療に関係する費用（治療費、入通院付添費等）

② ケガによって被った精神的苦痛（入通院慰謝料、後遺障害慰謝料）

③ 休業損害（ケガの療養によって、仕事を休んだ場合）

④ 後遺障害による逸失利益（ケガによって後遺障害が残った場合に後遺障害がなければ得られたであろう収入や利益等）

## まとめ

以上のとおり、スポーツ事故においては、指導者、指導者の所属する学校や会社、大会主催者や施設管理者・所有者、そして加害者本人に対して損害賠償を求める余地があります。

また、指導者や大会主催者等の立場にある人は、スポーツ事故が生じないよう、あらかじめ対策を立てておくことが大切です。

（藤田康貴）

## コラム ■柔道場での傷害事件になぜ刑事責任を問えないのか

三男が柔道部顧問から滅茶苦茶に技をかけられ、障がい者となって11年が経ちます。顧問は７分間に９つの技を各複数回かけ、袖車絞（そでぐるまじめ）で息子を気絶させ（落とし）ました。顧問は叩いて意識を戻すとさらに８つの技を各複数回かけ、再度袖車絞で落としました。２回目は半落ちだったと顧問はその後の民事裁判で証言しましたが、脳神経外科医は「全落ちでも半落ちでも脳のダメージは同じ」と証言しています。

本人は記憶障害で何も話せず、事件当時は、なぜ技をかけられたかわかりませんでしたが、その後の警察の捜査で、スポーツ推薦を断ったからだとわかりました。三男は中学２年の10月から柔道を始めてまだ１年足らずでしたが、スポーツ万能だったため三つの高校からスポーツ推薦をいただきました。しかし三男はすべて断りました。柔道は大好きだったけれど、顧問の暴力を嫌ったからです。

これも警察の捜査でわかったことですが、顧問は常日頃から暴力指導を行っていました。首に絞められたアザをつくって帰宅したある生徒の親が学校に抗議をすると、その生徒はさらに暴力指導を受けました。それを見ていた他の生徒たちは、親に助けを求めてはいけないのだと学習し、また、顧問の暴力指導をやられている間は何もできず、時間が長いことを揶揄して「サマーバケーション」と密かに名づけて恐れました。顧問は体重別の柔道日本一を決める講道館杯優勝者ですから、中学生が太刀打ちできるわけがありません。

顧問の得意技は「袖車絞」です。通常の絞め技は、頸動脈を絞めて脳への血流を止めることで意識を失わせます。しかし袖車絞は気管を絞めて落とします。つまり窒息です。絞め殺しと一緒です。三男は袖車絞で 2 回も落とされました。

警察は「傷害罪」で書類送検しましたが、検察は「柔道場で柔道着を着て柔道技を使っていたら、どこまでが柔道で、どこからが犯罪か線が引けない」と言って不起訴にしました。私が「では、柔道場で柔道着を着て柔道技を使ったら完全犯罪ができますね」と問うと、検事は黙ったままでした。

今も多くの学校スポーツ事故事件が、「あいにくの事故」で片づけられています。学校の敷地外では殴るだけで逮捕されるのに、学校内の暴力はたとえ生徒が命を失っても「あいにくの事故」で片づけられ、教師は国家賠償法で守られるのはなぜでしょうか。

誰か教えてください。

**小林恵子**（全国柔道事故被害者の会事務局長）

## Q25 部活動中の熱中症による事故

息子は公立高校の柔道部員なのですが、夏場の柔道場は非常に蒸し暑く、「それに耐えるのも練習だ」という先生の方針で、休憩もなかなかとらせてもらえないそうです。先日ついに息子は倒れてしまい、救急車で病院に運ばれました。熱中症と診断され、今後身体にしびれが残るかもしれないそうです。先生や学校を相手に損害賠償を請求することができますか。

## A

### 部活動における教師の義務と事故の際の教師・学校の責任

部活動は、教育課程外で生徒が自主的に行うものとされていますが、教育活動の一環として行われるものであり、生徒は担当する顧問の教師等の指導監督に従って行動します。したがって、指導監督を行う教師は、できる限り生徒の安全にかかわる事故の危険性を具体的に予見し、事故の発生を未然に防いで、部活動中の生徒を保護すべき注意義務を負っています（最高裁平成18年３月13日判決・集民219号703頁）。

教師がこの注意義務に違反すれば、民法上の不法行為（民法709条）として事故から生じた損害を賠償する責任を負い、教師の使用者である学校に対しても、使用者責任（民法715条）を追及することができます。公立学校の場合には、市町村や国に対して損害賠償を請求することができます。公務員である教師が、部活動の指導という職務を行うにあたり、違法に損害を加えたとして、国や地方公共団体に賠償を請求できることになるのです（国家賠償法１条）。ただし、この場合には、教師本人への請求はできないと考えられています（Q24参照）。

### 熱中症による事故の場合の注意義務とは

#### (1) 熱中症とその予防対策

熱中症とは、高温環境下で体内の水分やミネラルのバランスが崩れ、身体の調整機能が破たんするなどして発症する障がいの総称です。一般的には、一過性の意識消失である「熱失神」、筋肉のけいれんである「熱けいれん」、めまい、頭痛や吐き気等の全身性の症状である「熱疲労」、体温が40度以上に上昇し重要臓器の機能が害されることにより生ずる機能不全や意識障がいである「熱射病」の4つに分類されます。この中でも熱射病は、採血による検査や入院が必要な病態であって、迅速・適切な救急救命措置が必要であるとされます。

熱中症の予防対策については、熱中症の病型と救急処置、熱中症予防のための運動指針等を解説した「スポーツ活動中の熱中症予防ガイドブック」(以下、「ガイドブック」といいます）が、公益財団法人日本体育協会（日体協）によって公表されており、日体協のウェブサイトから無料でPDF版をダウンロードすることができます。ガイドブックは、各学校の教職員に配布されたり、裁判例でも引用されたりすることがあり、非常に認知度が高いものです。

### ⑵　教師の注意義務の内容

熱中症予防対策が重要であることは今や周知の事実ですし、ガイドブックなどにより具体的な予防策を知ることが容易であることからすれば、教師は、熱中症の発症についての適切な予防策をとり、また、万が一、生徒が熱中症を発症した場合には適切な応急措置をとる義務があるといえます。また、その前提として、こういったガイドブックをきちんと読んで、日ごろから対策に慣れ親しんでおくことが要求されます。

実際の部活動の場面では、部活動を行う際の環境条件、生徒の体力や特性、運動の内容や休憩の頻度等を考慮して、適切に部活動の指導監督を行っていくべきでしょう。一概にいうことはできませんが、たとえば環境条件については、ガイドブックの中で紹介されている「熱中症予防運動指針」が参考になります。これは、WBGT（暑さ指数）と呼ばれる指標を用いて、その指数が25℃を超えるときには警戒（積極的に休息をとり適宜水分・塩分を補給しなければならない）とし、28℃を超えるときには厳重警戒（熱中症の危険性が高いので、激しい運動や持久走などは避けるべき）、さらに31℃を超えるときには運動は原則中止すべきであるとしています。このWBGTは、気温だけではなく、湿度や周辺の熱環境も考慮した、熱中症予防のための数値であり、環境省の熱中症予防情報サイトから随時確認することが可能です。

## 裁判例

熱中症による事故の責任が裁判で争われた最近の例を二つ紹介します。

まず一つ目は、高松高裁平成27年５月29日判決・判時2267号38頁の硬式野球部（県立高校）のケースです。６月初旬の事故ですが、部員はまず持久走、筋トレをこなし、その後100mダッシュの練習を始めました。100mダッシュは、前半25本を行い、５分休憩した後、後半25本を行うという予定でした。しかし、生徒の一人が、後半のダッシュの途中で足をつってしまい、いったん練習を中断しました。しかし、監督（保健体育科教諭）は練習を再開させ、その際の生徒の走り方は異常な様子であったにもかかわらずそのまま練習を続けさせたため、生徒は倒れ、熱中症が原因で亡くなってしまいました。

裁判所は、練習再開後、監督が生徒の走り方がおかしくなっていた時点で熱中症の発病に気づくべきであったとして、その点に注意義務違反を認めました。また、適切な応急措置も講じていないとして、その点にも注意義務違反があるとしています。結局、県は、4400万円余り（別途死亡見舞金として約2900万円が支給されています）の損害賠償を命じられました（上告棄却）。なお、判決では、監督が職員室に備え付けられていた熱中症予防のための本等を読んで概要を理解しておくべきであったことが指摘されています。

二つ目は、大分地裁平成25年３月21日判決・判時2197号89頁の剣道部（県立高校）のケースです。午前９時頃から剣道場で練習を開始し、途中で30分ほどの休憩をはさんだのち、午前11時過ぎ頃から打ち込み稽古が始まりました。この打ち込み稽古で、主将の生徒が「もう無理です」と顧問の教師に申告しましたが、顧問の教師は打ち込み稽古を継続させました。その後、その生徒は竹刀を落したことに気づかず構えを継続したり、倒れたりしましたが、練習は続けられました。結局、この生徒は熱中症で亡くなってしまいました。なお、これは８月下旬頃の事故でした。

裁判所は、遅くとも生徒が竹刀を落したことに気づかなかったりした時点で、顧問の教師が、この異常な行動から熱中症の発病を認識すべきであったとして、注意義務違反を指摘しています。また、適切な応急措置もとっていないとして、注意義務違反を肯定し、県に対し、4600万円余り（別途死亡見舞金として2800万円が支給されています）の損害賠償を命じました。

**【参考文献】**　古笛恵子編著『学校事故の法律相談』（青林書院、2016年）

（増山　健）

## Q26 脳振盪による障がい

私は大学時代、アメリカンフットボール部に所属していましたが、部員だった頃から、頭痛や吐き気に襲われることがよくありました。最近では記憶が途切れるようになるなど、日常生活にも支障を来すようになりました。病院で診察を受けると、部活の際に脳振盪を起こしたことが原因ではないかと言われました。誰に責任を問うことができますか。

A

### 脳振盪とは

脳振盪（のうしんとう）とは、頭部外傷（頭部のケガの総称）のうち、CT などの画像検査では明らかな異常所見が認められないものの脳の活動に障害が出ることをいいます。

脳の組織や血管が傷つく脳損傷とは区別されます。

### 法的責任

部活のプレー中に、頭痛や吐き気に襲われた際、どのような対処をしていたか、経過も含めて確認する必要があるでしょう。

たとえば、社団法人日本アメリカンフットボール協会（現在は公益社団法人）では、2013年９月、加盟団体に対し、競技および練習中の脳振盪の扱いについて通知をし、相談者のように選手が「頭痛や吐き気」を訴え脳振盪が疑われる場合、①選手をプレーから外す、②適切な医務担当者が選手を診断する、③脳振盪の評価・管理に経験のある医務担当者が許可するまで選手をプレーに戻してはならない、④脳振盪と判断された場合は、当日の試合や練習のプレーに復帰させない、⑤その後のプレーの復帰については、必ず医師との相談のうえ、段階的なプレーへの復帰を検討するなどとして、加盟チームへの周知を徹底することとしています（同協会ウェブサイト「アメリカンフットボール公式規則付録C脳振盪『脳振盪が疑われた場合』」〈http://americanfootball.jp/safety〉参照）。

そして、日本アメリカンフットボール協会ウェブサイトのフットボールアカデミー・安全対策では、国際スポーツ脳振盪会議が提唱している段階的復帰方法が示されています。

このような規則や提唱に沿った対応が求められているにもかかわらず、指導者において、その対策を怠っていた場合、当該指導者は、不法行為責任を問われる可能性があります（民法709条・710条）。

また、大学も、指導者と雇用関係にあれば使用者責任（民法715条）、また不法行為責任（同法709条）・指導上の安全配慮義務違反に基づく債務不履行責任（同法415条）を問われる可能性があります。指導者が国公立大学の教員であるなど公務員であれば、当該自治体において国家賠償法１条２項に基づく責任が問題になるでしょう（ただし、この場合指導者個人の責任は問えません）。

## 脳振盪の危険性

脳は、硬膜に覆われ髄液の中で浮かんでいます。わかりやすくいうと、水が入った容器の中に豆腐が浮遊しているようなものです。頭に物があたった覚えがなくても、首から上が強く揺さぶられるだけで、「脳損傷」を起こす可能性もあります。

また、１回目の脳振盪受傷後に頭痛やめまいなどの症状が残存していたり、脳機能が完全に回復していない状態で２回目の衝撃が脳に加わった場合、２回目の脳への衝撃が小さなものであったとしても、それをきっかけに致命的な脳損傷に至ることを「セカンドインパクトシンドローム」と呼び、死亡率30％～50％で、一命をとりとめても後遺症が残存することが多いといわれています。

しかも、一度脳振盪になると、プレーの俊敏性に影響を及ぼし再度脳振盪を起こしやすくなる可能性もあるため、１回目の脳振盪の際に、先ほどお話しした「段階的競技復帰プロトコール」などに従い、段階的に時間をかけて競技や練習に復帰することが必須となります。

また、脳振盪を繰り返すことによって脳が障がいが残り、若くして認知症やパーキンソン病（脳の神経線維が変質することにより、手の震え、筋肉の硬直など体をスムーズに動かせなくなる病気）のような症状を発症したりすることがあるとされています。

## NFL 集団訴訟

新聞報道によれば、2015年４月、米フィラデルフィア連邦裁判所において、

NFL（ナショナル・フットボール・リーグ）の元選手らが、NFL に対し、現役中のプレーによって脳に障害が生じたとして集団訴訟（クラスアクション）を起こしていた事件で、総額10億ドル（当時１ドル≒120円の為替レートだと、約1200億円）で和解が成立しました。

和解金を受け取るのは、引退した NFL 選手約２万人のうち6000人程度になると予想され、和解金は一人平均19万ドルです（約2280万円。症状に応じて上限500万ドル（約６億円））。

日本では、集団訴訟に関する裁判手続の整備は途上であり、アメリカにおけるのと同様な法的救済は困難で、個別の訴訟による対応になるでしょう。

## セカンドキャリアへの展望

ご質問のアメリカンフットボールのほか、学校などで人気が高いサッカー、ラグビー、野球、柔道、バスケットボール等、人との接触が不可避なコンタクトスポーツでは、脳振盪のリスクが高いと考えられますが、上記の脳振盪のリスクを十分に認識し、理解して対応することが求められます。

特に、競技を始める年齢が低年齢化している昨今、脳が未成熟な段階における脳振盪のリスクの大きさに対する配慮が必要ですし、また、競技を継続する期間が長くなれば脳振盪を経験する回数も増えることになり、アメリカでの NFL のような問題が日本でも顕在化しないとはいえないことに留意すべきです。

選手自身はプレーの続行を希望することが少なくないことから、競技団体こそが、競技を続行させない、安全が確認できるまで競技・練習に復帰させないというルールや体制を構築することが重要です。

選手が、セカンドキャリアにおいて、選手生活を通じて学んだ体験を活かし存分に活躍して人生を送れるように、脳振盪および脳振盪による脳損傷を予防する対策がなされることが望まれます。

**【参考文献】**

日本臨床スポーツ医学会学術委員会脳神経外科部会『頭部外傷10か条の提言〔第２版〕』（2015年）

（加藤智子）

## Q27 試合中の事故と法的責任の有無

高校１年生の生徒が、高校に入ったらラグビーを始めると言って私立高校のラグビー部に入部しました。ところが、初めて出場したラグビーの試合中、相手チームの選手と激突して頭を強く打ち、打ちどころが悪く１週間後に死亡してしまいました。相手のチームは、高校ではなく大学のラグビー部で、しかもかなりの強豪校でした。

激突した相手チームの選手や大学、それにこの試合を組んだ高校や指導者に、責任を問うことはできますか。

## A

### スポーツ事故における責任追及の困難さ

スポーツに参加する者は、一定のマナーやルールのもとで、スポーツに内在する危険を認識し許容して参加しているといえます。よって、スポーツに付随し不可避的に発生した事故については、そのスポーツのルールやマナーに照らして社会的に許容される範囲内における行動により他人に傷害を負わせた場合には、「危険の引受け」や「被害者の承諾」の法理（危険を内在するスポーツへの参加者は、ある程度危険が生じることを承知のうえで行為を行っており、ルールに従った行為である限り損害が発生してもやむを得ないとして違法性を阻却する法理）から、また、いわゆる「正当行為」ないし「正当業務行為」として違法性が阻却され（刑法35条）、加害選手に民事上も刑事上も法的責任を追及することは困難です。

スポーツでは、競技ごとに事故防止と危険回避のためのルールが定められています。著しいルール違反がなければ、ラグビーのシンビン制度・サッカーのイエローカードやレッドカード制度などの競技上のペナルティが課せられることはあっても、直ちに法的責任を問われることはありません（ただし、法的責任を認めた事例については、Q24を参照してください）。

しかし、試合中にわざと相手にケガをさせようと危険な態様でぶつかった場合のように、安全のためのルールを故意に違反したり、故意に近い極めて危険なルール違反により事故を引き起こし相手選手に傷害を負わせた場合には、その加害選手は、社会的に容認される範囲を逸脱したものとして、不法行為に基づく損害賠償責任（民法709条）を負うことになります。

## クラブ活動における指導者・学校の責任

近年、教育指導要領により、正規授業としての体育における指導に加え、部活動における顧問としての指導も重要な教育活動と明確に位置づけられています。よって、教師は学校教育たる職務の一環として、クラブ活動でスポーツ指導にあたるものといえます。

そして、「学校の教師は、学校における教育活動により生じるおそれのある危険から生徒を保護すべき義務を負っており、危険をともなう技術を指導する場合には、事故の発生を防止するために十分な措置を講じるべき注意義務がある」（最高裁昭和62年２月６日判決・判時1232号100頁）とされています。

また、スポーツ指導者は、指導の対象となる選手の身体・健康および生命を危険から保護すべき義務を負っています。

よって、指導者である教師の注意義務違反により事故が生じた場合には、指導者は不法行為責任（民法709条）としての損害賠償責任を負うことになります。

また、教師の職務中の不法行為については、その使用者である学校法人も民法715条によって損害賠償責任を負うことになります。

さらに、学校には、クラブ活動を含む教育活動の過程において生徒の生命・身体に危険が生じないようにすべき在学契約上の安全配慮義務があり、その義務に違反したことにより事故が生じた場合には、学校法人は債務不履行責任（民法415条）としての損害賠償責任を負うことになります。

以上より、学校法人に対しては、不法行為責任（民法715条）という構成と、在学契約上の債務不履行責任という構成の二通りの損害賠償請求の方法があります。

## 本件における相手選手、大学の責任の責任

ラグビーは、相手を殴ったり蹴ったりすることは禁止されていますが、一定の条件で相手選手への肉体的接触が許されている格闘技的要素も備えており、そもそもプレー自体に重大な事故に至るリスクを内在するスポーツです。

ご質問でも、前述したように、相手選手のプレーがルールに照らして通常許

される範囲内の行為であったと考えられる場合には、相手選手や相手チーム側に不法行為責任を問うことは難しいと思われます。しかし、相手選手の極めて悪質な行為により激突したといった場合には、相手選手や適切な指導を行わなかったその指導者に不法行為責任が生じるといえるでしょう。

なお、大学の課外活動は基本的に学生の自主性に委ねられているものと考えられるため、相手チームの大学に対し、安全配慮義務違反による債務不履行責任や不法行為の使用者責任を問うことは難しいと思われます。

## ご質問における被害生徒の指導者・高校の責任

クラブ活動の指導者は、部員に対して損害の発生を予見し、これを回避する義務があります。よって、対戦チームとの間に、死亡事故等が発生することを予測させるまでの技能、体力の格差がある場合には、対戦を取り止めるなどして両チームの技能・体力等の差に起因する不慮の事故が起こることのないようにすべき注意義務があると考えられます。

ご質問では、被害生徒は私立高校のクラブ活動の一環としてこの試合に参加しました。被害生徒はラグビーを始めて間もない高校一年生であり、初めて出場した試合であること、対戦相手が大学の強豪校のチームであったことからすると、ご質問での試合が対戦相手として適切なレベルの試合設定であったといえるのか、あるいは、チーム全体のレベルからすると試合のセッティングに問題がなかったとしても、被害生徒を出場させることに問題がなかったといえるのかという点で、指導者の注意義務違反を問える可能性があると思われます。

なお、この点については、高校のラクビー部の選手が社会人チームの選手との試合中に負傷した事案で、「両チームの技能、体力等に格段の差があるようなときは、その対戦をとりやめるなどして、両チームの技能、体力等の差に起因する不慮の事故が起ることのないようにすべき注意義務があることはいうまでもない」（最高裁昭和58年７月８日判決・判時1089号44頁）とした裁判例が参考になるかと思われます。

（足立朋子）

# Q28 試合中の危機管理責任

以前、サッカーの試合中に落雷事故があり、学校と体育協会に損害賠償が命じられたようです。この裁判では、何が問題になったのでしょうか。また、指導者や大会主催者はどのようなことに気をつければよいのでしょうか。

## 高槻市落雷事故

### ⑴　事案の概要

ご質問の事件では、2006年に最高裁判所から判決が出されています（最高裁平成18年３月13日判決・判タ1208号85頁）。主な問題点は、落雷事故についての引率者兼監督教諭の安全配慮義務と、市体育協会にも主催者として賠償責任を問うことができるのかという点でした。

事件の概要は、1996年当時、私立高校に在学していたサッカー部の男子生徒が、引率者兼監督の教諭のもと、課外クラブ活動の一環として高槻市で開催されたサッカー競技大会に参加したところ、落雷にあったというものです。事故当日の空は、雲の間で放電が起きるのが目撃されている状況でした。しかし、監督の教諭は、稲光の４、５秒後に雷の音が聞こえる状況になれば落雷の可能性はほとんどないと認識していたため、落雷事故発生の可能性があるとは認識していませんでした。上記の気象状況で試合が開始され、試合に参加した生徒に落雷があり、重い後遺障害が残ったという事案です。

### ⑵　判決の内容

判決では、雷鳴が大きな音でなかったとしても引率者兼監督であった教諭としては、落雷事故発生の危険が迫っていることを具体的に予見することが可能であり、予見すべき注意義務を怠ったというべきであるとしています。教諭側は、平均的なスポーツ指導者において落雷事故発生の危険性の認識が薄く、雨がやみ、空が明るくなり雷鳴が遠のくにつれ落雷事故発生の危険性は減弱するとの認識が一般的であったと主張しましたが、仮にそうであるとしても、上記の注意義務が左右されるものではないとしています。その理由として、上記のような認識は、当時すでに多く存在していた落雷事故の予防・注意に関する資料、文献の内容と相容れないもので、当時の科学的知見に反するものであり、指導監督に従って行動する生徒を保護すべきクラブ活動の担当教諭の注意義務を免れさせる事情とはならないからであるとしています。

次に、体育協会については、加盟団体のサッカー協会に実行委員会を設置させて大会を開催したこと等から、特段の事情がない限り主催者であると認定され賠償責任を負うとされました。

裁判の結論（差戻し控訴審、高松高裁平成20年９月17日判決・判タ1280号72項）は、学校および大会主催者は連帯して約３億円支払え、という重大なものでした。

## 指導者・主催者における注意点

指導者は、学校の課外活動としてのクラブ活動であれば在学契約、地域のクラブ活動であれば入会契約等に付随する義務として、大会主催者であれば大会参加契約等の付随義務として、子どもたちの生命、身体の安全に配慮する義務を負っています。そして、上記事案のように、練習中のみならず試合中における事故であっても責任を負いうることがあります。しかし、スポーツには本質的に何らかの事故やケガのリスクが内在しています。そして、過度の注意義務を課せば、スポーツ活動は萎縮し、ひいてはスポーツの指導・主催を誰も行わないという事態になりかねません。したがって、そのような中で一般的には予測が困難とされる天災と位置づけられる落雷等の自然災害において、どの範囲まで指導者・大会主催者が責任を負うのか、ご質問でいえばどの程度まで落雷を予測し結果を回避する行動をとらなければならないかがポイントになります。

上記判例は、学校の課外活動としての引率者兼監督という場合の判例ですから、そのまま学校の課外活動以外のスポーツ指導者にあてはまるとはいえないかもしれません。しかし、学校のクラブ活動はもとより地域のクラブチームなど、子どもを指導する指導者には安全配慮義務の点において参考になります。つまり、平均的な指導者もこの程度の知識しかないといういいわけは認められず、その指導監督する時点での一般的に販売されている書籍や、各団体が公表している指針等、一般人が手にすることができる資料に基づいた科学的知見、知識を有していなければなりません。そして、その知見に基づいて具体的な危険を予見し回避するという注意義務を負う可能性があります。つまり、子どもの指導者や大会主催者は、落雷等の自然災害に対する対策について普段から一般人が調査すれば手に入る資料で勉強しておかなければならず、その予見可能性を前提に新しい知識のもとで子どもらの安全に配慮しなければならないということになります。

## 安心して指導するために

落雷等の自然現象を防ぐことはできません。しかし、天気予報の精度が上がり、容易にスマートフォン等で気象情報を手に入れられる現在、その情報をもとに実際の雲の様子や風の動き雷の音光等に注意すれば、落雷等による事故を回避することはできます。指導者や大会主催者が事前にする対処としては、①天気予報の事前、現場でのチェック、②どのような場合に中止・中断するのかの確認、③避難場所の確認、④活動中止の決定権限をもつ者の特定、⑤中止決定の際の連絡フローの決定、⑥雷の危険性についての子どもらへの周知徹底、⑦中止決定がなされたら直ちに安全な場所へ避難することの周知徹底等が考えられます。公益財団法人日本サッカー協会（JFA）による通達、公益財団法人日本高等学校野球連盟（高野連）の落雷防止対策等、各団体が出している文書や方針は、他のスポーツの大会主催者や指導者にとっても参考になります。

指導者や大会主催者として、大事な試合中等、今まで費やしてきた時間や努力、資金等を顧みれば活動を中止する決断を容易に下せない場合もあるかと思います。しかし、指導者や大会主催者の決断のもとに子どもらや選手の生命・身体の安全がかかっています。危険があると感じたら、早期に中止する決断を下すことが指導者や大会主催者には求められています。

**【参考文献】**

日本大学電気学会編『雷から身を守るには―安全対策Q&A〔改訂版〕』（日本大気電気学会、2001年）

財団法人日本サッカー協会「サッカー活動中の落雷事故の防止対策についての指針」（2006年）

公益財団法人日本高等学校野球連盟『落雷事故防止対策について』（2009年）

（坂　房和）

## Q29 保護者の監督責任

小学生が校庭でフリーキックの練習をしていたところ、ボールが校外に出てしまい、お年寄りがボールをよけようとして転倒し、その後亡くなったという事件がありました。この裁判では、何が問題になり、どのような結論になったのでしょうか。

A

### フリーキック事故判決

#### (1)　事案の概要

この事件は、小学生が校庭でサッカーのフリーキックの練習をしていたところ、蹴ったサッカーボールが校庭の柵を越えて外の道路に出てしまい、その道路をオートバイで通行中の男性（当時85歳）がサッカーボールを避けようとして転倒して負傷し、その後死亡してしまったというものです。

#### (2)　主な争点

この裁判における重要な争点が、小学生の親権者である両親は、民法714条１項に基づき小学生の監督義務者として賠償責任を負うか、という点です。

民法714条１項は、「責任無能力者がその責任を負わない場合において、その責任無能力者を監督する法定の義務を負う者は、その責任無能力者が第三者に加えた損害を賠償する責任を負う。ただし、監督義務者がその義務を怠らなかったとき」は「この限りではない」と規定しています。つまり、責任を負えないような人（典型的には子ども）が他人に損害を与えたとき、原則として監督義務者（典型的には子どもの両親）が損害賠償をしなければならないのです。

この裁判では、小学生本人は、当時11歳11カ月と年少であったために、責任を負わないと判断されました。したがって、民法724条１項により監督義務者である両親が損害賠償責任を負うのが原則です。

問題は、両親が自身の子を監督する「義務を怠らなかったとき」という例外にあたるかどうかでした。例外にあたるのならば、両親も損害賠償責任を負いませんから、被害者は誰からも賠償を受けられないことになってしまいます。しかし、その一方で、親が子のあらゆる行為に関して賠償責任を負うこととなっては、責任が重くなり酷な場合もあります。そこで、どういった場合に両親が賠償責任を負うべきかが争点になったのです。

### (3)　裁判所の判断

最高裁判所は、この事件の判決（最高裁平成27年4月9日判決・判タ1415号69頁）で、「通常は人身に危険が及ぶものとは見られない行動によって、たまたま人身に損害を生じさせた場合」には、事故が発生することを両親が予見できたというような特別な事情がない限り、両親には監督義務違反はない、つまり「義務を怠らなかった」と理解すべきだと判断しました。最高裁判所は、このような判断をした理由として、両親の直接的な監視下にない子の行動についての日頃の指導監督は、ある程度一般的なものにならざるを得ない、ということをあげています。

そして、校庭の状況やフェンス等の高さ、フリーキックの練習状況等を考慮して、この事件の状況下では、フリーキックの練習は、通常は人身に危険が及ぶような行為ではないとしました。

また、両親が、危険な行為に及ばないよう日頃から通常のしつけをしていたことを理由に、事故が発生することを両親が予見できたというような特別な事情もないとして、両親には監督義務違反はないと判断して、損害賠償責任を認めませんでした。

## この判決の意義

実は従来の裁判例においては、民法714条の監督義務違反が認められることがほとんどでした。というのも、監督義務の範囲は相当広いと解されていた（子どもなど責任を負えない人のすべての行為・行動に及ぶといっても過言ではありません）ため、監督義務を尽くしたことの立証が極めて困難だったからです。そのため、監督義務違反はないと判断したこの判決は注目を集めました。

また、「通常は人身に危険が及ぶものとは見られない行動によって、たまたま人身に損害を生じさせた場合」には、原則として監督義務違反はないという基準が示されたことも、意義深いといえます。両親のいないところで子が事故を起こすなどし、他人に損害を与えた場合の判断基準として、参考になるものと思われます。

**（藤田康貴）**

## Q30 スポーツクラブでの事故

私は近所のスポーツクラブでテニスを習っています。ある日、バックハンドストロークの練習中、私が、コーチの指示を受けて、コート上のボールを拾っていたところ、他の練習生の打ったボールが飛んできて右目にあたり、ケガをしてしまいました。テニススクールに責任を問うことはできませんか。

A

### テニススクールの責任の根拠

テニススクール（またはコーチ）と受講者はレッスンの受講契約を締結し、それに基づいて、指導がなされます。その際、テニススクールやコーチは、受講者の生命・身体を損なうことのないよう、その受講者の資質、能力、受講目的に応じた適切な手段、方法で指導すべき注意義務（安全配慮義務）を負っています。かかる安全配慮義務を受講契約の一内容もしくは附随義務の一つととらえるか、あるいは、平均的指導者として通常負うべき注意義務ととらえるかはともかくとして、かかる注意義務を怠り、これによって受講者が負傷した場合には、テニススクール側は、①安全配慮義務違反による債務不履行（民法415条）、または②不法行為（コーチ個人の責任。同法709条）および使用者責任（テニススクールの責任。同法715条）に基づく損害賠償責任を負うことになります。

### 裁判例

ご質問と同様の事案について判断した裁判例があります（横浜地裁昭和58年８月24日判決・判タ510号137頁）。

この事案は、初心者クラスに在籍する７名の受講者が参加していた講習において、コーチが一方のコートの中央に立ち、反対側のコートのサービスライン付近にいる受講者２名に向かって、交互にかつ連続して、ラケットでボールを送り出してこれを打ち返させ、残りの受講者に対しては、コーチが送り出すボールを途切れさせないため、打ち返されたボールを拾ってコーチの手許に届けるよう指示していたという状況で、打ち返すボールの間をぬうようにしてコート上のボールを拾っていた受講者の目に、打ち返されてきた打球があたり、負傷したというものです。

横浜地方裁判所は指導者の責任について、上記のような注意義務（安全配慮義務）があることに言及したうえで、初心者の受講者に対し、練習者の近くでボール拾いをすることの危険性やその危険防止について何の指導もしないまま、ボールが衝突する危険のある状況でのボール拾いを指示してこれをさせ、その結果傷害を負わせるに至ったものであるから、損害賠償義務があると判断しました。

この事案は、初心者クラスの講習における事案であり、受講者は、テニスの技量が未熟で、打球衝突の危険性についての認識も不十分であって、防御姿勢（たとえば、ボールを打つ者に対して背を向けるなどしながらボールを拾うこと）をとるという基本的な認識すらなかったことなどの事情が前提となり、コーチがそういった危険性の周知や危険防止の指導を行っていなかったことをもって、注意義務違反であると判断されたようです。

こういった危険は、テニススクールにおいて、あらかじめ十分なボールを用意して講習を始め、途中でボールを拾い集める必要が生じたときには、練習を中止して危険防止に努めるということで、比較的容易に回避しうるものと解されますので、裁判所の判断は妥当なものだろうと思われます。

## プレーヤーの習熟度と指導監督者の過失

ご質問では、「初心者クラス」であるか否かについては触れられていませんが、負傷した受講者が、全くの初心者であるかテニス経験を相当程度有する者であるかは重要な判断要素の一つです。

たとえば、一般人を対象とするテニス教室の上級者クラスでの受講時に、数人の練習生が順番にコートに入り、試合形式の練習をしていた際、他の練習生の打ったボレーショットが、コート脇のベンチに腰かけて待機していた受講者の顔面を直撃し、負傷したという事案（横浜地裁平成10年２月25日判決・判タ992号147頁）があります。

この事案で、受講者は、コーチが受講者に対し、（危険性の高い）ベンチで待機するのではなく、別の場所で待機するように指示しなかったことは注意義務違反にあたるなどと主張して争いましたが、裁判所は「自己のプレーの順番を待つ練習生がどの位置において待機するかはその練習生自身の判断と責任において決せられるべきものであって、（コーチは）待機中の練習生の待機位置などについては、殊に本件のような上級者クラスにおいては、各練習生自身が適切に対処するであろうことを期待してよく、事細かな指示を与えるべき注意義務はない」として、指導者の責任を否定しました。

スポーツ競技の試合や練習では、その性質上複数のプレーヤーが互いに交錯してプレーすることが避けられず、一定の危険が常に内在するものです。この種の事案では、危険を回避する義務が主として誰にあるのか（本人、指導者または他のプレーヤー）が判断のポイントとなりそうです。

ゴルフなどの主として成人がプレーする個人競技では、そのプレーヤーの過失が肯定される傾向があるようですが、これに対し、学校におけるクラブ活動（特に幼児、児童あるいは中学生）などについては、指導監督者の過失が肯定されることが多いようです。

もっとも、プレーヤーの年齢や経験に鑑み、本人の危険回避能力が相当程度あると期待できる場合には、事細かな指示までは必要ではなく、その能力に沿った指示、監督をすれば足りると解された事例もあります（大阪高裁平成10年７月30日判決・判時1690号71頁参照）。

冒頭でご紹介した横浜地方裁判所の裁判例では、負傷した受講者は主婦（当時34歳）であり、初心者とはいえ、ある程度の危険回避能力が期待できるのではないかとも思われますが、他方で、プレー中（しかも試合形式ではなく、連続した打球練習）にコート内のボールを拾い集めさせるという危険な行為をさせたことからすれば、相対的に、コーチの注意義務違反の程度が高く、その責任を肯定した判断はやはり妥当でしょう。

**（西本雄大）**

# Q31 スキューバダイビングスクールでの事故

　ある会社員が、スキューバダイビングの初心者向け資格（Cカード）を取得するため、スキューバダイビング講習に参加しました。ところが、この講習の海洋実習中、海岸から100mほど離れたダイビングスポットに泳いで向かう途中で行方不明になり、その後、溺死しているのが発見されました。受講者は全員、「いかなる場合にも主催者は責任を負わない」という内容の書類に署名させられていましたが、遺族はインストラクターや講習を主催していた業者に責任を問うことはできますか。

A

## スキューバダイビングの危険性

　スキューバダイビングは、日本でも非常に人気があります。しかしその一方で、空気がなく水圧のある水中では、呼吸、行動、交信などに極めて強い制約を受けますし、こうした事情のためトラブルが起こった際にパニックを起こしやすいことなどから、生命にかかわる危険性の高いスポーツだということができます。そのため、スキューバダイビングを楽しむには、安全性に特に留意する必要があります。

## Cカード

　スキューバダイビングでは、Cカードという証明書が用いられています。Cカードは「Certification card」の略であり、各種のダイビング指導団体が、特定のランクの技術を習得したことを証明するものとして発行しているものです。初心者用の体験ダイビングでなくスキューバダイビングを楽しむには、講習を受けて初級レベルのCカードを取得することが事実上必須となっています。

## インストラクターの責任

　ダイバーの中には、中級、上級のCカードを取得した経験者もいれば、初級のCカード取得をめざして講習を受ける全くの初心者もいます。インストラクターは、ダイバーの属性（Cカードのランク、どのような海で経験を積んできたのか、直近でスキューバダイビングに参加したのはいつであるか）等をよく確認し、属性にあった計画を立案し、潜水中も各参加者の様子に留意する必要があります。特に、Ｃカード取得のための講習であれば、参加者は皆初心者なのですから、インストラクターが負う注意義務の程度は極めて重くなります。

Ｃカード取得のための講習における事故の例として、大阪地裁平成16年５月28日判決・判タ1170号255頁があります。これは、海洋講習中、インストラクターが約30秒間受講者から目を離してしまい、その間に受講者の１人を見失い、その後溺水しているのが発見されて死亡が確認されたというものです。この事故では、当時、沖へと進むダイバーにとって横向きの流れがあり、水中では通常の半分程度の３ｍ～４ｍほどしか透視できないなど、初心者を対象とするスキューバダイビングとしてはコンディションのよくない状態だったという事情がありました。裁判所は、それを理由に、インストラクターには「受講生を常時監視し、常に視界に入れた上で、受講生に異常が生じた場合には、直ちに適切な措置を施し、事態の深刻化を未然に防ぐ高度な注意義務」があったとして、30秒間目を離す行為は注意義務違反にあたると認定し、インストラクターの責任を認めました。

また、インストラクターが会社などの従業員として指導している場合は、雇用者は原則として使用者責任（民法715条）を負います。

ご質問でも、受講者への指示が適切になされていたか、波や水の透明度などの海の状況はどうであったか、泳いで移動している間インストラクターは受講者を常時監視していたかなどの事情を考慮して、インストラクターの責任の有無が判断されることになります。

## 主催者の責任

スキューバダイビングツアーは、インストラクター自身が主催することもありますが、スポーツクラブや旅行会社などが主催し、指導自体は地元のインストラクターに委託するという形式もよくとられています。

そのような場合、主催者は指導そのものを行っていない以上、上記のような直接の注意義務は負わないことになります。

しかし、主催者は、参加者と契約し、スキューバダイビングのサービスを提供する義務を負っているのですから、契約に付随する義務として、参加者の生命身体に危険が生じないよう、安全を確保すべき注意義務があるといえます。

Ｃカード取得者のみが参加するファンダイビングにおいて参加者が行方不明となり、溺死した事例において、このツアーを主催したスポーツクラブ運営会社に責任が認められた裁判例もあります（東京地裁平成16年７月30日判決・判タ1198号193頁）。この判決では、スポーツクラブ運営会社は、旅行日程に従って運送、宿泊等の手配の義務を負っているのみで、義務違反はないと主張しました。しかし、裁判所は、スポーツクラブ運営会社が会員向けチラシの中でこのダイビングツアーの魅力や内容等を細かく紹介している一方、現地でのダイビングサービス提供業者については連絡先が記載されているだけで、この業者がどのような事業を営んでいてどのような役割を果たすのかの記載がなかったことなどを詳細に認定して、スポーツクラブ運営会社の責任を認めています。

## 免責同意書の効力

スキューバダイビングでは、その危険性から、参加者にご質問のような書類（免責同意書）を作成させる例が見受けられていました。

しかし、人の生命、身体という極めて重大な利益につき、一切の責任追及をあらかじめ放棄する内容の免責同意は、社会通念上合理性が認められないとして、公序良俗（民法90条）に反し無効であるとする裁判例があります（東京地裁平成13年６月20日判決・判タ1074号219頁）。また、2001年に施行された消費者契約法では、事業者の責任の全部を免除する条項は無効とされました（８条１項１号・３号）。また、責任の一部だけ免除する条項であっても、事業者の故意や重過失により消費者に損害を与えた場合の責任を免除するものは、やはり無効とされています（同項４号）。軽過失しかない場合の責任のみ免除する条項が有効であるかどうかは議論の余地のあるところですが、少なくともスキューバダイビングという高度な危険を伴うスポーツでは、上記のように公序良俗違反などを理由に、無効とされるのではないかと思われます。

したがって、ご質問のような免責同意書が存在していても、インストラクターや主催者の義務の程度は変わらないと考えられます。

（岡本大典）

## Q32 ボランティア活動中の事故

地域の自治会の主催で、海水浴に行きました。参加者は地元の親子連れで、自治会の役員らが無償で引率していたようですが、海水浴中、子どもだけで参加していた10歳の子が、引率者が目を離したすきに行方不明になり、翌日、沖で遺体となって発見されました。遺族は、ボランティアの引率者や自治会に責任を問うことはできますか。

A

### 裁判例

ご質問の関連事案として、少年剣道会（剣道を通じて少年の非行防止、健全育成を図ること等を目的に結成された任意的な社会奉仕団体）の旅行会における磯遊びの際に小学６年生の児童が溺死した事故に関する裁判例（札幌地裁昭和60年７月26日判決・判時1184号97頁）があります。遺族は、少年剣道会のボランティア指導員である引率者らに対して、不法行為に基づく損害賠償請求訴訟を提起しました。

裁判所は、第三者に子の教育を委ねた児童の親の責任や、事故における児童本人の過失を斟酌して賠償額の減額をしたものの、上記引率者らの損害賠償責任を認めました。その理由として、無報酬の社会的に有益なボランティア活動であっても、そのことのみから、そのような活動の場で予想される危険についての予見および結果回避に必要な注意義務が軽減または免除されるわけではないということをあげています。

### ボランティアを理由に責任を免れない

通常、子ども会等のボランティア団体では、会員である子どものいずれかの親が役員（指導者）を引き受ける場合が多いです。その団体の行事で事故があった場合の指導者の責任については、善意のボランティア指導者に責任を負わせるべきではないとする意見がある一方で、子どもを預かった以上、指導者はその重大性を認識して十分な安全対策を講じるべきであり、それを怠った場合には責任が問われるのは当然だという意見もあります。上記裁判例では、ボランティア活動であることのみをもっては免責されないとの判断が示されました。

別の同種裁判例としては、子ども会が実施したハイキングに参加した小学3年生の児童が、川遊びをしていた際に深みに落ちて水死した事故に関するものがあります（津地裁昭和58年4月21日判決・判タ494号156頁）。この事故でも、遺族が、子ども会の引率者および県、市を被告として損害賠償請求訴訟を提起したのに対し、裁判所は、下見を行うなどハイキングの場所の選定などにかかわった一部の引率者に対して、安全配慮の義務違背があるとして損害賠償責任を認めています。その裁判例では、ボランティアの子ども会活動により法益侵害の結果が生じた場合、その違法性の程度は著しく低いものと評価するような説示はあるものの、引率者の注意義務違反の過失を認めて（もっとも、児童側の落ち度を考慮した賠償額の減額はされています）、結論としては、ボランティア活動であることをもって引率者は免責されないとの判断が示されています（県・市の責任は否定）。

## 自治会の責任

ここで、ご質問は自治会に責任を問うことができるかということですので、この点についても言及しておきます。

裁判例（東京地裁平成3年2月27日判決・判タ771号129頁）では、自治会等は、団体としての組織を備え、多数決の原則が行われ、構成員の変更にもかかわらず団体そのものが存続し、代表の方法、総会の運営、財産の管理等団体としての主要な点が確定していると認められることから、権利能力なき社団として、法律上の独立した地位が認められています。

したがって、自治会は責任主体となりうるところであり、ご質問のように引率者である役員の責任が認められうるケースでは、自治会にも海水浴の主催者としての義務違反が認められると考えられますので、責任を問うことが可能であると思われます。ただし、不動産等を自己所有している自治会もある一方で、十分な資産を有していない自治会も多々あります。自治会の責任を追及し、裁判所が責任を認めたとしても、自治体に支払能力がない場合もあります。

## スポーツ活動の現場では

青少年が取り組むスポーツの現場では、日本の場合、学校のクラブ活動も含めて、多くの指導者がボランティア活動として献身的に指導に取り組んでいます。しかし、上記裁判例において示されているとおり、ボランティア活動であることをもって、危険を予見すべき義務および結果を回避すべき義務について軽減または免除されるものではありません。また、指導者の指導に関する経験や技能に応じて上記義務が軽減または免除されるものでもありません。

したがって、指導者の方々は、無報酬や未経験であることをもって法的責任を免れることはできないわけですから、経験者の視点および未経験者の客観的視点を尊重し合いながら、指導者間で協議し、事故発生の防止に最大限努めるべきです。具体的には、その活動自体の本質的な危険性（身体に負荷・衝撃を与える危険性、道具を扱うことによる危険性、自然環境と対峙する危険性等）を十分に踏まえたうえで、活動場所の状況（天候、周辺の環境、施設、設備、使用する道具、救護体制等）、指導対象者の心身の状況（体質、持病、運動能力、注意力、服装、体調等）などに具体的注意を向けることができるよう、たとえば安全マニュアルを作成するなどして、危険を予見すべき義務および結果を回避すべき義務を果たしていかなければなりません。

また、万一の事態に備えて、指導者自身としても、スポーツ安全保険等の賠償責任保険に加入しておくことが適切かと思います。

（松倉功治）

## Q33 プールでの事故

小学５年生の子どもが、夏休み中に開放されていた小学校のプールで泳いでいました。ところがその最中、プールの底に設置されていた排水管口に足が吸い込まれて溺れてしまい、死亡してしまいました。遺族は学校に責任を問うことはできますか。

### プールでの事故の裁判例

プールが通常有すべき安全性を欠いている状態であったといえれば、プールの設置管理者に責任を問うことができます。（民法717条１項。国家賠償法２条１項）。以下、プールにおける事故の裁判例やプールの安全標準指針から、プールにおける通常有すべき安全性について検討します。

#### (1)　排水口に吸い込まれる事故

町が設立運営している小学校に在籍していた児童が、夏休み中に開放しているプールを利用した際、プールの底に設置されていた排水口に右ひざを吸い込まれて溺死してしまったという事故がありました。事故の際、排水口の蓋が開いていてボルト等で固定されていなかったことから、死亡した児童の父母が町に対し、プールの設置管理の瑕疵を理由に損害賠償を求めました。

判決（静岡地裁沼津支部平成10年９月30日判決・判タ1025号133頁）では、本件プールは排水口の蓋がボルト等で固定されていなかったことから設置・管理上の瑕疵があると認められました。そして、死亡した児童に生じた損害について町は責任を負わなければならないとし、結論として児童が自ら排水口に入りしゃがみ込む体勢をとったことから２割の過失相殺を認めたうえで、4584万円の賠償責任を認めました。

#### (2)　飛び込み練習の際の事故

県立高校の卒業生が、水泳部の卒業生としてプールで練習していたところ、飛び込みの際にプールの底面に頭部を衝突させ重い後遺障害を負うという事故がありました。被害を受けた卒業生が、本件プールには設置または管理上の瑕疵があったとして、プールを設置管理する県に対して国家賠償法２条１項に基づき損害賠償を求めた事案です。

判決（奈良地裁平成28年４月28日判決・判例地方自治423号72頁）は、公益財団法人日本水泳連盟が重篤な飛び込み事故の防止を図るために2005年７月６日付けで策定したガイドラインをあげて、そのガイドラインは絶対的な安全基準という性格のものではないとしながらも、飛び込み事故の発生を防止するための最低限度の基準であると判断しました。そして、これに適合しないプールは通常有すべき安全性を欠くものと推認され、本件プールは、本件事故当時、飛び込みを行って使用するプールとして通常有すべき安全性を欠いており設置管理の瑕疵があったといえるとして、県に対して約6700万円の支払いを命じました。

### ⑶　通常有すべき安全性の判断要素

この二つの裁判例から、プールの通常有すべき安全性は、日本水泳連盟が策定したガイドライン等を参考にしたプールの構造や設計、想定される利用者の年齢、使用方法、利用者の判断能力、体力、水泳の技量等の他に教護体制、監視体制、監督者の措置等の相関関係で判断されるものといえます。

## Ⅹ　プールにおいて求められる具体的な安全性

文部科学省は2007年３月に次の内容の「プールの安全標準指針」を策定しました。

### ⑴　施設・設備面

プールの安全利用のための施設基準として、①プールサイドは、通路等十分な広さを確保し担架等の救命具を備えること、②監視室は緊急時の指令室とするため放送設備を併設し、プールの全域が見渡せる場所に前面を開放したものが望ましく、電話や緊急時の連絡先、従事者の役割分担表等を備えておくこと、③救護室医務室は、緊急時に直ちに対処できるよう、自動体外式除細動器（AED）、救命具、ベッド、救急医療設備等を備えること、④看板・標識類は、利用者への適切な注意や警告として備え付けること、⑤排水口は、清掃および点検の際の不注意等の吸い込み事故の防止はもちろん、子どもがいたずらしても事故が発生しないようにすること、等十分な安全対策が求められています。

### ⑵　安全管理面

管理、運営においては、管理体制の整備、プール使用期間前後の点検、日常の点検および監視、緊急時の対応、監視員等の教育、訓練、および利用者への情報提供が必要となります。

もちろん、上記の「プールの安全指導指針」に完全に沿ったプールでなければ通常有すべき安全なプールではないと断定されるわけではありません。しかし、プールの管理者や設置者、監督者は、プールにおいては上記のような対策・対応が求められているということを認識し、常に通常有すべき安全性を確保することに注意を払う必要があります。

## Ⅹ プールにおけるリスクマネージメント

### ⑴　水のスポーツには陸上スポーツにはないリスクが潜んでいる

スポーツを競技として行う場合、個々人は限界まで力を発揮し、呼吸が乱れ、疲労が蓄積する中での練習や試合を行うと思います。そして、水のスポーツでは、そのような練習や試合を必然的に水中や水上で行うことになります。その場合、一時的に意識を失うことや、何らかの発作が生じた場合には、すぐに命の危険につながります。さらに、学校やクラブにおいては、数十人が同時に練習や試合を行います。常に大人数の安全を確認し、万一の場合に迅速な救護活動等をとることは容易ではなく、監視体制や、救護体制、連絡体制等、事前に準備できることは準備しておかなければなりません。水のスポーツでは、特に、指導者は心肺蘇生法を習得したり、AEDの使用方法を知っておき、適切に対処できるようにしておくことが求められています。

### ⑵　研修や知識の普及の重要性

スポーツ基本法12条・14条は、国または地方公共団体において、スポーツ施設の整備、安全の確保のほか、指導者の研修、安全の確保に関する知識の普及を行うことを規定しています。プール施設を管理、運営する者は、物的な施設の安全のみではなく指導者の研修はもとより、利用者や未熟な子どもらにも施設の安全な使用方法を周知し、どこが危険であるかの注意喚起や、安全の確保に関する知識の普及等、ソフト面においても事故が生じないようにする工夫が求められています。

（坂　房和）

## コラム ■スポーツと心臓突然死

突然死とは非事故性の予期できない自然死で、急速な経過をたどった死（症状発現後1時間以内の死亡）と定義される。そのうち、心筋梗塞や不整脈などの心臓疾患が原因であるものを心臓突然死（SCD）と呼ぶ。SCDの発生頻度は1000人中0.3〜0.5人といわれており、本邦では1年間に約5万件のSCDが発生する。SCDの発生状況は、睡眠中が最も多く（34%）、運動や作業労働時には比較的少ない（11%）。一方で、SCDの相対リスクは安静時と比較して、スポーツ時には約3倍高いという報告がある。スポーツの種類によってもSCDのリスクが異なり、スキー、登山やゴルフなどで高いことが知られている。SCDの背景にある心疾患は、本邦では肥大型心筋症が最も多く、これに次いで冠動脈疾患、冠動脈奇形、大動脈疾患などが多い。

有名スポーツ選手のSCDはそのたびに大変ショッキングな事象として報道される。その中でも1986年にバレーボールの試合中に突然死されたフローラ・ハイマン選手の一件では、心肺蘇生が適切に行われなかったことから、その対応に問題ありとして世界中で大きく取り上げられた。その後、日本においても心肺蘇生術の市民への啓発が進み、自動体外式除細動器（AED）の普及率も高くなっている。近年では市民マラソン大会やスポーツジムでのAED使用の事例も増加し、実際に救命される報告が散見される。

ヒマラヤなどの高所登山では、低酸素や低気圧環境による高山病、高所性肺水腫、脳浮腫が出現しやすい。これに伴い、重篤な不整脈や心筋虚血によるSCDが発生するリスクが極めて高い。また60歳以上の高齢者では高所環境における死因の50%を占めるといわれている。高所環境における生理的な対応力は個人差が大きいが、これは個々の体力、持久力とは相関がなく、生来の体質（遺伝的素因）に依存しているようである。したがって、登山に先立って低酸素室などを用いて高所環境に順応できるかどうか自己の体質を確認することが肝要である。当然のことながら、徐々に高度を上げていくために余裕をもった登山行程を計画していきたいものである。

**小林義典**（東海大学医学部付属八王子病院循環器内科教授）

# Q34 スキー場での事故

スキーヤーが、スキー場の立ち入り禁止区域に入って滑っていたところ、雪崩が発生し、スキーヤーは巻き込まれて死亡してしまいました。遺族はスキー場に責任を問うことはできますか。

A

## スキー場管理者等の法的責任

ご質問と同様の事案において、実際に争われた裁判（長野地裁平成13年2月1日判決・判タ1180号259頁）がありますが、まず、スキー場管理者等が負う法的責任について説明したいと思います。スキー場管理者等が責任を負う場合の法的根拠としては、以下の二つが考えられます。

### (1) 安全確保義務違反による損害賠償責任

スキー場を経営し、あるいはスキー場内のリフトを管理する者（スキー場管理者）は、スキーヤーを滑走に適した滑走斜面の上部に運送し、スキーヤーを危険が内在する滑走面に誘導する以上、スキーヤーが自身で甘受すべき程度を越えた危険に遭遇することのないよう、現実のスキーヤーの利用状況や積雪状況、滑走面の状況等を考慮のうえ、危険箇所については、滑走禁止措置や進入禁止措置をとるなどしてスキーヤーの安全を確保すべき義務を負います。

要するに、後述のとおり、スキーというスポーツの特性上、スキーヤー自身がまず自身の安全管理義務を負いますが、これによって甘受すべき程度を越えた危険に遭遇して死傷の結果が生じた場合には、債務不履行（民法415条）あるいは不法行為（同法709条）が成立し、スキー場管理者等は損害賠償責任を負うことになります。

### (2) 土地の工作物の占有者および所有者の損害賠償責任

工作物責任（民法717条1項本文）とは、土地工作物の設置または保存に瑕疵（工作物がその種類に応じて、通常予想される危険に対し、通常備えているべき安全性を欠いていること）があり、これによって他人に損害が生じた場合には、原則として、その工作物の占有者が被害者に対して損害賠償責任を負うという規定です。

一般にスキー場において、樹木を伐採し地盤を造成、整備するなどして加工したゲレンデ部分については土地工作物に該当します。ですから、滑走コースとなっているゲレンデにおいて「通常予想される危険に対し、通常備えているべき安全性」を欠いている場合に、それによってスキーヤーが負傷したときは、スキー場管理者等が責任を負うことになります。

たとえば、工作物責任が問題となるような設置・保存の瑕疵とは、コース途上にある橋（東京高裁平成10年11月25日判決・判タ1016号119頁）や鉄柱（東京地裁平成16年11月19日判決・判タ1180号227頁）に防護ネットや衝撃緩和措置が施されていない場合や、崖状の段差があるのに危険表示標識やコース標識の設置を怠った場合、雪の段差を緩斜面にするための除雪作業を怠った場合（東京地裁平成２年３月26日判決・判タ737号173頁）などが考えられます（なお、標識の不設置などは、上記の債務不履行責任や不法行為責任としてとらえることもできます）。

## スキーヤー自身の安全管理義務責任

スキーは、山の自然の地勢を利用したスポーツであり、滑走面の状況、スキーヤーの滑走技量ないし熟練度、滑走態様、滑走速度、気象条件等に応じてその危険の程度はさまざまであるとしても、その性質上高度の危険を伴うスポーツです。

このようなスキーの特性に鑑み、上記長野地裁判決も、「スキー滑走に伴う具体的危険に対しては、当該スキーヤー自身の責任において、危険を予見、回避するなどの安全管理を行い、自己の技量に応じた滑走をすることに努めるべき」として、そもそもスキーというスポーツに内在する危険については、まず、スキーヤー自身が安全管理義務を負担する旨述べています。

また、同判決は、スキー場における危険標識の遵守が国内外問わずスキーヤーの基本的義務と位置づけられ、各スキーヤーの共通認識となっているという事実を前提に、スキー場を滑走するスキーヤーは、本来滑走が予定されている経路（ゲレンデ）を滑走すべきであって、滑走禁止区域であることを知りながら、あえて同区域を滑走する場合には、そのスキーヤー自身の責任において、同区域におけるスキー滑走に伴う危険を予見し回避するなどの安全管理義務を負担しているものであって、そのような義務を尽くさずに危険に遭遇し、死亡、負傷することになった場合、その結果はスキーヤー自身において甘受すべきとも述べています。

## 上記長野地裁判決の結論およびまとめ

上記長野地裁判決の事案でも、スキー場管理者の危険告知、立入防止措置が十分であったか否か、および土地の工作物責任が問題となりました。

長野地方裁判所は、まず、スキーヤー自身の安全管理義務や危険標識遵守義務に言及したうえで、本件においては、ネットやロープによる立入防止措置が施されていなかったとはいえ、スキー場開設以来、雪崩が発生したことが一度もなかったこと、スキーヤーの立入りもほぼ皆無であった事実などに照らし、予見可能性の程度は軽微である以上、相対的に、スキー場管理者の結果回避義務の内容も、立入禁止標識の設置をもって足りると判断しました。

また、事故が起こった斜面は、急峻で滑走に適さない斜面で、営業許可上も滑走コースとされておらず、スキー場開業当時から樹木の伐採や地盤の造成などの整備を全く施さずに自然の状態のまま放置され、その区域を立入禁止区域として標識設置がなされていたことから、スキー場管理者の事実的支配が及んでおらず、人工的作業が加わった斜面とはいえず、土地工作物には該当しないとして、工作物責任も否定されました。

以上のように、スキー場管理者の責任を問えるか否か（スキー滑走時に当該スキーヤーが本来的には甘受すべき危険の範囲内か）は、事故の態様、結果、当該スキー事故がスキー滑走時において通常伴う程度のものか、スキーヤーについてスキー滑走時に要求される一般的・通則的なルールの遵守の有無・程度、スキー場管理者による事故現場の管理状況（ゲレンデの設置状況、危険告知等）、スキーヤー自身の安全管理義務違反の有無およびその程度などの諸事情に応じて、個々具体的に判断されることになります。

**（西本雄大）**

## Q35 ファウルボール事故

球場でプロ野球の観戦中、ファウルボールが観客にあたってケガをした、という事故があるようです。このとき、ケガをした人は球団や球場に責任を問うことはできますか。

A

### 裁判例

2010年８月21日、札幌ドームで行われた株式会社北海道日本ハムファイターズ（日本ハムファイターズ）主催のプロ野球公式戦において、打者の打ったファウルボールが内野席で観戦していた観客の顔面に直撃して失明するという、ご質問に該当する痛ましい事故が発生しました。

ケガをした観客は、本件試合を主催し、本件球場を占有していた日本ハムファイターズ、指定管理者として本件球場を占有していた株式会社札幌ドームおよび本件球場を所有していた札幌市を被告として、工作物責任（民法717条１項）、営造物責任（国家賠償法２条１項）、不法行為責任（民法709条）、債務不履行（野球観戦契約上の安全配慮義務違反。同法415条）に基づき、損害賠償請求訴訟を提起しました。

第一審判決（札幌地裁平成27年３月26日判決・判例地方自治410号78頁）では、本件球場の工作物責任および営造物責任上の瑕疵が認定され、原告の請求した額の約90％の損害賠償が認められ話題となりました。これに対して、控訴審（札幌高裁平成28年５月20日判決・判例地方自治410号70頁）では、以下のポイントの違いから第一審判決が変更され、工作物責任および営造物責任に基づく損害賠償請求がいずれも棄却される一方で、日本ハムファイターズに対する債務不履行に基づく損害賠償請求のみ（請求額の約72％）が認められる判決が下されました。

### 第一審と控訴審の判断が分かれたポイント

第一審と控訴審の判断が異なった主なポイントとしては次の２点です。

まず、工作物責任および営造物責任における瑕疵の有無の認定にあたり、本件球場の通常有すべき安全性は、どのような観客を前提に判断をすべきかという点です。第一審判決は、野球観戦の危険性等さえ知らないような「通常一般の観客」を前提として、本件球場の安全性を判断しました。これに対して、控訴審判決は、プロ野球の試合を積極的に観戦しようとする観客は、野球観戦により生じうる危険性を認識しその危険を引き受けているといえるから、このような観客を「通常の観客」として、本件球場の安全性を判断しました。

次に、野球観戦にあたって期待される臨場感の確保の要請をどの程度まで重視するかという点です。第一審判決には、観客の安全性への配慮を最優先に考え、臨場感の確保の要請はそれに劣るという価値判断がうかがえます。これに対して、控訴審では、プロ野球が一般的娯楽として社会的に認容されていることから、臨場感の確保の要請も観客の安全性の確保に必ずしも劣後するものとはいえないとの価値判断が示されています。

## 球場における工作物責任および営造物責任

球場という工作物ないし営造物には、通常有すべき安全性が備わっていなければ、「瑕疵」ありとされ、同球場の占有者・所有者ないし管理者には、工作物責任および営造物責任に基づく損害賠償責任が認められることになります。

控訴審では、瑕疵の有無を判断するにあたって、プロ野球の球場としての一般的性質に照らし、相応の範囲でプロ野球の観戦に伴う危険を引き受けたうえで来場した通常の観客を前提に、社会通念上相当な安全性が確保されているか否かが検討されています。また、球場においては、臨場感の確保が安全性の確保とともに重要な判断要素であることにも触れられ、危険がほとんどないような徹底した安全設備を設けることを法律上要求することはプロ野球の娯楽としての本質的な要請に反する面があり相当とはいえないとしています。結論として、日本体育施設協会屋外体育施設部会編『屋外体育施設の建設指針〔平成24年改訂版〕』では内野フェンスの高さは３m程度とされており、本件球場の内野フェンスの高さは約2.9mで基準をほぼ満たしているうえ、ファウルボールの危険性に関する注意喚起の放送や警笛といった他の安全対策等も考慮すれば、プロ野球の球場が通常有すべき安全性を欠くものではないと判断されました。

そのため、当該球場の占有者である主催者日本ハムファイターズ、球場管理者の札幌ドーム、および球場所有者の札幌市に上記の責任はないとされました。

## 観戦契約上の安全配慮義務

上記のとおり、通常の観客との関係において、球場に瑕疵がないものと判断された場合でも、試合の主催者側には、野球観戦契約に信義則上付随する安全配慮義務が求められ、これが果たされなければ工作物責任および営造物責任とは異なる債務不履行に基づく損害賠償責任が認められることになります。

上記裁判例では、観客は、保護者の同伴を前提として小学生を招待する企画に参加した、野球に関する知識も関心もほとんどなくファウルボールの危険性もほとんど理解していない保護者でした。

そこで、その企画を実施した主催者日本ハムファイターズのみには、その企画において、ファウルボールによる危険性が相対的に低い座席のみを選択しうるようにするか、危険性が高い席と低い席があること等を告知して選択の機会を実質的に保障する等、一層配慮した安全対策を講じるべき義務があるところ、これが果たされていないとして、債務不履行に基づく損害賠償責任が認められました。

## まとめ

上記裁判例や同種裁判例（仙台高裁平成23年10月14日判決・判例集未登載（第一審・仙台地裁平成23年２月24日判決・裁判所ウェブサイト）等）を踏まえますと、プロ野球の球場において、ただ観戦するのではなく、楽しむための野球場という発想でボールパーク化が図られている現在においては、観戦中のファウルボールに関する事故については、ファウルボールの危険性に関する注意喚起等がなされている場合、相応の範囲で危険性を引き受けて来場する通常の観客に対して、主催者・球場管理者および球場所有者は損害賠償責任を負わないことになると考えられます。

これに対して、野球に関する知識も関心もほとんどなく観戦する観客については、主催者によるファウルボールの危険性の周知や安全対策の仕方次第では、主催者が損害賠償責任を負う可能性はあります。もっとも、その場合でも観客側に不注意があれば過失相殺による賠償額の減額がなされるものと考えられます。

（松倉功治）

## Q36 用具に関する事故

私は自転車が好きで、外国製の自転車を買い、休日に輪行しています。ある日、いつものようにきちんと整備したうえで輪行していると、突然前輪が外れ、私は転倒して頭蓋骨骨折などの大ケガをしてしまいました。自転車メーカーや自転車の販売店に責任を問うことはできますか。

A

### メーカーへの請求――製造物責任法

通常、相手に過失があることによって損害が発生したという場合には、民法の不法行為（709条）を根拠に賠償を請求するのですが、ご質問では、さらに製造物責任法に基づく請求を検討する余地があります。

製造物責任法では、製造物に欠陥（通常有すべき安全性を欠いていること）があり、その欠陥によって損害が発生したことさえ立証すれば、欠陥を発見できなかったことについての過失などの個別具体的な過失を立証しなくても、メーカー等に対する損害賠償請求が認められることになっています。

ご質問でも、自転車の構造に欠陥があったこと、その欠陥によって前輪が外れて事故が発生したこと（因果関係）を立証すれば、自転車メーカーに対して損害賠償を請求できることになります。

### 裁判例

自転車事故に関して、製造物責任法による損害賠償責任が認められるかどうかが争われた事例があります（東京地裁平成25年３月25日判決・判時2197号56頁）。

これは、イタリア製の自転車を毎日通勤のために使っていたところ、突然フロントフォーク（ハンドルバーの下部にあり、左右二又のフレームで前輪を挟み込んでいる部分）が上下に分離したために転倒し、頚椎損傷、頚髄損傷等の大ケガをし、重大な後遺症が残ったという事案で、被害者が自転車の輸入業者（輸入業者は製造物責任法の対象となっています）に損害賠償を請求したものです。

この自転車のフロントフォークは上部と下部に分かれており、スプリングで接続されていましたが、事故当時スプリングが破断しており、それが事故の原因となったことまでは、裁判で明らかにされました。一方、いつ、どのようにしてスプリングが破断したのかまでは明らかになりませんでした。

それでも、裁判所は、スプリングの破断が事故の原因となったことさえ明らかになれば、自転車に欠陥があったといってよいと判断して、損害賠償請求を認めました。この事件の被害者が受領することになった損害賠償金の額は、保険会社から支給されたものも含めて２億円を超えています。

## 欠陥や因果関係の立証

製造物責任法による請求は、メーカーの過失を立証する必要がない点で、民法の不法行為に基づく損害賠償請求よりハードルが低いと考えられています。しかし、欠陥があることや因果関係があることの立証は簡単ではありません。

たとえば、上記の裁判例では、事故原因を解明するため、独立行政法人製品評価技術基盤機構による調査がなされたほか、被害者、輸入業者双方ともそれぞれ複数の業者に調査、実験等を依頼しており、鑑定書、意見書、調査報告書等が証拠として提出されています。

## 販売店への請求

販売店は製造物責任法の対象外ですので、安全な製品を売るという売買契約上の義務に違反したとして、債務不履行に基づく損害賠償請求をすることになります。しかし、販売店にとっては、メーカーから仕入れた自転車に欠陥があるかどうかまではわからない場合が多いものと考えられます。したがって、販売店が責任を負うのは、たとえばメーカーから製品回収の指示があったのに販売してしまった、簡単な検査をすれば欠陥を発見することができたのに検査を怠ったなど、販売店に過失があるといえる場合に限られると思われます。

販売店の責任が認められた事例として、幼児用玩具のバドミントンラケットで遊戯中、柄が飛び出てケガをした事故で、販売店は販売の際に握り手から柄が抜けないか手で引っ張るなどして調べる義務があったと判断されたものがあります（神戸地裁昭和53年８月30日判決・判時917号103頁）。

なお、メーカー、販売店双方とも責任を負う場合、これは連帯債務となって、どちらに請求しても構わないということになります。

**（岡本大典）**

## Q37 スポーツ保険

スポーツ中にケガをしてしまった場合や、他人にケガをさせてしまった場合、きちんと治療費などが出せるようにしておきたいと思います。こういったときに補償してくれる保険はありますか。

### スポーツ保険の意義

種類を問わず、スポーツには常にケガの危険が伴います。これは競技スポーツの場合により顕著といえますが、生涯スポーツを行うにあたってもケガの危険は無縁ではありません。

自分がケガをする場合もあれば、相手や他人にケガを負わせてしまう場合もあります。自分がケガをしたとき、他人に損害賠償請求をすることができる場合もありますが、スポーツ中の事故であるため、責任追及が難しい場合も少なくないようです。その場合には、ケガをした自分自身が治療費等の費用を負担する必要があります。他方で、スポーツ事故の当事者（加害者）や、指導的立場にあった者は、被害者から損害賠償責任を追及される可能性があります。とりわけ被害者に重度の後遺症が残ったり、死亡したりした場合には、加害者自身の財産から損害賠償を実現することが不可能なことが多いように思われます（当然事案にもよりますが、重大な事故の場合には、数千万円単位の損害賠償義務が認められることもあります）。

スポーツにはケガがつきものであるにもかかわらず、その危険性ばかりを強調してしまうと、事故の発生を懸念するあまり、萎縮効果が働き、スポーツ活動が消極的になってしまいます。指導的立場にいる者についても、責任を追及される危険をおそれて、指導にも消極的となってしまうと、やはりスポーツ活動が萎縮的となってしまいます。

スポーツ保険が自身の治療費や損害賠償義務を補償してくれれば、スポーツをする人や指導者は、経済的な負担が軽減することになりますので、安心してスポーツに取り組むことができます。このように、スポーツ保険は、経済的な負担を軽減することによって、スポーツの振興・発展に寄与しています。

## スポーツ活動に関する保険の種類

スポーツ活動上の自分のケガを補償する保険を傷害保険といいます。他方で、スポーツ事故により、被害者に対して民事上の損害賠償責任を負った場合にその損害賠償義務を補償する保険を賠償責任保険といいます。

そのほかにも、死亡時等に見舞金として給付される種類の保険もあります。

## スポーツ安全保険

### ⑴　制度概要

この制度は、公益財団法人スポーツ安全協会が運営する、団体の活動中の事故等を補償する制度です。スポーツ活動等を行う４名（以前は５名でしたが要件が緩和されました）以上の団体が加入することができます。

### ⑵　保険の種類、補償の対象

傷害保険、賠償責任保険、突然死葬祭費用保険が存在し、団体の活動の種類や年齢によって加入区分が６種類あり、保険料や補償額もそれぞれ定められています。

団体の活動中の事故を対象とするため、団体の一部の人だけで任意に練習していた場合等は団体の活動中とは認められず、補償の対象外となりますが、団体の活動としての練習であれば、参加者が団体の一部であっても補償の対象となります。なお、団体活動への往復中の事故についても補償の対象となります。

このように、４名以上の団体でスポーツ活動をする場合には、スポーツ安全保険に加入することで事故に備えることができます。

## 公認スポーツ指導者総合保険

この制度は、スポーツの指導者が、安心して指導活動に専念できるように、指導者自身のケガや他人からの法律上の損害賠償請求を受けた場合に迅速に救済・補償できる制度です。

公益財団法人日本体育協会（日体協）の公認スポーツ指導者が、個人単位で加入できます。

賠償責任保険については１億円、傷害保険については、死亡・後遺症障害の場合、最大500万円、入院保険金は日額5000円等の補償があります。

指導者になる方は、この保険に加入することにより、自身や、指導をする相手に対する事故に備えることができます。

## 災害共済給付制度

### ⑴　制度概要

この制度は、独立行政法人日本スポーツ振興センターが運営する、学校の管理下で生じた負傷、疾病、障害および死亡に対して一定の補償を行う制度です。特別法に基づく公的給付制度であるため、幅広いケースで一定の補償が受けられることが特徴的です。たとえば、自分の不注意でケガをした場合でも支給が受けられますし、加害者・学校側の法的な損害賠償責任の有無にも影響されずに一定の補償を受けることができます。また、掛金が低いことや、治療費だけでなく、最大3770万円の障害見舞金や2800万円の死亡見舞金の給付金制度があることも特徴的です。なお、学校が保護者から掛金を集めたうえで（学校と共同負担）、一括加入の手続を行います。また、給付の手続も学校を通じて行うことになります。

### ⑵　給付の対象となる「学校の管理下」と災害の範囲

給付を受けるためには、事故の原因となった出来事が学校の管理下において発生したことが必要です。部活動については、学校の内外を問わず、一般に学校の管理下の活動といえます。

災害の範囲は、負傷、疾病、障害および死亡です。このうち、負傷、疾病の概念はかなり広く、スポーツ事故やスポーツ障害の大半がカバーされます。また、事故外傷だけでなく、持続的・継続的な負荷が原因で発症した場合（いわゆる野球肘等）や熱中症や心身に対する負担の累積に起因する疾病も含まれます。

以上のように災害共済給付制度は、幅広いケースで補償を実現することにより、部活動をはじめとする学校でのさまざまな活動の支えとなっています。

## 民間の保険

上記のほかにも民間の保険会社による傷害保険、損害賠償保険の利用も考えられます。民間の保険には、日常生活全般の事故を補償の対象とする保険にスポーツ事故に対する補償が組み込まれているものや、特定のスポーツへ向けた保険（たとえば、ゴルフ、スキー等）もあります。この点、公認スポーツ指導者総合保険およびスポーツ安全保険では一部の加入区分を除き、山岳登はん等の危険性の高いスポーツについては補償の対象外となっていますので、山岳保険等の特定の保険を利用することにより、事故に備えることが可能です。

## 最後に

上記のような保険や制度を利用することで、将来の事故に備えることができ、安心してスポーツ活動を行うことができます。なお、詳細は各運営機関のウェブサイトをご覧ください。

【参照】

日体協、スポーツ安全協会、日本スポーツ振興センターの各ウェブサイト

（河端　直）

## コラム ■不可避的なスポーツ事故について考える

私は高校時代にラグビーの練習中の事故で頸髄を損傷しました。現在は、電動車いすを使用しながら24時間のサポートを受けて生活しています。

事故後に経験してきたことを少しでも発信していきたいという思いから、「ラグビー事故勉強会」を立ち上げ、同じスポーツ事故被災者や弁護士、大学教員の方々とともに定期的に勉強会を開催しています。その目的として三つのことを掲げています。

一つ目は、スポーツ事故被災者同士をつなぐプラットホーム的な役割として、情報提供をしていくことです。勉強会には、毎回ゲストスピーカーとして事故被災者やその家族の方に来ていただきます。事故後、事故被災者や家族はさまざまな問題（医療・福祉にかかわること、将来を見据えた経済的な問題等）と直面します。しかし、事故後の混乱の中で、それらの問題を解決・克服するための社会制度や社会資源の情報を得る機会を逃してしまうことも少なくありません。事故被災者やその家族が、こうした不可欠な情報から孤立することを防ぐ役割を果たしていきたいと思っています。

二つ目は、さまざまな視点からスポーツ事故についての検証を行っていくことです。勉強会には、スポーツ事故訴訟の経験のある弁護士の方やスポーツ法学を専門にされている大学教員の方などが運営メンバーとして参加してくださっています。法学、社会学、医学など多様な視点をもつ方々がスポーツ事故を検証していくことで、そのスポーツの文化や特徴を維持したうえで安全についてどう取り組めるのかを議論できる場にしていきたいと考えます。

三つ目は、指導者をはじめとする多くのスポーツ関係者の方にスポーツ事故によって引き起こされる現状を知っていただける機会を提供していくことです。ラグビーや柔道といった選手同士が激しく接触するコンタクトスポーツで、事故を「ゼロ」にすることは非常に困難です。そのうえ、事故によってもたらされた「損害」は、事故について過失のある指導者が負担したり、また、その事故が不可避的なものであった場合には事故被災者やその家族がその「損害」を引き受けることになるなど、結局、「損害」は事故の関係者のみで負担してきました。この共有されることの難しいスポーツ事故の現状を一人でも多くの方に知っていただき、さらに、ともに考えることができる場としての役割を果たしていきたいと思っています。

**中村周平**（ラグビー事故勉強会　運営メンバー）

# 第4章

# スポーツビジネス

# Q38 スポーツビジネスと法律

スポーツビジネスとはどのようなものですか。また、スポーツビジネスにおいて法律上どのようなことが問題となり得ますか。

## スポーツビジネスとは

近年、日本ではスポーツビジネスに力を入れる動きがみられるようになってきましたが、一口にスポーツビジネスといっても多種多様です。

たとえば、プロのスポーツ選手は、プレイヤーとして試合や大会に出場し、実績を残すことで生計を立てており、このこと自体をビジネスととらえることができます。また、プロのスポーツ選手が競技に集中するための環境づくり（マネジメント）等を行うこともビジネスとなります。

また、多くのスポーツでは、競技の際、専用のウェアやさまざまな用具を使用します。これらを製造、販売することもスポーツビジネスの一つです。

さらに、スポーツ自体をビジネスの対象とするスポーツ興行ビジネスがあります。たとえば、スポーツの大会の主催者が観客から会場の入場料収入を得ること、放送局等から放映権収入を得ること、スポンサーからスポンサー収入を得ること、これらはすべてスポーツ興行ビジネスといえます。

## 世界のスポーツビジネス

世界中が注目するスポーツのビッグイベントとして、オリンピックをあげることができますが、オリンピックは1984年のロサンゼルスオリンピックで放映権に関する入札制の導入、排他的なスポンサーの導入等により商業化に成功しました。以後、オリンピックでは、放映権料、スポンサー料等が大きな収益源となっています。

スポーツビジネスの先進国であるアメリカでは、４大プロスポーツのMLB（野球）、NBA（バスケットボール）、NFL（アメリカンフットボール）、NHL（アイスホッケー）のみならず、大学スポーツを統括している全米大学体育協会（NCAA）が大きな収益を上げています。アメリカではアマチュアである大学スポーツも産業化が進んでいるのです。

## 日本のスポーツビジネス

日本では、スポーツは、もともと陸上競技や水泳などが、娯楽ではなく、教育の一環としての「体育」として定着していたため、ビジネスとはなかなか結びつきませんでした。しかし2019年にラグビーワールドカップ、2020年には東京オリンピック・パラリンピックと続けてビッグイベントが日本で開催されること等も追い風となり、近年は、スポーツビジネス振興の動きが高まっています。最近では、アメリカにならって大学スポーツの産業化についても議論されているようです。

スポーツビジネスの発展により経済が潤うのは喜ばしいことです。しかし、たとえば大学スポーツについては、商業化が進みすぎると人間形成の場という本来の教育的意義が失われないかという懸念等もあります。スポーツビジネスの健全な発展のためには、スポーツをする主体がどのようにスポーツとかかわるのが望ましいのかという視点が欠かせないように思われます。

## スポーツビジネスと法

ところで、スポーツビジネスにおいてどのような法律が問題になるのかというと、多種多様です。プロスポーツ選手については、選手として働くうえでは労働法の問題、選手のグッズ等を販売する際は肖像権の問題、スポーツ用品の製造にあたっては商品に欠陥があった際の責任の問題、スポーツチーム等のロゴを使用する際の知的財産権の問題、スポーツ興行の場面では試合を放送する際の放映権の問題等、実にさまざまな法律問題が関係してきます。具体的には次のQ以降でみていくことにしましょう。

**【参考文献】**

平田竹男『スポーツビジネス最強の教科書』（東洋経済新報社、2012年）

エンターテインメント・ロイヤーズ・ネットワーク編『スポーツ法務の最前線』（民事法研究会、2015年）

（山田尚史）

## コラム ■プロラグビー選手の契約問題

五郎丸、ルーティン、今やこの二つのキーワードを聞くと、ラグビーを連想する国民が多くなった。成績の低迷していたラグビーが、ラグビーワールドカップ2015年大会で強豪の南アフリカに勝利したことで一気にメジャースポーツへと駆け上がった。また、世界での日本ラグビーの立ち位置も一変した。しかし、次回のラグビーワールドカップ2019年大会に向けてよい話ばかりではない。まだまだ企業スポーツの枠組みで行われている日本ラグビーは、プロ選手・アマチュア選手が混在しており、問題や課題は多い。特に、私も経験をしたプロ選手の契約や労働環境面においては国内プロスポーツである野球やサッカーのような整備は進んでおらず、契約時の統一された契約書でさえ存在していないのが現状で、紛争が起こりやすい状態となっている。そこで、これらの問題や課題からプロラグビー選手の選手契約に注目し、私が考える喫緊に定めなくてはならない契約時の重要事項３点をあげ、ラグビー選手の契約問題について考える。

まず、①ケガに対する補償である。この点については各チーム（企業）により取扱いは異なっているのが現状である。特に他のスポーツに比べてケガをしやすいラグビーにおいては重傷事故や死亡の場合の補償の問題は非常に重要である。次に、②契約更新についても各チームもしくは各選手によっても異なっており、来年度の契約にかかわることとなり、選手の死活問題となる。また、③移籍については選手が移籍の際に前所属チームからの移籍承諾書の発行がなされなければ、新たに契約したチームで１年間プレーできないという日本ラグビー協会が定めたルールがある。これは、移籍を抑制するためには効果的だが、戦力外通告をして契約更新しない場合でもその選手に移籍承諾書を発行しないことが可能であり、選手側にとって②と同様、死活問題となってくる。

最終的には野球やサッカーのような統一契約書をつくることが望ましいが、現時点において最低限でも上記３点の統一したルールづくりが社会人ラグビーのプロ契約には必要である。日本ラグビーがプロ選手を容認している中、今後、現状の紛争が起こりやすい状態を放置したまま進んでいくのか、それとも、新たに統一した選手契約のルールづくりで契約の安定性を高め、選手が安心してプレーできる環境をつくっていくのか。今後、日本ラグビーのそうした動向にも注目してもらいたい。

**三木亮平**（ラガーマン）

# Q39 スポーツマネジメント

最近、スポーツマネジメントを学ぶ学部や学科などが増えてきていますが、スポーツマネジメントとはどのようなことを行うのですか。

A

## スポーツマネジメントとは

スポーツマネジメントとは、「スポーツにかかわる団体や企業を継続して経営し、イベントなどを効率的に運営すること」とか、より抽象的に「スポーツの価値を最大限に高めるための組織的な営み」等と定義されます。スポーツマネジメントはもともとスポーツ大国アメリカで広まった発想ですが、日本でも、2004年のプロ野球再編問題にはじまり、スポーツ団体の健全な運営が叫ばれる中で徐々に浸透し、大学でもスポーツマネジメントを学ぶ学科などが出てきました。

スポーツマネジメントを理解するためには、プロスポーツクラブが、選手と契約してクラブチームを組織して、試合のスケジュールを組んだり、グッズ販売をして収入を得たりして、そのお金で選手に年俸を払ってクラブチームを運営していくことをイメージしていただければよいかと思います。スポーツ団体の運営は、スポーツマネジメントの最たる例なのです。

したがって、スポーツ団体の運営にあたって、売上を向上させるための手法もまた、スポーツマネジメントの一環であるということになります。たとえば、売上向上の手法として、顧客管理（Customer Relationship Management.「CRM」と略されることもあります）というものがあります。これは、チームのファン等の顧客分析を行ったうえで、個々のニーズにマッチした的確なサービスを提供することで、個々の顧客の満足度を向上させ、売上向上につなげるものです。これからのスポーツ・ビジネスを成功させるためには、ファンのデータベース化による顧客管理が必要不可欠であるともいわれており、CRMを適切に導入し、活用することもスポーツマネジメントの一部分ということになるでしょう。

## 🅧 スポーツ選手のマネジメント

### (1)　スポーツ選手のマネジメントとは

スポーツ選手のマネジメントも、スポーツマネジメントの一つです。具体的には実にさまざまなものがありますが、たとえば、スポーツ選手の健康状態をきちんと管理し、シーズンを通じてケガなくプレイできるようにケアすることや、治療やリハビリテーション（リハビリ）をサポートすることは、これにあたります。本業とは別の営業活動、すなわち雑誌の取材やインタビューを積極的に受けることにして選手の評判を高め、名前を売り込む等の活動も、立派なマネジメントの一種です。

### (2)　権利の活用・管理

スポーツ選手の権利を活用・管理することもスポーツ選手のマネジメントです。著名なスポーツ選手には、その氏名や肖像、社会的評価についてパブリシティ権が認められます（Q22参照）が、このパブリシティ権を上手に活用して、グッズを企画・制作したり、広告やテレビ番組に出演するための交渉やマーケティングをスポーツ選手個人が行うのは容易ではありません。

そこで、そういった交渉やマーケティングの能力をもつ人や会社等が、選手の代わりに、グッズの販売や、広告出演などをメーカーやテレビ局等と交渉し、契約を締結したりして、権利を「活用」することがしばしば行われます。また、権利の活用だけでなく、許諾なしに製作されたグッズの販売等選手の肖像権が侵害されていないかを発見し、差し止めるといった権利の「管理」も行われます。

### (3)　チームの移籍交渉

選手の移籍における「仲介人」や「代理人」の業務も、スポーツマネジメントであるといえます。プロサッカーでは、選手契約や移籍交渉の際、国際サッカー連盟（FIFA）や公益財団法人日本サッカー協会（JFA）のリストに登録された仲介人に、交渉等の業務を委託することができます。この業務には、高い専門性が求められますので、FIFA や JFA では、仲介人の業務に対して厳しい規則が設けられています。プロ野球でも、契約更改の交渉を選手会登録の弁護士に委託できますし、メジャーリーグ移籍の際には敏腕といわれる代理人に頼むことが多いです。

## スポーツ選手のマネジメントは誰が行うのか

スポーツ選手のマネジメントを行う主体は、基本的には、選手が所属するチームやその他のスポーツ団体となるでしょう。

しかし、マネジメントにはさまざまなものがありますし、業務の性質上、チームが行うことが適さないようなものもあります。そこで、必ずしもチームがスポーツ選手のマネジメントすべてを行うというわけではありません。たとえば、上にあげたようなチームの移籍交渉（(3)）については、チームを相手どって行わなければならないものですので、チームではなく仲介人や代理人がマネジメントの主体となります。

また、スポーツ選手の権利活用・管理（(2)）については、ほとんどの場合、チームが選手の権利を活用・管理するのは、チームの事業活動の範囲の使用に限られています。たとえば、選手が、グラウンドとは別の場所で、チーム名も特に出さずに、スーツを着てスーツの宣伝をするテレビコマーシャル（CM）に出演するような場合には、チームの事業活動とは無関係だといえますので、チームがその権利活用・管理に関与することは通常ありません。

そのような選手のチームの事業活動外での権利活用・管理を行うのは、多くの場合「マネジメント会社」と呼ばれる会社です。このマネジメント会社は、所属チームの事業活動外におけるスポーツ選手のイベント・広告への出演あっせんやメディア対応、契約交渉等を主に行っています。芸能人が所属するいわゆる「プロダクション」のようなものだと考えてよいでしょう。本田圭佑選手やイチロー選手をはじめとして、現在では多くの著名なスポーツ選手が、マネジメント会社と契約を結んでいます。スポーツ選手は、チームに所属するだけではなく、このようなマネジメント会社に業務を委託することで、安心して自らの本業に専念できることになるのです。

**【参考文献】**

広瀬一郎『スポーツ・マネンジメント入門〔第２版〕』（東洋経済新報社、2014年）

武藤泰明『プロスポーツクラブのマネジメント〔第２版〕』（東洋経済新報社、2015年）

（増山　健）

## Q40 スポーツとクラウドファンディング

最近、クラウドファンディングという言葉をよく耳にします。スポーツ選手の支援を目的とするスポーツファンディングというものもあるようですが、どのようなものなのでしょうか。

A

### クラウドファンディングとは

クラウドファンディングとは、一般に、企業等と資金提供者をインターネット経由で結びつけ、多数の資金提供者（クラウド（群衆））から少額ずつの資金を集めるしくみのことをいいます。

クラウドファンディングは、資金力に乏しい起業家やクリエイターが、製品・サービス開発等のプロジェクトを行うにあたり、金融機関からの融資によらずに必要な資金を集めることができる資金調達方法として、ここ数年のうちに急速に普及してきました。クラウドファンディングによる資金提供者の募集には、資金調達ができるというメリットだけではなく、不特定多数の者を対象とする募集活動を通じて、自社の製品・サービスや企業名そのものを世間に認知してもらえるというメリットもあります。

### クラウドファンディングの類型・法規制

クラウドファンディングは、資金提供者が資金提供先であるプロジェクトの起案者から受け取る見返り（リターン）の有無・形態に応じて、次の３類型に分類されることが一般的です。

① 寄付型　　資金提供者が、起案者から、金銭・商品・サービス等によるリターンを全く受け取らない類型。

② 購入型　　資金提供者が、起案者から、金銭ではなく商品・サービスをリターンとして受け取る類型。

③ 投資型　　資金提供者が、起案者から、金銭をリターンとして受け取る類型（さらに細かく、株式（エクイティ）型、ファンド型、貸付型に分類されることもあります）。

上記の３類型のうち金銭をリターンとする③投資型については、金融商品取引法等による厳格な規制対象となります。投資型により起案者と資金提供者のマッチングを行うクラウドファンディングサービス事業者については、資金提供者の募集行為が、株式の勧誘（第一種金融商品取引業）またはファンド持分等の勧誘（第二種金融商品取引業）に該当するため、金融商品取引業者としての登録を受けなければなりません（金融商品取引法29条）。

そのため、現在、誰でも起案者として利用可能なウェブサイト上のクラウドファンディングサービスでは、金銭ではなく商品・サービスをリターンとする②購入型が多く利用されています。クラウドファンディングサービス事業者は、ウェブサイト上で誰でも簡単にクラウドファンディングを利用できるサービスを提供して、起案者と資金提供者のマッチングを行い、そのサービスを通じて資金提供者から集められた資金の一部を手数料として受け取っています。

## スポーツファンディングとは

スポーツやエンターテインメントの分野でも、資金力に乏しいアスリートやアーティストの活動のための資金調達方法として、クラウドファンディングが注目されています。

スポーツ分野におけるクラウドファンディングは、一般に、スポーツファンディングと呼ばれます。現在すでに、誰でも利用可能なスポーツファンディングサービスを提供しているウェブサイトが複数存在しており、多くのアスリートが、起案者としてそれらのサービスを利用し、イベント開催や海外進出のための資金を募っています。

ウェブサイト上のスポーツファンディングサービスでは、アスリートが、まず目標金額と募集期間を定めて特定のプロジェクトを起案し、資金提供者を募集します。募集期間内に提供資金が目標金額に達した場合、プロジェクト成立となり、提供資金をそのプロジェクトのために利用できます。募集期間内に目標金額に達しなかった場合には、プロジェクトが無効となる方式（オールオアナッシング方式）と、集まった資金の範囲内で支援を受ける方式（オールイン方式）があります。

## Ⅹ スポーツファンディングの実情と課題

スポーツファンディングの多くは、前述の3類型のうち②購入型にあたります。なお、スポーツファンディングに関しては「購入型」ではなく「協賛型」と呼ばれることがあります。

①寄付型や②購入型のクラウドファンディングで、より多くの資金提供者を集めるには、起案者が、支援対象としての自己の魅力を効果的に伝えることや、個性的なリターンを用意することが重要です。スポーツファンディングを利用するアスリートも、工夫を凝らし、自己の活動や競技の魅力をアピールしたり、ステッカー、タオル等のグッズや試合応援ツアーといったリターンを用意しています。

スポーツファンディングでは、資金提供者にとってもアスリートとともにプロジェクト成功の一体感、達成感を得られるという利点がありますが、その反面、不特定多数の人から金銭を集めるという特性から、プロジェクト失敗時の返金問題や悪質な起案者による詐欺行為等のトラブルのおそれを常に内在しています。スポーツファンディングを利用するアスリートとしては、多くの支援者から資金を預かるという責任感をもって、プロジェクトに取り組むことが必要です。

（田中　敦）

# 競技団体による選手の肖像権等の管理

スポーツの競技団体は、所属する選手の肖像権・パブリシティ権をどのように保護し、管理しているのでしょうか。

A

## プロスポーツ選手の肖像権・パブリシティ権の管理

プロスポーツ選手は、無断でその容姿を撮影・利用されないことを求めることができる肖像権と、氏名や肖像がもつ経済的価値を本人が独占できるパブリシティ権を有しています（肖像権、パブリシティ権の意味内容についてはQ22を参照してください）。

しかし、選手個人では、権利についての知識が十分ではなかったり、権利侵害への対処に限界があるため、自らの肖像権やパブリシティ権をすべて適切に管理することが困難です。そこで、各選手の所属団体が、選手個人に代わって、それら権利を一括で管理・利用することが一般的になっています。

## NPB、Ｊリーグによる管理

一般社団法人日本野球機構（NPB）では、プロ野球統一契約書16条で、選手を撮影した写真、映像等に関する肖像権等がすべて球団に帰属し、球団による権利の利用に選手は異議を申し立てることができないと定めています。

また、Ｊリーグでも、Ｊリーグ規約97条１項で、試合映像等に関する肖像権等が選手本人に帰属しないこと、同規約129条１項で、Ｊリーグは、選手の肖像等を包括的に用いる場合に限り、これらを無償で利用できることを定めています。

これら規定に基づき、NPBに属する球団やＪリーグは、所属選手の肖像権・パブリシティ権を選手に代わって管理し、独占的に利用しています。球団やＪリーグは、利用目的（報道利用、商業利用等）ごとに利用方法や許諾料等をあらかじめ定めた利用規約（Ｊリーグの「プロパティ利用規約」等）を公表しており、第三者が選手の写真等を利用するためには、それら規約に従い利用許諾を受ける必要があります。仮に、許諾を受けずに選手の写真や実名を宣伝広告等に利用した場合、選手本人に代わり、球団やＪリーグから、利用の差止めや損害賠償を請求されるおそれがあります。

球団による肖像権等の管理に関して、過去に、プロ野球選手数十名が、その所属球団を被告として、球団には選手の氏名・肖像の利用許諾をする権限がないことの確認を求める訴訟を提起したことがありました。裁判では、前述のプロ野球統一契約書16条１項の解釈・有効性が争点となりましたが、裁判所は、その条項を、「球団ないしプロ野球の知名度の向上に資する目的」で定められたものとして有効であると判断し、選手側の主張を認めませんでした（知財高裁平成20年２月25日判決・裁判所ウェブサイト）。

## 写真撮影の制限

一部の競技では、競技団体が、選手の写真撮影を一切禁止したり、一定の態様での写真撮影を禁止することがあります。たとえば、ビーチバレー競技では、日本ビーチバレーボール連盟が、選手の動画撮影や至近距離での撮影等を禁止しています。また、体操競技では、日本体操協会が許可した競技会でのみ写真撮影が認められ、また、撮影が許可された競技会であってもフラッシュ撮影や赤外線カメラでの撮影等は禁止されています。

このような制限は、不適切な目的で撮影された写真により選手の尊厳が損なわれたり、競技の妨げになる撮影行為により大会運営に支障を来すことを防止するためのものです。

肖像権には財産権的側面と人格権的側面があるところ、選手は、肖像権の人格権的側面を根拠として、自己の容姿を不適切な目的・態様で写真撮影されないよう求めることができます。もっとも、選手個々人が自ら肖像権を行使して写真撮影を禁ずることには限界があることから、各競技団体が、選手本人に代わり、選手の肖像権保護のために写真撮影のルールを定めています。

## シンボルアスリート制度

財団法人日本オリンピック委員会（JOC。現在は公益財団法人）は、2005年から、JOC が加盟団体の有力選手から肖像権の管理委託を受け、それら選手がJOC のスポンサー企業の CM に優先的に出演できるようにし、その対価として選手へ協力金を支払う制度であるシンボルアスリート制度を導入しました。

この制度の契約期間は原則１年間であり、毎年十数名の選手がシンボルアスリートに選出されています。また、2013年からは、活躍が期待される次世代の選手を対象とするネクストシンボルアスリート制度も導入されています。

シンボルアスリート制度には、選手の知名度が上がり、JOC がスポンサーを集めやすくなるというメリットがあります。その反面、シンボルアスリートに選出された選手の露出が大きく増えることで、代表選考に影響を及ぼすのではないかと懸念されています。JOC や代表選考を行う競技団体には、スポンサー収入の確保を過度に重視し、かえって競技の公正性が損なわれることのないよう、適切な制度運用を心がけてほしいと考えます。

（田中　敦）

## コラム ■スポーツの未来

2019年のラグビーワールドカップ、2020年の東京オリンピック・パラリンピックの影響もあり、スポーツに関するさまざまな記事を目にすることが増えている。体操の内村航平選手がプロになり、また、パラリンピックの種目もようやく注目されるようになってきた。スポーツの多様性が少しずつ日本でも浸透しつつあるように感じる。皆にとって、居場所があるような方向に向かっていると感じることができて、とてもうれしく感じる。

僕が今後に向けて望むことは、スポーツの産業化の推進である。もちろん、そのためには試合の内容を充実させることが一番大事である。でも、それだけでは十分ではない。会場での音楽、食事、イベント、スタジアムまでの経路、あらゆるもので楽しめる環境をつくることも大切である。

皆が楽しめる環境があれば、家族でも、初心者でも試合観戦に行きやすい。まずは、飲食の電子決済などについてスムーズなシステムを構築してほしい。現在は、スタジアムの裏の売店で、長蛇の列で並ぶ。あげくの果てに売り切れることもある。理想をいえば、席でオーダーできて、観客席まで持ってきてくれるシステムができればと思う。試合を観ながら、おいしい食事ができる、このようなサービスはスタジアムでしかできない。

そのほかに、体験コーナーでは、バーチャルリアリティ（VR）を使って、審判からの目線や、プレイヤーからの目線などからスポーツを観られるようになれば、一気に臨場感も湧くのではないだろうか。子どもたちが喜ぶ姿が目に浮かぶ。

また、試合のテレビ中継においても、画像解析を進化させ、瞬時にさまざまなプレーを解析してくれるようなシステムをつくってはどうだろうか。そうすれば、そのスポーツの本質を初心者にもわかりやすく説明できようになる。そうなれば、そのスポーツが持つ奥深さにも触れられる。

このようなしかけをしていくと、スポーツそのものだけでなく、スポーツの周りでも稼ぐことができる。まさにスポーツの産業化につながるのである。

その結果として、スポーツが日本にとってさらに身近なものになり、勇気をもらうことや、皆で同じ時間を共有する喜びを味わう機会が増えたらと思う。

**廣瀬俊朗**（元ラグビー日本代表主将）

# Q42 スポーツイベントの開催にまつわる法的問題

スポーツイベントを開催する際、どのようなことに注意すべきでしょうか。

A

## スポーツイベント開催の注意点

スポーツイベントを企画、運営して開催するには、さまざまなことに目を配らなければなりません。主催者には、まず、参加選手や観客、スタッフ等に対する安全配慮義務が課されています。また、そのほかにも、金銭の管理、イベント収入の配分、税金の問題、保険への加入、個人情報の管理、警察等へのさまざまな申請や許可、参加者、観客間のトラブル、競技団体や参加選手の所属クラブとの関係などの問題もあり、多数の法的な注意点があります。

## 問題となる権利関係

### (1) 安全配慮義務

主催者においては、大会参加契約や入場契約等に付随する義務として参加選手や観客、イベントスタッフ等の生命・身体の危険を予見し回避しなければならないという安全配慮義務が課されています。参考になるものとして、日本陸上連盟「ロードレースにおける医療体制についてのお願い」（平成14年12月9日）という文書があります。その中で主催者に対して、水分・スポンジテーブル地点を明確にすること、スタート、フィニッシュ地点および中間地点に医療テントを設置し、除細動器を準備すること、フィニッシュ地点に救急車を用意すること、地元医師会、医療機関と十分に事前協議をすること等がお願いとして挙げられています。その記載内容は、陸上競技以外のスポーツイベントにも大変参考になるものです。また、主催者の安全配慮義務が問題になった事案として、トライアスロン大会で競技者が水泳競技中に溺れ海面に浮かんでいるところを救助されたが死亡したという事案があります（大阪高裁平成3年10月16日判決・判タ777号146頁）。この判決では大会主催者は、「競技が危険を伴うものである場合は、その参加者が安全に競技できるよう配慮し、救助を要する事態が発生した場合には直ちに救助すべき義務を負う」と述べられています（もっとも、この事案の大会主催者については安全配慮義務違反を欠いたとまではいえないと判断されました)。

### (2)　施設利用契約

スポーツイベントで施設を利用する場合には、施設利用契約や施設の賃貸借契約を締結することになります。まず、前提として契約主体はどこで、支払いはどのように行うかを決定しておく必要があります。さらに、その契約上、事故等のリスク負担をどのようにするかの取り決め、関係法令等の遵守義務の確認、契約解除、契約終了後の取り決め、興行を行い、収入を得る場合には、広告、看板の取扱い、興行収入の施設側の取り分の取り決め、紛争解決手続などが重要になります。

### (3)　大会参加者との契約

主催者は、参加者と大会参加契約を締結することになります。市民大会のような場合でも契約の内容が曖昧であると、後々のトラブルを招くことになりますので、申込みのときに規約ルール等を申込書に明示して書面としておくことが望ましいといえます。その際には、規約を遵守することなどを記載した誓約書も提出してもらうとよいといえます。参加選手が著名な選手など報酬が発生する場合には、試合の参加義務、報酬、日当の取り決め、事故等のリスクの場合の負担、契約解除の場合の条項、試合の広告、宣伝、放送の条項、選手の肖像権等の知的財産権にも注意が必要です。

### (4)　保　険

主催者として、保険を掛けておくことが必要です。スポーツに関する保険の詳細については、Q37を参照してください。

### (5)　主催権限

スポーツイベントを行う場合には、国際オリンピック委員会（IOC）がオリンピックの主催権限をオリンピック憲章において認められているように、主催権限の所在が決められている場合があります。主催権限の確認が必要となります。

### (6)　イベント収入

イベントにおける収入としては、入場料収入、スポンサー収入、グッズ収入、放映権収入等があります。入場料収入に関しては、通常、個別に契約書を交わすものではなく約款が公表されます。その中で、禁止行為や、入場許否事由を定めて、観客の安全、大会の円滑な運営を確保することが必要です。また、グッズ収入や、放映権料が発生するときには、選手や選手の所属チームとどのような取り分であるかの取り決めをしておかなければなりません。

### ⑺　競技以外での配慮

マラソン大会等では、周辺住民への配慮も忘れてはいけません。警察等とよく連携し、交通の安全に気を配る等、周辺住民とのトラブルにも注意が必要です。また、参加者が子どもの場合に特に、喧嘩や、参加者間の接触によってケガ人などが生じないように注意することが必要です。

### ⑻　個人情報保護法

個人情報保護法によって個人情報を事業のために保有した場合、個人情報保護法上のさまざまな義務を負うことがあります。大会主催者として取り扱う個人情報の件数が多数の場合はもとより、少ない場合であっても十分に注意して取り扱うことが求められています。

## 今後のスポーツイベント

政府は、「日本再興戦略2016」として、スポーツの成長産業化を重点戦略として閣議決定しました。そして、スポーツ産業を基幹産業に成長させるため、スポーツ関連団体の経営人材の育成、プロ、アマチュア、学生スポーツを含めたスポーツメディアコンテンツ市場の創設が掲げられています。その中で、スポーツ市場を2015年の5.5兆円から、2025年までに15兆円に拡大するとされています。ここまでうまくいくかはわかりませんが、今後、スポーツイベントは、多くの人々に笑顔をもたらし、幸せを提供できるものとして、ますます発展していってほしいと思います。しかし、反面、多くの人々が集まり、スポーツを行うことはさまざまな健康状態の人が集まるリスクや、自然災害のリスク、各種の法的リスクもあることから、大会主催者としては、やってよかったと思える事前の態勢づくりが望まれるといえます。

（坂　房和）

## Q43 プロ野球選手の入団制度（ドラフト、育成制度）

プロ野球では、毎年秋にドラフト会議が行われて新人選手の入団が決まります。新人選手が希望球団に入れない場合も多いと思いますが、法律上問題はないのでしょうか。また、最近は育成選手の活躍が目立ちます。育成制度の内容についても教えてください。

A

### ドラフト制度

日本プロフェッショナル野球協約133条に、「新人選手の採用に関しては、『新人選手選択会議規約』として別に定める」とあり、新人選手選択会議規約２条本文には「球団が新人選手と選手契約を締結するためには、第４条に定める選択会議で、契約を希望する選手に対する選手契約締結の交渉権を獲得しなければならない」と規定されています。すなわち、プロ野球選手となるためには、まず、毎年１回開催されるドラフト会議で、球団から指名を受ける必要がありますので、必ずしも希望どおりの球団に入ることができるわけではありませんし、ドラフト会議で交渉権を得た球団としか入団交渉ができないという制限を受けることになります。

### ドラフト制度と職業選択の自由

新人選手が希望球団と入団交渉すらできないという現行の制度は、憲法22条が保障する職業選択の自由（人権）に違反するのではないかという指摘があります。憲法上の人権は、直接的には国家権力と個人との関係で認められる権利ですが、私人間についても、一私人が他者に行っている権利制限行為が、「公序良俗（民法90条）に違反して無効」かどうかという判断において、憲法の人権保障の考え方を取り込むという考え方が一般的です。

では、ドラフト制度は、新人選手の職業選択の自由を侵害し、「公序良俗に違反して無効」なのでしょうか。

職業選択の自由といえども、無制限に保障される権利ではなく、正当な理由がある場合には、制限を受ける側にも配慮した必要最小限度の合理的制限を受けることがあるというのが通説的な見解です。

ドラフト制度には、選手獲得について完全に自由競争としてしまうと、契約金が高騰し、資金力のある少数の球団のみが有力選手を獲得して、戦力の不均衡が生じ、実力伯仲のチーム同士によるペナントレースの娯楽性が失われることを防ぐという、プロ野球界の特殊性に基づいた正当な目的があります。

他方、新人選手側としては、希望球団に入れなかったとしてもプロ野球選手という職業を選択することは可能ですし、希望球団以外の球団が契約交渉権を獲得した場合には入団を拒絶することはでき、また、フリーエージェント（FA）制度等により、制限的ですが移籍の自由も認められています。

以上から、ドラフト制度による職業選択の自由の制限は、新人選手にとって著しく不合理な制限ではなく、正当な目的による必要最小限度の制限であるから、公序良俗に違反して無効とまではいえないという考え方が一般的です。

## ドラフト制度と独占禁止法

ドラフト会議により、プロ野球球団という事業者が、他のプロ野球球団らと共同して、新人選手と球団との自由な入団交渉という事業活動を行えないようにし、実質的に競争を制限しているので、独占禁止法に違反する疑いがあるとの指摘もあります。

この点公正取引委員会は、球団と選手との契約は極めて雇用契約に類似しており、雇用契約やこれに準ずるもの等については独占禁止法の適用が外れるとの見解を示したことがあります。また、上記の戦力均衡による娯楽性確保という正当な理由による制限であり、独占禁止法違反とまではいえないという考え方が一般的です。

## 育成制度

2005年から、育成選手制度が新設されました。プロ野球の球団の支配下選手は70名に限定されていますが、支配下選手70名の枠外の選手として、ドラフト会議の第二次選択により育成選手を獲得することができる制度です。

育成選手の制度の主な内容は次のとおりです。

①　契約の際の支度金の標準額は300万円、最低参稼報酬は年額240万円。

② 二軍試合、フレッシュオールスター、ファーム日本選手権試合、非公式試合に出場し、練習に参加できる。
③ 二軍試合に出場することができるのは、１球団１試合５名以内。
④ ユニフォームの背番号は３桁の番号を使用する。
⑤ 日本国内の独立プロ野球リーグの球団に一定期間派遣できる。
⑥ 単独または複数球団の育成選手からなるチームを結成し、クラブチームとして日本野球連盟に加盟することができる。
⑦ 在籍期間中に、70名の枠内で、支配下選手として選手契約を結成することができる。
⑧ 育成選手として３シーズン在籍した者が、翌年度の支配下選手として選手契約を締結されない場合には、11月末日をもって自動的に自由契約選手となる。
⑨ 育成期間中または保留期間中（ただし７月末日まで）に他球団に譲渡することができる。

育成選手の詳細については、「日本プロ野球育成選手に関する規約」（日本プロ野球選手会公式ウェブサイト）を参照してください。

（仲元　紹）

# Q44 プロ野球選手の移籍制度

プロ野球で有名選手が移籍するとよくニュースになりますが、そもそも選手が自分の意思で自由に移籍することはできないのですか。また、移籍の際によく出てくるフリーエージェント（FA）制度やポスティング制度の内容について教えてください。

A

## 現在の日本のプロ野球の状況

現在の日本のプロ野球選手は、所属球団から自由契約選手とされない限り、「保留制度」により、フリーエージェント（FA）権取得まで、選手の意思で自由に移籍することができない状況です。

## 保留制度

保留制度とは、選手の所属球団が、次年度において70名の選手につき、次年度の選手契約締結の権利をもつ制度です（日本プロフェッショナル野球協約66条）。契約保留選手は、外国のいかなるプロフェッショナル野球組織の球団をも含め、他の球団と選手契約に関する交渉を行い、または他の球団のために試合、合同練習等、すべての野球活動をすることは禁止されます（同協約68条）。

この制度により、契約保留選手は自由に移籍することができません。

## トレード

所属球団から別の球団に移籍する制度として選手契約の譲渡（トレード）がありますが、トレードは所属球団が移籍先を決定することができ、選手が自ら希望する球団に移籍することを要求する権利はありません。

逆に、所属球団からトレードを言い渡された場合には、選手は承諾しなければならない契約内容となっています（統一契約書21条）。

## FA 制度

FAとは、一定期間の稼働という条件を満たし、他の球団と自由に選手契約を締結できる選手を意味します。1993年から導入され、現在は国内のプロ野球の球団と自由に選手契約を締結する「国内 FA」（出場選手登録が145日以上のシーズンを８シーズン）と国内のみならず MLB などの海外の球団とも選手契約を自由に締結できる「海外 FA」（９シーズン）があります（FA 規約２条）。

FA 資格選手となって、ようやく自由な移籍が可能となります。

## ポスティング制度

ポスティング制度とは、海外 FA 資格取得前の選手につき、所属球団の合意を前提に、その選手の獲得を求める MLB の球団が入札を行い、一定の移籍金を提示した球団との契約交渉を選手所属球団が容認するという制度です。一般社団法人日本野球機構と MLB との間の「日米間選手契約に関する協定」により定められています。

選手側には海外 FA 資格取得以前に MLB に挑戦できるというメリットがあり、所属球団には、海外 FA の場合は何ら補償がありませんが、ポスティングの場合には移籍金を MLB の球団から受け取ることができるというメリットがあります。もっとも、入札した球団との交渉に限られるという点で、選手側の自由に移籍先を選ぶ権利は制限されていますし、入札した球団と合意できなければ MLB 自体に移籍できない場合もあります。

## 法律上の問題点

保留制度は、事業者であるプロ野球球団が、他のプロ野球球団と共同して、保留期間中の選手と球団との自由な交渉という事業活動を拘束することにより、競争を実質的に制限しているとして、独占禁止法などの法律に違反する疑いがあるなどの指摘もあります。しかし、保留制度が存在しないと、資金力のある少数の球団のみが有力選手を多数抱え込むことによって、戦力の不均衡が生じ、実力伯仲のチーム同士によるペナントレースの娯楽性が失われることを防ぐという、プロ野球の正当な目的を達成できないおそれがあること、選手側としても特定の球団にいわば飼い殺しの状態となって出場機会が得られなくなる可能性があること、上記のように限定的ながらトレード、FA、ポスティング制度などにより移籍の自由も確保されていることなどから、法律違反とまではいえないという考え方が一般的です。

（仲元　紹）

## Q45 サッカー選手の海外移籍

日本人サッカー選手が、欧州のトップリーグへ移籍し活躍することが増えてきましたが、国際的な移籍についてのルールはどのようになっているのでしょうか。

A

### ボスマン判決

サッカー界の国際移籍制度は、1995年のいわゆるボスマン判決以降、大きく変容しました。ボスマン判決とは、それまで選手がクラブを移籍する際に移籍元クラブが移籍先クラブに対して求めてきた金銭補償（移籍金）と、各クラブにおいて外国人選手の出場人数を制限してきた外国人制限枠が、それぞれ、欧州連合（EU）加盟国間の労働者の自由移動を保障するローマ条約48条に違反すると欧州裁判所が判断したものです。欧州裁判所は、1995年12月15日に次のように判示しました。

① 移籍金制度は、EU 加盟国間の選手の移籍を制限する効力をもたらすものであり、ローマ条約48条において禁じられる労働の自由移動に対する障壁にあたる。

② 外国人制限枠（その国以外の国籍をもつ選手の出場人数を制限するもの）は、他の EU 加盟国の国籍をもつ者の自由移動を制限するものであり、ローマ条約48条により禁止される。

これによってクラブが、移籍金をあてにして選手を放出するというこれまでの慣例が音を立てて崩れ去り、また欧州圏でサッカー選手の国際移籍が一気に加速したのでした。

### FIFA の国際移籍規定と近年の動向

ボスマン判決は、契約終了後は EU 加盟国内において自由に働く場所を選択できるというローマ条約に基づく労働者の権利をプロサッカー選手に対しても認めたものです。したがって、国内の移籍や、EU 加盟国外の移籍制度については、判決の直接的な効果は及びません。しかし、EU 加盟国間の移籍のみが完全に自由になり、その他の移籍については従来どおりということになりますと、特にEU圏内においては、他の加盟国への移籍のみが活発化し、自国の有望選手がとめどなく流出することになります。クラブが選手と複数年契約を締結する以外にブレーキをかける方法がないからです。そのような事態に備えて、サッカーの国際機関である国際サッカー連盟（FIFA）は統一的な移籍制度の模索を余儀なくされたのでした。FIFAが定める国際移籍制度の概要は次のとおりです。

①　18歳未満の選手については原則として海外移籍を禁止する。ただし、選手の家族がサッカーに関係しない理由により海外へ転居した場合にはこの限りではない。

②　18歳以上23歳以下の選手の移籍に際しては、移籍先クラブは移籍元クラブに対して選手育成に対する補償金（training compensation）を支払う義務を負う。

③　一定の保護期間（満28歳未満の選手は契約締結後３年間、28歳以上の選手は２年間）を経過した後であれば、選手は一方的に契約を解除できる。ただし、契約解除の違約金として補償金を支払う義務を負う。

④　若年選手の育成にかかわったクラブへの補償金分配制度（Solidarity contribution）がある。プロ選手が契約期間中に移籍した場合に発生する補償金のうち５％については、12歳から23歳までにプレーしたクラブにその登録年数に応じて分配される。

⑤　選手権大会の秩序を維持し、適切な機能を確保するために移籍期間を設置する。これ以外に移籍することはできない。

⑥　選手契約の期間は１年以上、５年以下とする。

こうした変更を受けて、各クラブは、有力選手との間に、長期契約を締結し、選手が移籍をする場合は、契約解除に基づく補償金を求めるようになりました。ただし、こうした契約解除での補償額をめぐって争われたウェブスター事件で、スポーツ仲裁裁判所（CAS）が、残りの契約期間に支払われることになっていた年俸額が相当であると判断しました。この判断はボスマン判決の再来として物議をかもしました。というのは、長期契約に合意した選手であっても、残りの契約年数の報酬額を移籍金として支払えば自由に契約解除して移籍ができることになり、かつてのボスマン判決と同様に、選手の移籍の自由を拡大し、クラブに対する選手の交渉力を向上させることになったからです。

その後、ウェブスター事件と同様に、契約解除を伴う移籍の補償額をめぐって争われた2009年のマッツザレム事件で、CAS はウェブスター判決とは異なる判断を下しました。CAS は選手側の一方的解除については、あらゆる状況を考慮して損害額を決定すべきであるとしたうえで、マッツザレム選手がキャプテンであったこと、クラブから嘱望されていた点を考慮して、ウェブスター判決との比較において多額の補償金の支払いを命じました。さらに、2011年のデ・サンクティス事件で CAS はマッツザレム事件と同様に契約解除のケースではクラブ側に発生した損害に対する補償が必要であり、この額についてはケースバイケースで判断されるべきである点を強調しました。

（川井圭司）

## コラム ■スポーツと法律

訴訟と常に隣り合わせの米国での生活を合計20年以上過ごしてきた私にとって、法律を学ぶ重要性は大いに理解しているつもりです。笑ってしまうような理由で訴訟を起こした人のニュースも頻繁に流れますが、当事者になってしまえば笑いごとではなくなるでしょう。

幸運にも当事者になったことはありませんが、メジャーリーグの世界で通訳として仕事をさせていただき、法律を理解する重要性について現場を通して数多く見てきました。契約がすべてといっても過言ではない米国のスポーツ界の経営陣は、最近ではチームのゼネラルマネージャー（GM）や最高責任者も競技の経験ではなく、弁護士資格や学位で評価されるようになりました。現在、全米四大スポーツのコミッショナーのうち3人はロースクールを卒業しています。さらには当時史上最年少の28歳でGMとなり、現在シカゴ・カブスを舵取るセオ・エプスタイン氏もロースクールを卒業し、法務博士の学位を取得しています。エプスタイン氏をサンディエゴ・パドレスで正社員として最初に雇ったラリー・ルキーノ氏も元は弁護士事務所に所属していました。そして今や、多くが弁護士資格をもつスポーツ・エージェント（代理人）もスポーツ界にとっては欠かせない存在となりました。もちろん、たとえば通訳として雇用される際にも契約書は必ずあり、何ページにもわたってさまざまな状況が起こった場合について細かく記載されています。日本のスポーツ界では少しずつ代理人制度や、弁護士がスポーツと密にかかわる場面が増えてきているものの、いまだ十分とはいえず弁護士が活躍する可能性は大いに広がっています。一般的なものとは違った特例の契約が多いスポーツ界が今後発展していくためには、スポーツ関係者も本書などでスポーツにかかわる法律について勉強することは必要になってくるのではないでしょうか。

法律を知っているのと知らないのとでは世界の広がりや物事の理解度が大きく変わってくるでしょう。特にスポーツはグローバルな世界で繰り広げられるビジネスやイベントが多いため、場合や状況に応じた規則やルールに配慮していく必要があります。日本の法律が世界に通じるわけではありません。米国では各州で法律が違い、何か起きた後で「知らなかった」では済まされないのです。知らなくて痛い目に遭うのではなく、法律を少しでも知ることで世界を広げていくことをめざしていきましょう。

**新川　諒**（スポーツライター）

# Q46 スポーツ選手とプロ契約

私はプロのラグビー選手で、所属チームと１年ごとに契約更新をしています。今年も契約更新をすると口頭で合意したのですが、その直後にやはり契約はしないと通知を受けました。チームに対し何か法的な措置をとることはできるでしょうか。

A

## 口頭での合意の意味

法律上、契約書などの文書の作成は契約成立に必要不可欠なものとされていないので、契約の主要部分について合意に至れば口頭の合意のみでも契約の成立を認めることは、理論上、可能です。プロスポーツ選手の契約であれば、活動の内容、契約期間、報酬の決定方法は契約の主要部分といえるでしょう。

ただ、口頭での合意は証拠が残らないので、「言った」、「言わない」の水掛け論に陥りがちですし、具体的にどの程度まで合意に至れば契約の主要部分と合意したと判断できるかは難しい問題ですから、契約書が作成されていない場合、口頭での合意のみに基づいて契約の成立を主張することは困難です。

ただし、契約交渉が相当程度進展し、あとは契約書締結を残すのみ、という段階になって、チーム側からやはり契約はしないと告げられた場合、選手側は、チーム側が契約交渉中の当事者が従うべき信義則（民法２条１項）に違反したとして、チーム側の行為によって被った損害の賠償を求めることが可能です。

## 三木選手事件

プロラグビー選手として活動している三木亮平選手が、当時所属していたチームとの間で年俸や契約期間といった主要部分について口頭で合意に至り、休暇終了後に契約書を作成するつもりで休暇をとったところ、チーム側から突然来季の契約を締結しないとの通告を受けたため、その後、別のチームと安い年俸で契約せざるを得なくなったとして、元所属チームに対して損害賠償を求め、認められたという事案があります（名古屋高裁平成23年３月30日判決・判例集未登載）。

この判決は、「既に基本的事項については合意に至っており、あとは細部の点を確定させた上で、正式に契約を締結できるまでの段階に達していたということができる。そして、この段階において、控訴人（筆者注・三木選手）は被控訴人（筆者注・チーム）との間で平成20年度契約が成立するとの強い合理的期待を有していた」としたうえで、このような状況下で契約を締結しないと通告する行為は、「契約締結段階の当事者間に求められる信義則に著しく違反した行為であるといわざるを得ず、不法行為に該当する」として、チームと当初合意していた年俸額と後に契約を締結したチームと合意した年俸額の差額相当分の損害賠償を命じました。

## Ⅹ ルールづくりの必要性

### ⑴　他のプロスポーツにおける現状

三木選手の事件が発生した背景には、プロラグビー選手の契約においては、契約条件の提示方法や、契約更新のための交渉期間および契約を更新しないことを告知すべき時期について制限がなかったことがあります。

この点、プロサッカーやプロ野球においてはこれらの点についてルールが設けられています。

公益財団法人日本サッカー協会（JFA）の「プロサッカー選手の契約、登録及び移籍に関する規則」においては、１月１日から同月31日までに契約期間が満了する契約を締結している場合はリーグ戦が終了した日の翌日から５日後まで、それ以外の日を期間満了日とする契約を締結している場合には契約期間満了の２週間前までに、クラブ側は新たな契約を締結する意思があるかどうかを選手に通知し、契約を締結する意思がある場合はその条件をあわせて提示しなければならず、かつ、この期間内に契約を締結しなければならないこととされています。また、クラブと選手との間に契約の解釈や履行に関して紛争が生じたときは、Ｊリーグチェアマンの決定を求めることができ、チェアマンは諮問機関である裁定委員会の裁定案を踏まえて決定を行います（Ｊリーグ規約137条～140条）。

また、プロ野球においては、「日本プロフェッショナル野球協約」において、球団は毎年11月30日以前にコミッショナーへその年度の支配下選手のうち次年度契約締結の権利を保留する選手の名簿を提出することとされています。支配下選手が契約保留選手名簿に記載されないときはその選手契約は無条件解除されたものとみなされ、コミッショナーが12月２日に自由契約選手として公示することになっており、公示の後はいずれの球団とも自由に選手契約を締結することができます。そして、選手と球団との間で締結される統一契約書には、球団と選手はその間における紛争の最終処理をコミッショナーに一任することを承諾するという規定があります。

⑵　三木選手事件における問題点

プロラグビー界においてはこのような所属チームとの契約締結期限に関するルールが明確に定められていなかったため、休暇中に一方的にチームから契約を締結しない旨を通告された三木選手は、すでに各チームの構想が固まった時期以降に新たに契約するチームを探さなければならない不利益を被ることになったのです。仮に契約締結期限が統一されていれば、チーム、選手の双方において期限までに契約書を作成しなければならないという認識を共有することができ、このような紛争は回避できた可能性が高いと思われます。また、契約の成否に関する紛争を早期に解決するしくみもなかったため、元の所属チームに対しては損害賠償を求める訴訟を提起せざるを得ず、勝訴判決を得るまでに約３年もの月日を費やすことになりました。

ラグビーワールドカップ2015ではラグビー日本代表が強豪南アフリカ代表を破る活躍をし、2019年にはワールドカップが開催されるなど、日本ラグビー界が盛り上がりをみせる中、さらなる競技の振興を図るためにも、契約に関するルールがきちんと整備される必要があります。また、ラグビーに限らず、あらゆるスポーツにおいて、フェアな契約締結交渉ができるようなルール整備がされ、選手の正当な権利が守られることが、ひいては競技の発展につながるものと考えます。

（冨田陽子）

## Q47 セカンドキャリア問題

プロスポーツ選手は比較的若くして引退する選手が多いと思うのですが、引退後の生活は保障されているのでしょうか。

### セカンドキャリア問題とは

「セカンドキャリア」とは、一般に、第二の職業を意味する言葉です。スポーツ界では特に、プロスポーツ選手がその競技を引退した後の、第二の人生における職業を指します。

プロスポーツ選手は、現役時代、通常の会社員などに比べて、一般的には相当に高額の報酬を得ています。たとえば、プロ野球選手の平均年俸は約3700万円、ＪリーグＪ１の選手の平均年俸も約2000万円となっています。

しかし、その一方で、平均引退年齢は、プロ野球では約30歳（育成選手を含めるとさらに低くなります）、Ｊリーグでも約26歳であり、かなり若い段階で、第二の人生を考えなければならなくなります。高額の報酬を得ていた人が、ある日突然無収入となり、新たな仕事を自らみつけてこなければならない状態に陥るのです。しかも、プロになれるほどその競技に打ち込み、その競技に第一の人生を捧げてきたのですから、他の社会経験が豊富な選手は多くありません。

このような事情から、元プロスポーツ選手の中には、自らの望むやりがいのある職業に就けていない人もいます。プロスポーツ選手としての第一の人生よりも、引退後の第二の人生のほうがはるかに長いのですから、セカンドキャリアをどう形成していくかは、重要な問題です。

### セカンドキャリア形成の支援

本来、引退後の第二の人生は、選手それぞれが自己責任で切り開くべきものともいえます。しかし、一方で、プロスポーツ団体は、同一ポジションに複数の選手が在籍するのが通常であり、そのうち優秀な成績を残す選手を優先的に起用していくことで、チームを強化し、利益を上げています。そこには必然的に、競争に敗れて引退を余儀なくされる選手の存在が予定されています。そうであれば、プロスポーツ団体としては、いわば利益追求の犠牲となって引退し、第二の人生を歩む選手に対して、できる限りの支援を行う責任があるといえます。

スポーツ基本法25条２項は、「国は、優秀なスポーツ選手及び指導者等が、生涯にわたりその有する能力を幅広く社会に生かすことができるよう、社会の各分野で活躍できる知識及び技能の習得に対する支援並びに活躍できる環境の整備の促進その他の必要な施策を講ずるものとする」と規定しています。これは国がセカンドキャリア形成を支援する責務を定めたものですが、プロスポーツ団体も同様に、積極的に選手のセカンドキャリア形成を支援してくべきであると考えられます。

## セカンドキャリアの実情

プロ野球では、引退した選手の半数以上が、野球解説者のほか、コーチ、球団職員、独立リーグ、社会人野球等、野球にかかわるセカンドキャリアを歩んでいます。また、一般企業に就職する選手も一定数いるようです。その一方で、一般社団法人日本野球機構の調査でも、約15％の選手の動向が「未定・不明」となっています。

プロ野球では、いわゆるプロアマ規定により、元プロ選手が学生野球の指導者になることは原則的に禁じられています。近年、この制限は緩和されつつありますが、さらに緩和されると、セカンドキャリア形成の一助となるように思われます。

サッカーの場合、プロリーグであるＪ１、Ｊ２、Ｊ３だけでなく、アマチュアの一般社団法人日本フットボールリーグ（JFL）、地域リーグ、都道府県リーグなど、下部リーグが整備されていますので、特にＪ１所属の選手が、下部リーグのチームに移籍することなく引退することはあまりありません。また、東南アジアなど、海外のサッカーリーグに活躍の場を求める選手も増えています。

サッカーでは、指導者資格が整備されていますので、現役中に指導者資格を取得し、下部リーグ等を経て選手を引退した後は、サッカー指導者になる人も多いようです。

## セカンドキャリア支援の実例

プロ野球選手会では、2014年、プロ野球引退から５年以内かつ引退後の転職回数が２回以内の元選手を対象に、転職情報サイト運営業者と提携し、元プロ野球選手に絞った求人情報を発信する取組みを始めました。また、キャリア研修会を開催して、選手自身が、現役中から、引退後の生活を見据えるきっかけづくりをしています。

Ｊリーグでは、2002年にキャリアサポートセンターを設立し、セカンドキャリアの支援に取り組んでいましたが、2013年に廃止されてしまいました。一方、Ｊリーグ選手会は、2012年、民間業者と提携して、引退した選手をその会社で雇用してもらう取組みを始めました。

二つのリーグが統合され、2016年から始まったバスケットボールのＢリーグでは、これからセカンドキャリア支援がなされていくものと思われますが、チーム独自に支援を行っているところもあります。たとえば、選手自らＴシャツ販売の企画・立案、売込みをさせることで、ビジネス感覚を養うといった工夫をしているチームもあります。

また、女子プロ野球では、リーグが費用を負担して、選手全員が柔道整復師の資格取得のため専門学校に通うこととなっています。実際に柔道整復師国家試験に合格する選手も出ており、セカンドキャリア支援の新たな取組みとして注目されます。

## 最後に

悲しいことに、セカンドキャリアをうまく形成できず、犯罪に走ってしまう元プロ選手も見受けられます。元プロ選手である以上、知名度があるため、逮捕されるなどすると大きく報道されてしまいます。

そのようなことはスポーツの価値を損なうものですし、「プロ選手になっても引退後の生活は厳しい」と若い人々が思ってしまうことは、プロスポーツの発展の障害となります。

このようなことが起こらないよう、今後さらにセカンドキャリア支援の体制を拡充していくことが求められます。

（岡本大典）

# Q48 スポーツ選手と税金

スポーツ選手は年俸1億円を超えることも珍しくなく、税金も高そうなイメージがあります。スポーツ選手に関する税金のしくみはどのようになっているのですか。

## A

### 租税法律主義

国を運営していくには、財源が必要です。国民は、法律の定めるところにより納税の義務を負い（納税の義務。憲法30条）、新たに租税を課し、または、現行の租税を変更するには、法律または法律の定める条件によることを必要とする（租税法律主義。憲法84条）、と定められています。

### 税金の種類

#### (1) 所得税

まず、個人の取得に対しては所得税法による所得税が課されることになります。

##### (A) 所得区分

所得税法では、収入形態により、所得を、①利子所得、②配当所得、③不動産所得、④事業所得、⑤給与所得、⑥退職所得、⑦山林所得、⑧譲渡所得、⑨一時所得、⑩雑所得の10種類に区分しており、たとえば、利子所得は収入金額が利子所得の金額、給与所得は収入金額から年収に応じ65万円から最高220万円を控除した残額、というように、それぞれの所得区分に応じ所得の金額の算定方法が定められています。

プロスポーツ選手の活動は事業行為となり、選手は事業行為を行っている主体ですので、個人事業主となり、年俸は事業所得の収入金額となります。

##### (B) 事業所得の金額

事業所得の金額はその年中の事業収入に係る総収入金額から必要経費を控除した金額です（所得税法27条2項）。

##### (C) 総収入金額

プロスポーツ選手が受ける年俸は事業所得の収入金額となります。収入金額はその年に実際に受け取った金額だけではなく、まだ受け取っていないがその年に受け取るべきことが確定した金額（たとえば、インセンティブの報酬等）の合計金額です（権利確定主義）。逆に、すでに受け取っていても翌年以後の収入に属する金額があれば、その金額を控除した金額がその年の総収入金額です。

**(D)　必要経費**

必要経費とは、プロスポーツ選手としての収入を得るために直接に要した費用と、プロスポーツ選手としての活動のために生じた費用を指します（所得税法37条１項）。具体的には、次のようなものがあげられます。

① 体力およびパフォーマンス維持向上のための、トレーナー・管理栄養士その他専門家に対する相談およびその指示・指導・処置等を受ける費用
② 自宅でのトレーニングに使用しているトレーニング機器等の減価償費、トレーニング専用に使用している部屋がある場合は建物のその部分の減価償却費
③ 自宅以外でトレーニングを行うために要する移動費や宿泊費
④ 技術の研究のための図書やビデオの購入費、パフォーマンスを研究するため特別に自己中心にビデオの編集作成等をしてもらう費用
⑤ 試合場や練習場またファン交歓会等へ行くための交通費、車を利用する場合はガソリン代、通行料、車の減価償却費
⑥ チームメートや球団関係者への冠婚葬祭等の費用で社会通念上妥当な額
⑦ チームの作戦会議等チームメートとのミーチング費用
⑧ 契約更改・移転交渉等、プロスポーツ選手であることに関する件につき要する弁護士費用、確定申告等税務に関する税理士費用等

**(E)　帳簿作成義務**

プロスポーツ選手（個人事業者）は、収入と必要経費に関し、日付・相手先の氏名等・金額を記載した簡単な帳簿を作成し、保存する必要があります（所得税法232条）。請求書・領収書等の保存も必要です。

**(F)　所得税の計算方法**

プロスポーツ選手もサラリーマンも税額計算は全く同じで、他に所得があればそれらを合計した金額から各種所得控除（社会保険控除・扶養控除・基礎控除等）を控除した額が課税される所得金額です。課税される所得金額のうち195

万円までの部分についての５％から4000万円超の部分については45％の７段階の超過累進税率で課税されます。加えて、2037年分までは、上記で求めた所得税額の2.1％の復興特別所得税が東日本大震災復興支援の財源のため課されます。

#### (G)　納期限

所得税（復興特別所得税を含む）については翌年２月16日から３月15日までの期間内に住所地の所轄税務署に所得税確定申告書を提出し、その所得税額は３月15日までに納税しなければなりません。

### (2)　消費税等

プロスポーツ選手の年俸はその活動（サービスの提供）の対価であり消費税の課税取引となりますから、プロスポーツ選手は消費税等の納税義務者となります。2017年12月末日現在、税率は８％となっていますが、その内訳は、消費税（国税）6.3％＋地方消費税1.7％です。

納税すべき消費税等の額は、受け取った年俸に含まれている消費税等の額から支払った必要経費に含まれている消費税等の額を控除した金額です。

消費税等は翌年３月31日までに消費税等確定申告書を所轄税務署に提出し納税しなければなりません。

### (3)　事業税

個人事業主は事業税の納税義務がありますが、プロスポーツ選手は事業所を設けて活動していませんので、事業税の課税要件には該当せず事業税の納税義務はありません（地方税法72条の２）。

### (4)　住民税

個人道府県民税（都民税を含む）は課税所得金額の４％と均等割1,500円、個人市町村民税（特別区民税を含む）は課税所得金額の６％と均等割額3,500円が課されます。

所得税の確定申告書を提出することにより住民税の申告をする必要はありません。住所地の市町村から住民税の課税通知書および年間４回で分納する納付書がきますので、それで納付します。

## プレイヤーとしての評価

１億円を超える年俸のプロスポーツ選手の場合は、課税所得が4000万円を超えると推定されます。前年の活動が評価され年俸が２倍の２億円に増加しても必要経費はほぼ変わらないと思われますので、課税所得の増加分に対し、所得税45％、復興特別所得税が所得税額の2.1％、住民税10％で合計55.94％の税率が適用され、実際の手取りの増加は半分以下の約44％という結果となりますが、プレイヤーとしてのパフォーマンスに対する評価・賞賛であり、「２億円プレイヤー」という称号に価値があるように思えます。

（古座成彦）

## コラム ■東南アジアでのセカンドキャリア

2011年11月に、タイでの現役生活を終え、セカンドキャリアをどう歩んでいくかについて考えた。

自身のＪリーグでの経験そしてタイ（アジア）での経験を活かし、自分がやるからこそ意味があること、そしてオリジナリティある取組みは何なのか。12年間ガンバ大阪でプレーさせてもらい、サッカーを通じて多くのことを学ばせてもらった。そして現役中もすばらしい環境でサッカーができる喜びを感じていた。また、タイでの経験で、アジアから見た日本サッカーという観点からも、あらためてアジアでの立ち位置そしてすばらしさを感じることができた。それと同時に、タイでプレーする中で、タイ人選手の彼らもＪリーグでプレーできる能力が備わっていることを知り、そのポテンシャルの高さに驚きを覚えた。

そしてたどり着いたのが「東南アジアからＪリーグ選手誕生」へ向けての活動である。2011年９月に「一般社団法人 Japan Dream Football Association」を設立し、継続した活動を現在まで行っている。

活動内容については大きく二つある。一つは現地の子どもたちを対象としたサッカー教室、そしてもう一つは現地有力選手のスカウティングである。サッカー教室では現地の子どもたちへの指導を通じ、まずＪリーグを知ってもらい、そして、夢や目標をもってもらうためのきっかけづくりを行っている。スカウティングでは有力選手をリストアップし、Ｊリーグクラブへの練習参加の打診等を行っている。２年前からは14歳以下の国際大会をタイ・バンコクで開催し、日本そして ASEAN 地域のチームが一堂に会しての強化・交流も行っている。そして ASEAN 地域のチームから優秀な選手を選出し、「J リーグクラブアカデミー」への短期留学をしてもらったりもしている。

取組みについては社会貢献性の高い活動として各方面から評価していただくとともに、現地進出の日系企業からの支援を得ている。それぞれ違った形のメリットを感じていただいているが、基本的には CSR（企業としての社会的責任）の部分で賛同いただき、継続した支援をいただいている。

これまでの活動を通じて最も感じていることは、「継続することの大切さ」である。どのような取組みも一過性では意味合いも薄く周りからの賛同も得にくいが、継続して活動を行うことで意味合いも大きくそして深くなる。実際、多くの方々との交流をもとに人的ネットワークも広がり、少しずつではあるがビジネス要素も生まれつつある。

セカンドキャリアを歩み始めて 6 年が経とうとしているが、選手時代と同様、自分のやりたいことをやれている充実感や幸せを感じる日々である。また、やはり選手時代と同様、目に見える結果を残すために学び、そして前進していきたいと思っている。今後 J リーグで東南アジアの選手の需要が高まり、プレーする選手が増えてきたとき、木場のやっていることが実を結び始めたと感じてもらえると嬉しく思う。

**木場昌雄**（元ガンバ大阪
一般社団法人 Japan Dream Football Association 代表理事）

## Q49 放映権とは

オリンピックやFIFAワールドカップなどのビッグイベントにおいて、放映権が高騰していると聞きますが、そもそも放映権とは何ですか。また、これらの大会や日本のプロスポーツにおいて放映権はどのように取り扱われているのでしょうか。

A

### 放映権とは

放映権とは、テレビ等でニュース、ドラマ、スポーツ等の番組を放送する権利のことです。スポーツの大きな大会や試合は、これらをテレビ等で独占的に放映できる権利として、放映権が主催者と放送局との間で売買されます。オリンピックは国際オリンピック委員会（IOC）から、FIFAワールドカップは国際サッカー連盟（FIFA）から、テレビ局が放映権を購入します。

オリンピックやFIFAワールドカップの放映権料は、大会ごとに高騰の一途をたどっています。たとえば、日本のメディアが支払った金額は、1964年の東京オリンピックで1億8000万円だったのが、2004年のアテネオリンピックで170億5000万円、2018年の平昌オリンピックと2020年の東京オリンピックで合計660億円となっています。放映権料がこのように巨額となっていることもあり、日本では日本放送協会（NHK）と民放が組み、ジャパンコンソーシアム（JC）として放映権を落札しています。

### 放映権の法律上の根拠

次に、放映権の法律上の根拠についてですが、日本では、これを明文で定めた法律は存在しません。そこで、放映権は、①競技施設の所有者の施設管理権、または、②選手の肖像権に根拠があると説明されることがあります。

①は、スポーツの競技施設の所有者は、誰に対しどの範囲で施設を利用させるのかという施設管理権を有しているところ、撮影した試合を、誰に対し、どのような方法で放送するのかということも施設管理権の一つであるとして放映権を説明するものです。

②は、撮影した試合の映像に必然的に映り込んでいる選手が所属チームに対

し、自己の肖像権を使用することを許諾し、所属チームが所属競技団体に対し、放送に関して選手の肖像権を使用することを許諾する、そしてさらに競技団体が放送事業者に対し肖像権の使用を許諾することで、放送事業者が放映権を得るという考え方です。

## オリンピックと放映権

放映権料が高騰する契機となったのは、1984年のロサンゼルスオリンピックでした。このオリンピックでは、テレビ局が五輪中継で得るであろう収入を調査したうえで放映権料の価格を再設定し入札を行った結果、破格の値段で入札されました。そしてその後もオリンピックの放映権料は高騰していきました。

IOC の収益の約半分は放映権収入です。アメリカはそれを支えている国の一つですが、アメリカで放映権を落札している NBC テレビは、莫大な放映権料を支払っていることを背景に、オリンピックの特定の競技の時間を変更してしまうこともありました。北京オリンピックでは、NBC テレビの要望で、アメリカの水泳選手であるマイケル・フェルプスの出場が予想される決勝種目の時間がアメリカ現地でゴールデンタイムに重なるよう変更されました。全世界の人が参加し、観戦するオリンピック競技の時間がアメリカのテレビ局の都合で決定されるのは、オリンピックの商業主義の弊害の一つであると揶揄されています。

## ユニバーサル・アクセス権

近年、欧州等を中心に、有料の CS 放送の放送局が特定のスポーツやリーグの独占放送権を獲得し、放送試合数を増加させ、有料放送の受信者を獲得するという手法が広く浸透しました。多くの試合を見ることができるためファンの要望は満たされますが、他方、これまで無料だったスポーツの視聴が有料化されるという事態が起こり始めました。

そこで、無料視聴の権利が議論されるようになりました。イギリスでは、公共的な番組なら無料で誰でも見ることができる「ユニバーサル・アクセス権」が法律で定められました。お金を支払った視聴者しか人気の高いスポーツを見ることができなくなるという事態を法律で規制したのです。

日本ではユニバーサル・アクセス権は法律では定められていません。もっとも、スポーツ基本法にはスポーツ権が明記されており、また、2010年に文部科学省が公表した「スポーツ立国戦略　基本的な考え方」ではスポーツを「する人」だけでなく「観る人」も重視するとうたわれています。ユニバーサル・アクセス権は、国民の「スポーツを観る権利」を保護し、広くスポーツ振興を図るうえで、検討が必要とされています。

## 日本のプロ野球、Ｊリーグにおける放映権

日本のプロ野球では、各試合の主催チームが放映権を有しています。各チームは放送局と個別に交渉を行い、放映権収入を得ます。従前、セントラルリーグの球団は、高視聴率が期待できる巨人戦の放映権で多額の収入を得ていました。ところが、2000年頃から巨人戦の視聴率が下がり始めたため、テレビ局が球団に支払う放映権料も下がり、また、巨人戦の地上波での放送試合数は大幅に減少しました。このような経緯もあってプロ野球の放映権ビジネスをめぐる状況は近年変化しています。最近では試合のインターネット配信等新たな取組みを行う球団も増えてきています。

他方、サッカーでは、Ｊリーグが放映権を一括管理しています。2016年、Ｊリーグは、イギリスの動画配信大手と、翌2017年以降10年間の放映権について、放映権料総額2000億円超で契約を締結しました。これは従前の放映権料の約７倍といわれており、破格の契約です。これにより、インターネット上で全試合が生放送されています。

## 放映権ビジネスの今後

スマートフォンやタブレット等の普及により、スポーツの試合のインターネット配信が当たり前の時代になり、視聴者の視聴スタイルは大きく変化しています。これ伴い放映権ビジネスも大きな転換期を迎えており、今後も日々刻々と変化していくと思われます。

**【参考文献】**

平田竹男著『スポーツビジネス　最強の教科書』（東洋経済新報社、2014年）

（山田尚史）

## Q50 スポーツの試合の動画配信、パブリックビューイングの設置

スポーツの試合をインターネットで動画配信する場合、法律上の問題はありますか。また、私はスポーツバーを営んでおり、サッカーのワールドカップの際、お店の中に大型スクリーンを設置し、お客さんを集めようと思うのですが、法律上問題はあるでしょうか。

A

### 前段の質問（スポーツの試合の動画配信）

近年、スポーツの試合のインターネット配信が盛んになっています。日本国内の放映権ビジネスは、収益面において、いずれインターネットがテレビを上回るともいわれており、スポーツの試合とインターネット配信はもはや切り離せないものとなっています。では、個人がスポーツの試合をインターネット上で配信することは法律上問題ないのでしょうか。自ら試合会場で撮影した映像を動画配信する場合と、テレビ中継で放映された試合の映像を動画配信する場合とに分けて考えてみます。

### 自ら撮影した映像を動画配信する場合

まず、著作権法との関係についてみてみましょう。著作権法では、「著作物並びに実演……に関し著作者の権利」が定められています（1条。下線は筆者）。著作物とは「思想又は感情を創作的に表現したもの……をいう」と定義されています（同法2条1号）が、スポーツの試合は思想を表現したものでも感情を表現したものでもありません。また、実演とは、「著作物を……演ずること」と定義されていますが（同法2条3号）、スポーツの試合が著作物に該当しない以上、実演にも該当しません。よって、スポーツの試合を動画配信することは、著作権法上問題はありません。

もっとも、プロリーグなどでは、リーグが試合のインターネット配信を禁止していることがあります。たとえば、Ｊリーグでは、試合運営管理規程５条で、施設入場者が「大会の音声、映像の全部または一部をインターネットその他メディアを通じて配信すること」は原則禁止されており、観客が試合をスマート

フォン等で撮影して動画サイトに投稿すると、これに違反することになります。

## テレビ中継で放映された試合の映像を動画配信する場合

テレビ中継で放映された試合の映像を動画配信する場合、その映像が著作権法で保護される「映画の著作物」（同法10条１項７号）に該当するか否かが問題となりますが、該当すると解されます。同法２条３項では「映画の著作物」について、①映画の効果に類似する視覚的または視聴覚的効果を生じさせる方法で表現され、かつ、②物に固定されている、③著作物を含むと規定されており、いわゆる劇場用映画でなくとも「映画の著作物」に該当し得ます。そして、この条文に照らすと、試合の映像は①視覚的効果を生み、②デジタルデータ等に記録（固定）され、③カメラワークや編集等により独自の創意が施されている（著作物に該当）ことから、「映画の著作物」に該当するのです。

したがって、テレビ中継で放映された試合の映像については、中継を行ったテレビ局等の放送事業者が著作権を有することとなります。そして、無断で中継の映像を動画配信することは、放送事業者の著作権を侵害することとなります。

## 後段の質問（パブリックビューイング）

### (1)　パブリックビューイング設置に関する規制

次に後段のご質問についてですが、近年、サッカーのFIFAワールドカップなどでは、日本代表の試合の際、パブリックビューイング（街頭や競技場の大型スクリーンでスポーツ競技等を中継すること）が設置されたスポーツバーなどに人が集まり、皆で観戦、応援するという光景が定着しました。このパブリックビューイングの設置について、法律の規制はどうなっているのでしょうか。

規制内容は、使用する放送機器によって変わってきます。

まず、①一般家庭にあるのと同じような大きさ、機能のテレビを設置して試合を人に見せることは、営利非営利を問わず、法律上問題ありません。著作権法38条３項後段において、通常の家庭用受信装置を用いる場合は、営利非営利を問わず、放送または有線放送される著作物を公に上映することができると定められているからです。たとえば、定食屋において、一般家庭用のテレビを設置し、試合を客に視聴させるような場合はこれに該当します。

次に、②音声の増幅機能を有するような機器等、家庭用のテレビとは異なる機器などを用いて視聴させる場合は、非営利の場合に限り認められます。公民館などでそのような機器を用いて無料で観戦会を行うことなどはこれに該当するでしょう。これは、著作権法38条3項前段において、放送または有線放送される著作物を受信装置を用いて公に上映することは、営利を目的としない場合には認められると規定されているからです。

他方、③大型ビデオプロジェクターなどを用いる場合は、無断で公に試合を上映することは認められません。これは、著作権法100条において、「影像を拡大する特別の装置を用いてその有線放送を公に伝達する権利」は、テレビ局等の放送事業者が専有すると定められているからです。テレビ放送が本来予定している利用の範囲を超えて、大型テレビジョン受信機などを用いて公衆に視聴させることのできる権利は、放送事業者のみが有すると定められているのです。

### ⑵　ご質問の場合

大型のパブリックビューイングを設置することは③に該当すると考えられますので、これを無断で行うと著作権法100条違反となります。設置する場合は、大会の運営規約等を確認し、必要な手続を踏みましょう。

なお、FIFA ワールドカップについては、パブリックビューイングを設置する場合、国際サッカー連盟（FIFA）に対し事前申請を行うことが必要となっています。過去の大会では、株式会社電通の関連会社が FIFA に対する申請の窓口となっていました。ちなみに、申請を行わずパブリックビューイングを実施した日本のホテルが、FIFA から中止要請を受け、次の試合で予定していたパブリックビューイングを中止したという例もあるようです。

**【参考文献】**

田島正広ほか編『インターネット新時代の法律問題 Q&A』（日本加除出版、2012年）

作花文雄『詳解著作権法〔第４版〕』（ぎょうせい、2010年）

國安耕太「スポーツ中継映像にまつわる著作権法の規律と放送権」パテント67巻５号（2014年）

（山田尚史）

## Q51 スポンサー契約

スポーツの試合や大会を見ていると、選手のユニフォームなどに、企業の名前が入っているのを見かけますが、なぜでしょうか。選手と企業が何か契約を結んでいるのでしょうか。

A

### スポンサー契約の内容

ご質問の場合、選手が所属するチームまたは選手が企業とスポンサー契約を結んでいることが考えられます。スポンサー契約とは、企業がスポーツチーム、選手またはスポーツイベントなどに協賛し、そのために金銭や物品等を提供する契約です。

スポンサー契約を結ぶことにより、企業は、さまざまなメリットを得ることができます。具体的には、まず、選手のユニフォームやスタジアムなどに企業名や商品名を表示させることで、企業名や商品名を露出させるという広告としてのメリットがあります。ご質問のように、選手のユニフォームに企業名などが表示されているのは代表的なものですし、球場やスタジアムの看板広告もこれにあたります。球場やスタジアムの名前自体に企業名などを入れるネーミングライツも同様です。また、大会などのいわゆる冠スポンサーとして大会名自体に企業名を入れるケースもあります。

次に、企業がスポーツイベントや選手ないしチームを応援しているということを通じて販売促進活動に利用するということがあります。企業がテレビCMなどで、「私たちは○○のオフィシャルサポーターです」というようなものや、企業CMなどに選手達を出演させるような場合がこれにあたります。企業は、スポーツ選手などを応援しているということで、そのスポーツやスポーツ選手がもつイメージを利用し、企業のイメージ戦略などに利用することができますし、選手のもつ顧客吸引力を企業や商品宣伝に利用できるというメリットがあります。

さらに、企業がスポンサーとなることによって、そのチームが主催する大会のチケットやスタジアムにおけるVIP席などの特別な座席の確保、選手と交流できる権利などを得ることができるというホスピタリティ・メリットというものもスポンサーのメリットとされています。

## スポンサー契約の種類

スポンサー契約を行う場合、選手個人と契約する場合、チームないし競技団体等と契約する場合、または選手やチームをマネジメントする会社などと契約する場合もあります。

スポンサー契約に基づく協賛の方法として最も代表的な方法は金銭を拠出するものですが、用具や備品など物品やサービスを提供する方法（サプライヤー契約）などもあります。

スポンサー契約に基づいて広告を行う対象としては、大会それ自体の冠スポンサーとしてスポーツイベント自体のスポンサーとなるケース、球場やスタジアムへ広告を掲出するケース、ご質問のようにユニフォームなどへ企業名等を表示するケースなどがあり、その内容もさまざまです。

スポーツ選手やスポーツ団体としては、どのような企業とどのような内容のスポンサー契約を締結するのか、きちんと内容を把握して契約をする必要があります。

## スポンサー契約における注意点

スポンサー契約を行った場合、契約内容においていろいろな制限が入ることがありますので、協賛を受けたスポーツ選手やスポーツ団体はこれら契約上の制限に注意をする必要があります。ユニフォームなどに企業名を入れる契約であれば、これをきちんと表示する必要があることはもちろんですが、その場所や大きさ、表示する大会や回数などにも気をつける必要があります。また、カメラに写る場合には必ず企業名が写るようにしなければならないなどの制限がある場合もあります。スキージャンプでジャンプした後の選手がすぐにスキー板を脱いで立てて持っているのはそのためです。さらに、スポンサー契約は企業のイメージアップのためになされる場合が多いので、選手が不祥事を起こすなどスポンサー契約の目的に反するような行為を行った場合などには契約解除となる可能性があります。そして、すでにある企業がスポンサーとなっている場合に、競合する企業をスポンサーにしてはならないという制限もあります

（Q52参照）。

以上の反面、スポンサーとなる企業側にとっては、どれだけの露出効果があるのか、企業のイメージアップ効果があるのかなどスポンサーとなる目的からみて費用対効果に沿ったスポンサー契約の内容となっているかが重要となります。

サプライヤー契約においては、当然選手は提供された用具などを着用することが必要になります。この点、競泳において、スピード社のレーザーレーサーという水着を着用した選手が世界新記録を連発したということがあり、その際に日本代表選手は契約により日本製の水着しか着られないということが問題となりました。このときはスポンサーが譲歩してスピード社の水着を着ることを容認することになりましたが、契約では本来このようなことは認められませんので、どのような会社と契約を結ぶか、またどのような契約内容となっているのか（提供された用具の性能によっては変更が可能などかなど）がとても大切です。

**【参考文献】**

エンターテインメント・ロイヤーズネットワーク編『スポーツ法務の最前線』（民事法研究会、2015年）

**（堀田裕二）**

# Q52 アンブッシュ・マーケティング

私は商店街の一角で、個人でパン屋を営んでいます。スポーツが好きなので、オリンピックやサッカーのワールドカップが開催されるのにあわせて、毎回、日本代表応援キャンペーンと銘打って特売日を設けているのですが、何か問題はあるでしょうか。

A

## なぜ「日本代表応援キャンペーン」は問題なのか

オリンピックやFIFAワールドカップなどのスポーツイベントにとって、スポンサー料は大会運営のための大事な収入源となっています。ところが、スポンサーでない企業等が、スポーツイベントに便乗して、スポンサー料を支払わず、自社商品を宣伝広告できるとすると、スポンサーという地位の価値は低下し、主催者は十分なスポンサー料を確保できず、大会運営に重大な支障が出ることになります。そのため、こうした便乗商法は、アンブッシュ・マーケティングと呼ばれ、法解釈や立法等で規制する必要性が議論されています。では、今回の「日本代表応援キャンペーン」もアンブッシュ・マーケティングとして規制されるのでしょうか。

## アンブッシュ・マーケティングの類型

アンブッシュ・マーケティングは、次の４つの類型に整理されています。

① スポーツイベントのスポンサーである旨の虚偽の表示をする。

② スポーツイベント関連の標章と同一・類似のマークを使用する。

③ スポーツイベント関連の標章と同一・類似のマークは使用しないが、スポーツイベントと関連があるかのような表示をする。

④ スポーツイベント関連の標章と同一・類似のマークは使用しないが、スポーツイベント開催会場・競技場やその付近で、広告物の掲出や販売活動を行う。

オリンピックを例にすると、①は「当社はオリンピックスポンサーです」と虚偽の表示すること、②はオリンピックマークを使用することなどです。

③は、スポーツイベントとの関連性を表示する方法により、ⓐスポーツイベ

ントで行われる競技種目をテーマとした広告を行う、ⓑスポーツイベントに出場するチームと契約し、そのチームを広告に使用する、ⓒスポーツイベントに出場する有力選手と契約し、その選手を広告に使用する、などの態様に整理できます。また、ⓐ～ⓒ以外にも、NIKE 社がロンドンオリンピックで行った、「世界中に存在する『London』という名称の付いた場所や施設で人々がスポーツを行っている映像を CM 使用する」といった宣伝広告など類型③にあてはまる事例があります。

④の具体例としては、NIKE 社が FIFA ワールドカップフランス大会で行った、「パリ市内にサッカー関連の無料のアクティビティができる NIKE パークを設営し、サッカー関連グッズを販売する」といったことや、オランダのビール会社が FIFA 南アフリカワールドカップで行った、「ビール会社の名前が表記されたオレンジ色のドレスを着用した女性を観客として多数入場させる」といったことが挙げられます。

## アンブッシュ・マーケティングに対する現行法の規制の限界

アンブッシュ・マーケティングに対する現行法での規制としては、Ⓐ商品・サービスの提供者を誤認させる表示の規制（商標法、不正競争防止法２条１項１号・２号・17条、著作権法）と、Ⓑ商品サービスの品質・内容等を誤認させる表示の規制（不正競争防止法２条１項14号、景品表示法、独占禁止法）があります。

もっとも、Ⓐのうち、商標法や不正競争防止法２条１項１号・２号・17条の規制は、類似商標（マーク、エンブレムなど）が商標的に使用（自他商品識別機能や出所表示機能を有する態様での使用）された場合にのみ及び、商標を使用しない場合（類型③や類型④）に規制が及ばないことはもちろん、類型①や類型②であっても、たとえば「東京産定価2020円」といった産地表示などには規制が及ばない可能性があります。また、著作権法では、「祝・東京」といった短い文章は著作物にあたらず、規制は及びません。一方、Ⓑも、品質や内容に誤認を生じさせるおそれのある表示にのみ及び、「東京開催記念」という表示には規制が及ばないと考えられます。

このように、現行法では、登録商標等の効力が及ばない類似商標等の表示

（類型②）や、東京五輪を単に想起させるにすぎない表現（類型③。「祝・東京」、「2020円均一セール」など）、個別の利用許諾を得た選手の写真等の利用（類型③）、五輪会場周辺での商品等の販売・宣伝（類型④）には法的規制が及びません。ご質問の「日本代表応援キャンペーン」も現行法では規制を受けないと考えられます。

## アンブッシュ・マーケティングに対する諸外国の対応

諸外国では、オリンピックやFIFAワールドカップの開催にあわせて、アンブッシュ・マーケティングを規制するための特別立法を行った例が少なくありません。そこでは、規制の範囲を限定するため、一定期間だけ規制を有効とする時限立法によるものがある一方、類型③や類型④を規制するため、既存法による知的財産の保護範囲を超える規制や、場所的物理的な広告規制を含む傾向がみられます。

## 日本におけるアンブッシュ・マーケティング規制の課題

東京オリンピック・パラリンピック競技大会組織委員会や関係省庁は、現行法の規制のほかは、PR活動によるアンブッシュ・マーケティング対策を予定しているようで、2017年12月時点で積極的に立法化する動きはありません。しかし、現行法による規制のみではアンブッシュ・マーケティングの対策は十分ではなく、オリンピックの運営基盤となる公式スポンサーを保護する特別立法も効果的な手段といえます。

もっとも、特別立法には、公式スポンサー以外の者との不均衡、大多数の事業者の事業活動に萎縮効果を生じる可能性、規制の濫用のおそれなど問題点が多くあり、規制対象行為の線引き（規制対象を例示するかどうか）、差止め等の請求権者、刑罰適用の可否など、多くの課題をクリアする必要があります。

特に、多くの人がオリンピックムーブメントに参加し開催国や地域が盛り上がることこそ、オリンピックの成功であるという観点からは、ご質問のような商店街のパン屋など小規模個人商店が行う「日本代表応援キャンペーン」が規制対象となるような過剰規制には慎重であるべきでしょう。

（冨田英司）

# Q53 スポーツ系専門学校の授業

スポーツ系の専門学校に入学したのですが、入学してみると、授業内容はパンフレットでうたわれている内容と全く異なり、専門的な授業は全く行われておらず、運動施設や器具等も十分に整備されていません。私は誰にどのような責任を追及できるでしょうか。

## A

### 学校との契約関係

専門学校は、「職業若しくは実際生活に必要な能力を育成し、又は教養の向上を図ることを目的として」(学校教育法124条) 設置される学校教育法上の専修学校の一つであり、高等学校における教育を基礎としてさらに専門的な教育を行う課程をおいた学校をいいます。

生徒と学校の入学・在学関係も一種の契約関係であり、一般的に、生徒は入学金や授業料を納付し、学則等を遵守する義務を負います。他方、学校はその所定の教育目的のため、学則等を定め、校舎・設備等を整備したうえ、必要な講義・カリキュラムを編成し生徒に提供する義務を負うと考えられます。

そして、学校は入学の際の学校案内としてパンフレット等を発行・配布し、その中で授業内容や施設設備の内容等を掲載して入学者を勧誘する一方、生徒側はその学校案内に掲載されている内容どおりの授業等が行われると信頼して入学し、入学金・授業料等の学費を負担しているのですから、生徒と学校との間においては、学校案内に掲載されている内容どおりの授業等が行われることが契約の重要な内容(債務の本旨)になっているといえます。

もっとも、学校における教育内容、教育設備等の具体的な中身については、学校ないし教師の専門的判断に委ねられていると考えられていますから(トリマー養成学校の事例。神戸地裁平成5年3月29日判決・判タ841号173頁)、学校関係者の責任を考えるにあたっては、学校案内に掲載されている内容を基礎として、その専門学校の運営実態が専門学校としての教育目的等に照らして合理的な教育上の裁量の範囲を超えるものであるか否かで判断されることになります。

## 専門学校を運営する学校法人の責任

以上の観点から、ご質問の専門学校について検討しますと、授業内容はパンフレットでうたわれている内容と全く異なり、専門的な授業は全く行われておらず、運動施設や器具等も十分に整備されていないとのことですので、その具体的内容が専門的教育を行うべき水準を満たさず、かつ施設設備面でも高校の体育の授業や部活動の水準を超えるとは到底いえないようなものであれば、専門学校としての合理的な教育上の裁量の範囲を逸脱しているといえるでしょう。

したがって、ご質問の場合には、専門学校を運営する学校法人に対し、債務不履行責任（民法415条）を追及することができます。

ご質問に類似した野球専門学校の事例で、裁判所は、専門学校を運営する学校法人は学科授業、実技指導、施設・道具、学生寮の点において、学生らに対して負うべき債務をその本旨に従って履行していたものとは到底いえないとして、債務不履行責任を認めました（大阪地裁平成15年５月９日判決・判時1828号68頁）。なお、上記裁判例では、学校運営の実態およびその違法性にも着目して、学校法人に債務不履行責任とともに不法行為責任も認めています。

## 理事長個人の責任

学校法人に対する責任追及以外にも、学校法人の理事長個人に対して不法行為（民法709条）を追及することも考えられます。

前述の大阪地方裁判所の事例では、専門学校において、練習道具等を購入したりする際に逐一理事長の承認を得ることを必要とするなど、専門学校の学校運営を理事長が事実上牛耳っているという実態があったこと、および、学校案内に記載された内容とかけ離れた学校運営を行っていたことに対し、生徒の父母らが再三運営を改善するよう申し入れたにもかかわらず、これを無視し特段の措置を講じなかったことをとらえて、理事長個人も生徒に対し不法行為責任を負うと判示しました。

ご質問の事例においても、上記に匹敵するような事情があれば、専門学校を運営する学校法人の理事長個人に対して不法行為責任を追及することができると思われます。

## 授業料の返還と消費者契約法

ここまで生徒が学校法人や理事長に対し損害賠償責任を追及することについて述べてきましたが、このような杜撰な運営を行う専門学校を退学し（法的にみれば契約の解除になります）、学校法人に対し、すでに支払った授業料の返還を求めることも考えられます。

これに対し学校側は、学校と生徒との間には、いったん支払われた納付金は一切返還しないという、いわゆる「不返還特約条項」があることを理由として返還を拒否することが多いと思われます。

消費者契約法９条１号では、契約の解除により事業者に発生する「平均的な損害」を超える損害賠償を定める条項は無効とする旨定められているところ、上記のように学校側に主張された場合、この規定により無効であると主張することができないかが問題となります。

まず、そもそも学校と生徒（学生）との関係に消費者契約法の適用があるのかが問題となりますが、学校法人も法人である以上、消費者契約法２条２項の「事業者」なのですから、「消費者」である生徒との入学・在学関係の契約においても消費者契約法が適用されます（消費者契約法２条３項）。

次に、既払いの授業料が専門学校の「平均的な損害」といえるか否かですが、生徒の再募集が可能であったり、定員を超える人数を合格としている場合等、その生徒が退学したとしても専門学校に損害が生じない場合においては、授業料を返還しない旨を定める特約条項は「平均的な損害」を超えるものとして無効となる可能性があります。

したがって、この場合は、専門学校に対し、授業料の返還を求めることができるでしょう。裁判例でも、２年分の授業料を前納したが１年で退学した生徒の１年分の授業料の返還を認めたもの（大阪地裁平成16年11月18日判決・判例集未登載）があります。

（葛城　繁）

# Q54 フィットネスクラブの広告宣伝

フィットネスクラブを開設するにあたり、広告の文言をどのようにするか悩んでいます。「結果に満足できない場合は必ず返金します」という文言や、「期間限定キャンペーン」などの文言を使うことを検討しているのですが、注意すべき点があれば教えてください。

A

## ❶有利誤認表示

広告はビジネスにおいて重要な集客のツールですが、どんな広告・宣伝をしてもよいというわけではありません。端的にいえば、広告を見た人に誤解を与えるような広告の仕方は許されません。

景品表示法5条2号では、サービスの価格や取引条件などについて、広告上、実際の条件よりも顧客にとって有利であるかのように誤解させるような表示（「有利誤認表示」といいます）をすることは禁止されています。

ご質問の「結果に満足できない場合は必ず返金します」という文言については、もし、実際は返金するには会社の承諾を必要とする等の条件があるのであれば、有利誤認表示に該当するおそれがあります。条件が明示されていない場合、上記の宣伝文句は、満足できなかったといって返金を求めれば、会社の承諾なしに無条件で返金されるように見え、実際よりも有利であるように誤解される可能性があるからです。また、「期間限定キャンペーン」という文言は、実際はそれ以外の期間においても長期にわたって同じキャンペーンが実施されているのであれば、有利誤認表示に該当するおそれがあります。実際は期間限定でないにもかかわらず「期間限定キャンペーン」と銘打つことにより、顧客はその期間に限っては有利な条件でサービスを受けることができると誤解してしまうからです。

実際の事例では、教育施設の募集要項等で「学費返還制度導入」、「ご入学取りやめの方に、納付学費をお返しします」等と表示されていたものの、実際は、学費の3割強の額しか返還されないことになっていたケース（平成18年5月24日排除命令・排除命令集25巻191頁）、法律事務所の広告に「〇〇キャンペーン」「期間　〇年〇月〇日～〇月〇日の1ヶ月限定」等と表示されていたものの、実際は１カ月だけでなく約10カ月ないし３年弱にわたりさまざまなキャンペーンを行っていたケース（平成28年２月16日措置命令・消費者庁ウェブサイト）において、それぞれ、教育施設の募集要項等、法律事務所の広告の表示が有利誤認表示に該当するとされました。

## 返金条件の表示の仕方

ご質問のうち、返金を約束する広告については、返金条件がある場合、その条件の表示の仕方についても注意を払う必要があります。

たとえば、返金の条件として会社の承諾が必要とされている場合、「但し、返金は当社が承諾した場合に限り行います」などの文言を表示することが必要となりますが、これを小さい文字で目立たない部分に表示した場合、依然、有利誤認表示に該当するおそれがあります。広告を見た人には一見して返金条件があることがわからない可能性があるからです。広告全体における返金条件の配置箇所、文字の大きさ等に留意して条件を表示する必要があります。

## 違反に対する制裁など

有利誤認表示に該当する広告を行った場合、次に述べる制裁を受けることがあります。

### ⑴　公的機関による是正

#### (A)　措置命令

景品表示法上の不当表示に対し、消費者庁長官または消費者庁長官から権限委任を受けた都道府県知事は、その表示行為の差止めや、再発防止のための必要な措置を命じることができる（措置命令）とされています（景品表示法７条・33条11項）。措置命令の主な内容は、表示が一般消費者に誤認を与えるものであったことを日刊新聞紙などに掲載すること、今後同じ表示を行わないこと等とされることが多いようです。

#### (B)　課徴金制度

有利誤認表示は、課徴金の対象になっています（景品表示法８条以下）。事業者は内閣総理大臣から、原則、その表示を行った期間を対象とし（３年間が上限）、売上げの３％を課徴金として納付するよう命ぜられます。

⑵　私の団体による手続

私の団体による手続として、適格消費者団体が主体となり、有利誤認表示の差止め等を請求することができるという制度があります（景品表示法30条）。適格消費者団体とは、消費者全体の利益を守るための活動を行うことを主たる目的とし、内閣総理大臣によって認定された団体のことです。一私人が主体となって差止め等を請求することもあり得ないわけではありませんが、適格消費者団体が主体となることにより、不当な広告表示に対する迅速な排除、被害の拡大の防止が効果的になされるのです。

## 消費者契約法上の問題

返金条件があるにもかかわらずその条件が表示されていなかった場合は、景品表示法のほかに消費者契約法も問題となる可能性があります。

消費者契約法では、事業者が消費者を勧誘するに際し、重要な事項につき、事実と異なることを告げた場合（不実告知。4条1項1号）、一方で有利なことを告げ、他方で不利益な事実を故意に告げないために消費者が誤認をした場合（不利益事実の不告知。4条2項）、消費者は、契約を取り消すことができると規定されています。返金条件を表示しなかったことにより、広告を見た人が、結果が出なければ無条件で返金を受けることができると誤認した場合は、上記の規定に反するとして、フィットネスクラブの利用契約を取り消される可能性があると思われます。

なお、個別に勧誘をせず不特定多数人あてに広告を配布しただけの場合は、上記の消費者契約法の規定の「勧誘」にあたらないのではないかという問題がありますが、判例では、個別に勧誘をしなくても、広告の記載内容等によっては個別の消費者の意思形成に直接影響を与えることもあることから、一概に「勧誘」にあたらないとはいえない旨判断しています（最高裁平成29年1月24日判決・裁判所ウェブサイト）。

## まとめ

広告表現を間違うと、課徴金を課せられたり、景品表示法違反の事実を公表されることで社会的信用を落としたり、また、契約を取り消されたりするおそれがあります。問題のある広告表現になっていないか、慎重に表現を吟味することが必要不可欠といえるでしょう。

**【参考文献】**

加藤公司ほか編『景品表示法の法律相談』（青林書院、2015年）
波光巖＝鈴木恭蔵『実務解説景品表示法〔第２版〕』（青林書院、2016年）

（山田尚史）

## コラム ■スポーツインターンシップのあり方

昨今、プロスポーツビジネスが盛んになってきています。Ｊリーグができて早20年以上が経ち、2016年にはバスケットボールのＢリーグも発足しました。それに伴い「スポーツを仕事にしたい」と願う若者も増加し、受け皿である大学も新たにスポーツビジネス、スポーツマネジメントを教える学部やコースを増加させています。そしてプロスポーツチームにフロントスタッフとして入社するための登竜門の一つとして、インターンシップというシステムもできました。私が学生時代の20年前には聞いたこともなかった言葉ですが、今やプロスポーツチームに入ろうと思えば必ず通る道だと私も認識しています。

インターンシップの、プロスポーツの現場を知り、体験し、そして実際を学ぶ、という点は、プロスポーツチームのフロントスタッフとして働くうえで絶対に必要なことだと思います。現場を知らないとプロスポーツチームとは何かが正しくわかりません。一見華やかで楽しそうで、スポーツが好きならばそれだけでできる仕事と思われがちですが、実際はもっと地味でスポーツ以外の知識や教養もないと務まりません。

しかし、悲しい現実もあります。受入れ側のチームがインターンシップの本質を理解せず、単に「無報酬の働き手ができた」とだけ考えてしまう場合があります。確かに一部のチームを除き、プロスポーツチームの現場は資金的に余裕がなく、マンパワー的にもギリギリのところで運営を行っているところも多いでしょう。そういうチームからすれば、無報酬で積極的に働いてくれる学生たちはありがたい存在に違いありません。

でも、そこに事実誤認があります。彼らは決して単なる無報酬労働者ではありません。「無報酬だからこき使ってもよいだろう」などという考えははなはだ間違っています。スポーツの現場を知りたい、スポーツビジネスを学びたい、と願う若者たちにとっては体験・学習自体が報酬です。だからこそ働かせておしまい、ではなく、なぜこの仕事が必要なのか、なぜこれをやろうと思ったのかなどについて、彼らにしっかりと伝える義務があると思うのです。

残念ながらそれに気づかないチームに対しては、年々、インターンシップの希望者が減少しているはずです。チーム自体の人気があればある程度は維持できるでしょうが、学生もしっかり考えています。自分たちの将来のために何がよい判断なのかシビアに見ています。そういう彼らを我々大人には正しく導いてあげる責任があるのではないでしょうか。

**堀込孝二**（特定非営利活動法人スポーツファンデーション代表理事
株式会社アミティエ・スポーツクラブ京都代表取締役）

## Q55　スポーツチームのロゴ等と知的財産

私は、所属する野球チームのロゴマークやマスコットキャラクターをデザインし、グッズとして販売したいと考えています。実在するプロ野球チームのロゴマークやキャラクターをまねてデザインすることはできますか。

### 商標権によるロゴマーク等の保護

多くのプロスポーツチームは、チーム名、ロゴマーク、マスコットキャラクター等のデザインを、商標として登録することで保護しています。

商標とは、商品やサービスの出所（誰が提供しているか）を表示する機能をもっている標章（文字またはデザイン）をいい、チームの名称やロゴマークがこれにあたります。

チーム名やロゴマークが商標登録されている場合、商標権者以外の者が、商標権者の許諾を受けずにそれら商標を使用することはできません。無断使用により他人の商標権を侵害した場合、商標権者から、使用の差止めや損害賠償を求められるおそれがあります。

Ｊリーグでは、クラブチームの名称・ロゴ等が商標登録されていること、または、少なくとも商標登録のための準備を速やかに始められる状態であることが、Ｊリーグ百年構想クラブ（かつてのＪリーグ準加盟クラブ）の認定を受ける条件とされています（Ｊリーグ百年構想クラブ規程２条⑴⑭）。

### その他の権利による保護

プロスポーツチームに関するデザインを保護するための権利は、商標権に限られません。

チームのユニフォーム、バッグ、マスコット人形等のグッズは、意匠権による保護対象になります。意匠とは、量産できる工業製品のデザインであって視覚を通じて美観を起こさせるものとされており、ユニフォームやグッズの形状・模様・色彩等のデザインがこれに含まれます。意匠登録されたデザインは、意匠権者からの許諾を受けずに使用することができません。

また、チーム名、ロゴマーク、グッズのデザイン等が需要者の間に広く認識されている場合には、商標や意匠として登録されていなくとも、不正競争防止法による保護の対象となる可能性があります。

さらに、チームのマスコットキャラクターのデザインは、商標や意匠として登録されていなくとも、著作物として著作権法による保護の対象となり得ます。他人が権利を有する著作物については、権利者に無断で複製・譲渡したり、インターネット上に公開することなどは許されません。

## ✖権利侵害の成否の判断が難しいこと

それでは、商標登録されたロゴマークや既存のキャラクターに少しでも似たデザインを使用すれば、直ちに商標権や著作権の侵害となるのでしょうか。

登録された商標・意匠と、侵害が疑われるデザイン等の同一性・類似性の判断については、特許庁の審査基準や裁判例によって、一定の類否判断の手法が確立されています。直感的に両者が似ていると感じても、それら手法に従って検討すれば類似といえないこともあり、権利侵害といえる程度に似ているかどうかは、特許庁の審査基準等に従った慎重な検討を要します。

たとえば、商標の類否判断は、両商標の外観が紛らわしいか否か（外観）、両商標の発音が紛らわしいか否か（称呼）、両商標の意味内容が紛らわしいか否か（観念）を判断要素として、３つの要素を総合的に考察し、出所の混同を生じるおそれの有無により決せられます（特許庁商標審査基準３の10）。過去には、有名なスポーツブランド（「PUMA」）のロゴマークによく似たマーク（「KUMA」）を付している、いわばパロディ商品に関し、「外観上酷似した印象」を与えるとして、パロディ商品のロゴマークの商標登録を認めなかった裁判例があります（知財高裁平成25年６月27日判決・裁判所ウェブサイト）。意匠の類否判断や著作物の類似性判断についても、特許庁の審査基準や裁判例等でそれぞれの基準が示されており、商標の類否判断とは異なる観点からの検討が必要となることがあります。

また、商標権や意匠権の侵害が成立するのは、同一または類似のデザイン等が商業的に使用されている場合に限られます。著作権侵害についても、私的使用の例外規定（著作権法30条１項）があります。そのため、実在するプロチームのものとよく似たデザインのロゴマーク等を表示したグッズを市販することは許されませんが、純粋な私的使用として、そのようなグッズをつくって自分一人で楽しんでいる限りは、権利侵害を問われることはありません。ただし、既存のものとよく似たロゴマークやキャラクターを勤務先会社の部活チームのために使用すれば、もはや私的使用とはいえず、権利侵害にあたる可能性が高いと考えます。

## まとめ

知的財産権の侵害成否等については、専門的な知識と経験が必要であり、その判断が困難であることが少なくありません。そのため、感覚的にこの程度なら大丈夫だろうと思っても、実は他人の権利を侵害してしまうことがあり得ます。意図せずに他人の権利を侵害したり、権利侵害を疑われて無用なトラブルが生じることを避けるには、やはり、実在するプロスポーツチームのロゴマーク等を不用意にまねたデザインを使用することは、極力控えるべきでしょう。

（田中　敦）

# 第5章

# スポーツの団体運営

# Q56 スポーツ基本法上の団体に求められる取組み

2011年に施行されたスポーツ基本法においてもスポーツ団体の責任が規定されたと聞きました。どのような責任が定められていますか。スポーツ団体として、どのような取組みを行わなければならないのでしょうか。

A

## スポーツ団体とは

全国には、各種目に応じて全国単位から市町村単位のものまで、さまざまなスポーツ団体があります。それらの中には、知り合いが集まって半ばボランティアのような形で行っているものもある一方で、実績あるアスリートのOBや専門家をメンバーとして揃えて行っているものもあります。

しかし、スポーツ基本法は、規模や活動範囲にかかわらず、「スポーツの振興のための事業を行うことを主たる目的とする団体」をスポーツ団体であるとして（２条２項）、目的によってスポーツ団体を定義づけています。

ここでいうスポーツ団体には、公益財団法人日本体育協会や公益財団法人日本オリンピック委員会や、それらに所属する各種目の国内統括団体（公益社団法人日本フェンシング協会や公益財団法人日本バドミントン協会など）は当然含まれますし、その傘下の各地方・都道府県の協会や、実業団、社会人団体も含まれることになります。

## スポーツ団体に求められる取組み

スポーツ基本法５条は、スポーツ団体について、次のように定めています。

① スポーツ団体は、スポーツの普及および競技水準の向上に果たすべき重要な役割に鑑み、基本理念にのっとり、スポーツを行う者の権利利益の保護、心身の健康の保持増進および安全の確保に配慮しつつ、スポーツの推進に主体的に取り組むよう努めるものとする。

② スポーツ団体は、スポーツの振興のための事業を適正に行うため、その運営の透明性の確保を図るとともに、その事業活動に関し自らが遵守すべき基準を作成するよう努めるものとする。

③　スポーツ団体は、スポーツに関する紛争について、迅速かつ適正な解決に努めるものとする。

①は、スポーツ団体の役割や理念、配慮すべき事項や取組みについて定めたものです。これは、具体的な責任を定めたものではありませんが、スポーツ団体が社会的に重要な役割を果たすものであることを踏まえて、そのあり方を法律上に規定した点に大きな意義があります。

②は、スポーツ団体の「運営の透明性の確保」と「事業活動に関し遵守すべき基準」の作成を求めるものです。従来から、スポーツ団体の中には、ボランティアの方々が集まってするようなものが多かったため、中には内輪のなかよし団体のような運営になっているものがありました。しかし、昨今スポーツ団体が社会からの注目を浴びるようになってきたことや、あまたの不祥事が取り沙汰されてきた経緯を受け、スポーツ団体の運営にも適正性が求められるようになったのです。したがって、役員の選出や資金運用、法令遵守等に気を配って組織運営を行うように心がけなければいけません。

③は、スポーツ団体による迅速かつ適正な紛争の解決を求めるものです。スポーツ団体の運営に適正性が求められるようになったことに伴い、揉め事があったときにもきちんとそれを解決することが必要とされています。

## スポーツ団体の今後のあり方

スポーツ基本法の規定はあくまで「努力規定」であって、スポーツ団体の具体的な権利義務を定めたものではないと考えられています。したがって、スポーツ基本法によりスポーツ団体が何か法的な制裁を受けるわけではありません。

しかし、今後、スポーツ団体がより適切に社会的責任を果たしていくためには、より具体的な基準や違反の制裁等が法律上定められることが考えられます。そこで、スポーツ団体としては、スポーツ基本法が求めている取組みを日々行うように努力して、意識を向上させることが大切です。

**【参考文献】**

武藤泰明『スポーツの資金と財務』（大修館書店、2014年）

日本スポーツ法学会編『詳解スポーツ基本法』（成文堂、2011年）

（増山　健）

## Q57 法人制度、公益認定制度

私たちが普段「日本サッカー協会」と呼んでいる団体の正式名称は「公益財団法人日本サッカー協会」です。また、日本カヌー連盟の正式名称は、「公益社団法人日本カヌー連盟」です。そもそも「財団法人」や「社団法人」とは何なのでしょうか。また、これらの団体が単なる「財団法人」、「社団法人」ではなく「公益財団法人」、「公益社団法人」となっているのは、何か理由やメリットがあるのでしょうか。

A

### 法人とは

スポーツは個人で楽しめますが、サッカーや野球のようにチームでゲームをするスポーツの場合は、仲間が集まって団体で楽しむことになります。また、マラソンでも愛好者が集まって同好会（団体）をつくると楽しみがより大きくなります。人が何らかの活動をしようとするときは団体をつくることが多く、社会にはさまざまな団体があります。そして、これらの団体には、法人と呼ばれる団体と法人ではない任意団体があります。人（自然人）は生まれながらにして人として法律上の人格が認められていますが、人以外に法によって人格が認められたものが法人です。

法人と法人でない団体では、何が違うのでしょうか。法人は法人名義で不動産の登記や自動車の登録、銀行預金などをすることができますが、法人でない団体は団体名義でそのようなことをできません。代表者の個人名義で登記、登録、預金をするほかなく、代表者が交代したときは名義変更の手続が必要になります。また、個人名義で登記や登録をしていると、個人の財産と団体の財産の区別がつかなくなることも懸念されます。職場でマラソン同好会をつくるような場合は、法人でなくても特に困ることはありませんが、メンバーが多くなり団体が大きくなってくると、団体名義で自動車を登録したり、銀行預金ができれば便利です。また、法人になったほうが社会的信用も高くなります。そのため、スポーツ団体も法人化することが考えられます。

スポーツ団体を法人化する場合、大きく分けて営利法人と非営利法人があります（〈図〉参照）。営利法人と非営利法人の違いは、利益を上げる事業を行う

〈図〉 スポーツ団体の類型

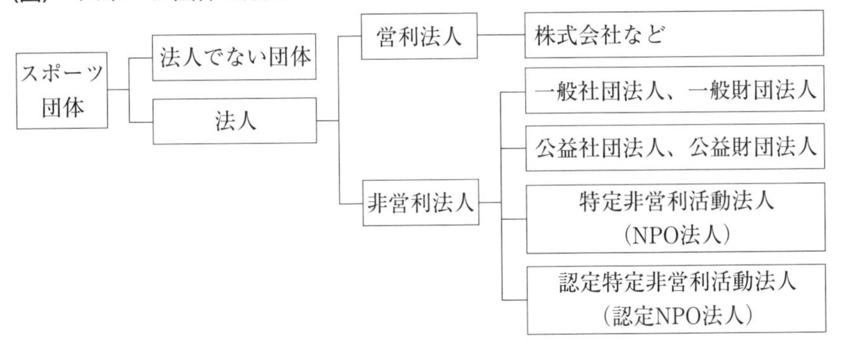


か否かではなく、法人の活動から生じた利益や剰余金を分配するか否かです（例：株式会社では株主に配当金として支払われます）。スポーツ団体の場合、スポーツの振興や自分たちでスポーツを楽しむことを目的とし、お金を儲けてそれを分配するということを目的としていない団体が多いでしょうから、非営利法人として設立するのが一般的です。

## 法人の形態

たとえば、サッカーを例にとると、チームやクラブは、法人でない任意団体が多いと思われますが、一般社団法人や特定非営利活動法人（NPO法人）になっている例もあります。また、全国を統括する団体としての日本サッカー協会は公益財団法人ですが、各都道府県のサッカー協会には、公益社団法人（7県）、公益財団法人（1都、1道、4県）、一般社団法人（2府26県）、一般財団法人（5県）、NPO法人（1県）とさまざまな形態があります。

## 財団法人と社団法人の違いは

社団法人（一般社団法人、公益社団法人）は人を中心とする団体、財団法人（一般財団法人、公益財団法人）は財産を中心とする団体です。社団法人は、構成メンバーとなっている社員（会員）が社員総会で基本的なことを決め、社員総会で選ばれた理事が業務を執行します。これに対し、財団法人では、財産を運用して活動することが目的であり、社員に相当するメンバーは存在せず、総会もありませんが、評議員で構成される評議員会があり、評議員会で理事を選びます。都道府県サッカー協会で社団法人が多いのは、財産を中心にして活動するというより、地域で活動するチーム（人）が参加して活動し、チーム（人）を社員にして協会を運営しているからだと考えられます。

## 公益法人のメリット

一般社団法人、一般財団法人（一般法人）は公益認定を受けることによって公益社団法人、公益財団法人（公益法人）になることができます。公益法人になると、信用が高まりますし、税法上のメリットもあります。収益事業は通常は課税対象ですが、公益目的事業として認定されたときは法人税が非課税になります。また、公益法人に寄附した人は所得税や相続税において控除があり、寄附を促す税制となっています。ただし、公益法人は、公益目的事業を行うことを主たる目的とし、それを行うのに必要な経理的基礎および技術的能力を有すること、公益目的事業の収入がその実施に必要な費用を償う額を超えないこと（収支相償）、公益目的事業比率が100分の50以上になると見込まれることなど、さまざまな要件が必要とされ、所轄官庁の監督を受けます。したがって、公益法人となるには、法人運営のための体制整備が求められ、経費も増加しますので、公益法人化については、それらの点も含めて検討することが必要です。

## NPO 法人

NPO 法人は、公益の増進に寄与するため、一般社団法人に比べ、設立や運営などの手続がやや厳格になっています。設立には所轄庁の認証が必要で、設立後は情報公開が求められます。また、NPO 法人は市民参加が前提ですので、総会で議決権をもつ社員になりたいとの申込みがあった場合は、正当な理由なく断ることができません。総合型地域スポーツクラブは、NPO 法人になっていることが多いようです。

認定 NPO 法人の制度は、幅広く市民から支持・支援を受けている NPO 法人を認定し、公益法人とほぼ同様の税制上優遇を与える制度です。

（井上圭吾）

# Q58 ガバナンス（総論）

スポーツ団体の不祥事や内紛に関するニュースが取り上げられるたびに「ガバナンスが欠如している」といった指摘がなされます。「ガバナンス」とは何でしょうか。また、ガバナンスの機能が損なわれた場合、どのような事態が生じるでしょうか。

A

## ガバナンスとは

ガバナンスとは「統治」と訳され、コーポレート・ガバナンス（企業統治）などとしてよく使用されます。組織の構造や体制がきちんとしているかということを指して使用される場合が多いです。スポーツにおいても、スポーツ団体のしくみがきちんとしているか、不祥事に対する対応が十分かなどを指して「ガバナンスが効いているか」、「ガバナンスの欠如」などという形で使用されます。

## スポーツ団体におけるガバナンスとは

スポーツ団体におけるガバナンスの内容についてはQ59で詳しく述べますが、コーポレート・ガバナンスとパラレルに考えられ、スポーツ団体の組織について、役員の選出や監視体制、運営の透明性などがきちんとできているか、不祥事が起こった際に適切に対応できる体制になっているかなどが問われることになります。しかし、スポーツ団体は、大きな企業と異なり組織が脆弱でガバナンスが確立されていないことが多くあります。また、組織の規模や費用の関係から常勤の職員がおらず、役員などがボランティアで活動しているという実態があります。また、組織にガバナンスの専門家がおらず、そのスポーツ出身者だけで組織運営がなされているということもあります。それに、いわゆる体育会系の先輩後輩の関係や非民主的な体制、閉鎖的な体質などと相まって組織のガバナンスが確立しにくい環境があります。それゆえ、スポーツ団体においては、不祥事が起こりやすく、不祥事が起こった際の対応も脆弱になりがちです。

## ガバナンスの機能が損なわれた場合の影響

役員に対する適切な監視体制が効いていない場合、理事長などの役員による独善的な運営が行われ、いきすぎると不適切会計などの不祥事が起こる直接の要因または不祥事が起こってもそれを指摘・修正できない体制になってしまいます。スポーツ団体では、スポーツでトップであった人間がスポーツ団体においてもトップになる場合が多く、マネジメントの専門家ではないことによる問題や、誰もトップに意見ができなくなるというような問題が起こります。全日本柔道連盟（全柔連）の暴力問題に対する対応やその後発覚した不適切会計などの問題は、まさにこのようなケースです。

また、常勤の事務局員や専務理事がおらず、組織が脆弱であった場合にも、一部の人間がすべて組織運営を行うことにより、故意的に横領や背任などの不祥事が起こる場合もありますし、故意ではなくても能力不足や知識不足により不適切な会計処理などが行われる場合があります。障がい者スポーツ団体のいくつかが補助金を不正に使用していた問題などは、どちらかというと後者のようなケースにあたるでしょう。

このように、ガバナンスの機能が損なわれた場合、不祥事が発生するなどスポーツ団体に非常に大きな影響を与えることになりかねません。そこで、スポーツ団体のガバナンスを適切に確立する必要があります。

## スポーツの魅力向上、競技力向上のために

スポーツ団体においては、団体の規模に比して、競技の公益性や注目度による社会的影響が大きく、ガバナンスの必要性が大きい反面、ガバナンス体制をきちんと構築することが困難であるという実態があります。これまでは、ボランティアに支えられてきており、皆がそのスポーツにかかわって熱心にやっているのだから少々のことは大目にみようというような風潮があったかも知れません。

しかし、スポーツやスポーツ団体に対する注目度が以前より高まった現在、ボランティアだからなどという言い訳ができない状況にあります。スポーツ団体においても、ガバナンス体制をきちんと確立し、適切な運営を行うことは、スポーツ団体やその競技そのものに対する信頼性を増し、ひいてはそれがファ

ンの増加や補助金の増加などにつながり、競技力の向上につながることにもなっていきます。

ガバナンス体制を確立することについて、競技力向上と関係がない面倒なことだ、やらないといけないからしょうがなくやっているんだと思われることがあるかもしれませんが、決して後ろ向きなことではなく、そのスポーツやスポーツ団体が適切に発展していくために必要な前向きなことだということを今一度認識し、積極的に取り組んでいただければと思います。

**【参考文献】**

スポーツにおけるグッドガバナンス研究会編『スポーツガバナンス実践ガイドブック』（民事法研究会、2014年）

（堀田裕二）

## コラム ■2020年東京オリンピック・パラリンピックに期待すること

2020年に東京オリンピック・パラリンピックが開催される。東京での開催は1964年に続いて２度目となる。前回から50年以上の時を経て再び東京で行われることとなったのは必然なのかもしれない。数年前に女子柔道ナショナルチームコーチによる暴力やパワーハラスメント（パワハラ）が発覚し、スポーツ界のみならず社会問題となった。私は1964年生まれだが、その当時のスポーツを振り返ってみると「根性」、「我慢」が何より重要視されていたように思う。「巨人の星」や「アタック No. 1」はまさにそのような漫画であった。社会は少しずつ時代に合わせて変化してきたが、スポーツ界だけは当時の考え方を変えずにきてしまったようにもみえる。日本人に限ったことではないのだろうが、人間は自分の生きてきた時代を否定するのは難しく、思い出は美化しがちで変えていくにはかなりのエネルギーが必要だ。

オリンピックやワールドカップを「世界の窓」と表現した人がいた。この窓を通して日本が世界から見られ、日本は世界を見るという意味である。窓をドアに置き換えて考えてみれば、誰かを家に招き入れるということになる。家族以外の人を招くときには若干の緊張感がある。家族だけであれば見なかったことにしてきた部分を掃除しよう、片づけようなどとなる。日本を大きな家族と考えた場合に、2020年に世界の人をお出迎えするということは、これまでは日本人同士で「なあなあ」にしてきた部分を見直すチャンスなのかもしれない。上述したスポーツに依然として存在する体罰や暴力もそうだが、障がい者、女性、外国人、LGBTなどの多様性を受け入れる姿勢もさらに求められていく。開催に向けた準備では国立競技場からはじまって、エンブレム、会場、運営経費など次々と問題が噴出している。おそらく、このような問題は2020年まで続いていくに違いない。大事なことは、スポーツ界はもちろん、日本全体がこれらの問題や課題について一つずつ向き合って、守るべきものと変えるべきものを考えていくことではないだろうか。

現代、そして未来は変化が激しく予測ができない。今の子どもたちが成人する頃には現在ある仕事の多くはなくなってしまうとも言われている。人工知能やロボットの進化も加速度的に進んでいる。そのような時代に人間に求められるものは、よりクリエイティブでイノベイティブな発想、創造力だろう。これまでのスポーツに必要とされた「根性」、「我慢」だけでは育ってくるのが難しい人材だ。教育場面も同様である。グローバルな人材を育成したいと口では言うが、自分の意見を主張する、いわゆる生意気な若者を受け入れていけるだろうか。

変わらなければいけないのは誰か。スポーツ界も社会も変わるべきは若者ではなく、私を含めて古きよき時代を大事に思う世代だと思っている。今時の若者は、今の時代に育ってきているので、自然に変化を受け入れ、のびのびと力を発揮している。私たちの役割は、古い観念で彼らの力を押さえつけるのではなく、一歩下がって道を譲り、任せてやらせてみること、見守っていくこと、それこそが次の50年、100年先の日本をつくっていく礎になると信じている。

**山口　香**（柔道家　筑波大学大学院准教授
日本オリンピック委員会理事）

# Q59 ガバナンス（実践）

スポーツ団体を運営するうえでは、ガバナンスが充実するように気をつけたいと思っていますが、具体的にはどのような体制を整えるように配慮すべきでしょうか。団体を運営する立場にある者が気をつけなければならないポイントを教えてください。

## 『ガバナンス・ガイドブック』

近年、スポーツ団体の不祥事が明るみになるケースが増えるにつれ、スポーツ団体がガバナンスを備えるべきとの要請が高まっています。

では、ガバナンスを充実させるためにはどのような体制が求められるのでしょうか。

一般に、スポーツ団体におけるガバナンスについては、意思決定、運営、財政、不祥事対応の4つの局面について、それぞれガバナンスを整備すべきといわれています。

そこで、以下では、この4つの局面に沿って、どういった体制が必要かを検討したいと思います。公益財団法人日本スポーツ仲裁機構のウェブサイトでは、スポーツ団体を運営するうえでいかなる点を配慮すべきかについて、『ガバナンス・ガイドブック』を公開しており、上記の4つの局面のガバナンスについて詳細な解説がなされています。

## 意思決定に関するガバナンス

この意思決定に関するガバナンスにおいては、スポーツ団体の意思決定にかかわる役員間での情報共有のほか、団体の意思決定のプロセスにおいて、競技者や指導者、ファン、メディア等の多様な意見を踏まえていることが求められています。団体を運営する一部の者にのみ情報が偏り、意思決定が歪められることのないように、役員が平等に情報にアクセスできる体制づくりが求められます。

また、役員に外部の有識者が含まれるなど、スポーツ団体の意思決定の合理性や客観性をチェックする体制が整えられていること、スポーツ団体の意思決定が理事者らにより守られているかどうかを役員が監督できていることも必要です。したがって、積極的に外部の有識者を役員に招き入れ、業務執行の監督を十全に果たしてもらう体制づくりが有益です。

また、スポーツ団体の意思決定過程が外部に公開されていることも必要です。実際のケースでも、情報公開が十分でなく、団体の体質が閉鎖的であるケースがたびたび散見されます。したがって、情報公開や外部の意見の集約・反映はグッドガバナンスの実現にとって非常に重要なテーマです。この点、インターネットを通じた情報公開は、団体の透明性を高めるうえで有益です。

## 運営に関するガバナンス

「役員会運営、経費使用といったスポーツ団体運営のルール」や「選手登録基準、代表選手等の選考基準」、「処分の基準」といったルール・基準が作成されていること、このようなルール・基準が外部の有識者からチェックを受けるとともに、外部に公開されていること等が必要です。

役員による不透明な経費の使用や、選手選考の基準が不明確なために紛争が生じるケースが後を絶たない中、明確なルール・基準に基づく運営が求められます。

ルール・基準はインターネットを通じて公開し、役員や選手らが容易に情報にアクセスできるようにすることが必要です。

## 財政に関するガバナンス

財産目録、計算書類をはじめとするスポーツ団体運営の結果が、公正な会計原則にのっとっていること、公認会計士など外部の有識者からチェックを受けていること、そのチェック結果も含めて外部に公開されていること等が必要です。

スポーツ団体は補助金を受給しており、公共的性格を有するものですから、一部の者がスポーツ団体の予算を横領するようなことが決してないように、財産目録や計算書類を作成することから始め、これもインターネットを通じて外部に公開するのが望ましいでしょう。

## 不祥事対応に関するガバナンス

団体としては、不祥事の予防に努めるとともに、万が一不祥事が発生した際に適切に対応することが求められます。以下、予防と対応に分けて検討します。

(1)　不祥事の防止策

スポーツ団体のガバナンスを確立するためには、不祥事が起こる背景（Q58参照）に照らして、改善策を検討する必要があります。この点、日本スポーツ仲裁機構のウェブサイトに掲載されている「NF組織運営におけるフェアプレーガイドライン」がチェックリストなどもあり非常に参考になります〈http://www.jsaa.jp/ws/goverreport2014_01.pdf〉。

このガイドラインでは、スポーツ団体のガバナンスについて７つの原則が必要とされていますので、以下この７つの原則に沿って説明します。

①　権限と責任の明確化　　組織内の権限と責任を明確にすることで効率的な運営ができるとともに、権限の集中や独断専行を防止することが可能です。

②　倫理的な行動、法令遵守　　スポーツ団体の公益性に鑑み、倫理的な行動が求められることになります。

③　適正なルール整備　　適正なルール整備とルールに基づいた運営を行うことのより不祥事が起こりにくい体制を構築することができます。

④　透明性と説明責任　　健全な組織運営や財務管理を行うために適切に情報開示を行う体制を確立し、説明責任を果たすことが必要となります。

⑤　戦略的計画性　　人材の育成や安定的な組織運営のためにスポーツ団体のビジョンを明確にし、長期的視点にたった組織運営を行う必要があります。

⑥　多様なステークホルダーの尊重　　スポーツ団体の公共性の観点から、多様な利害関係人の意見を尊重することが必要となります。

⑦　効果的な財務運営　　組織を継続的かつ適正に運営するための財務運営が必要であり、このことは収益の多くを補助金などに頼るスポーツ団体にとっては非常に大切です。

もっとも、以上の①～⑦は、これまでに触れた意思決定、運営、財政のガバナンスにそれぞれあてはまるものです。①②は３つのガバナンスに共通しますし、③⑤は運営、④⑥は意思決定、⑦は財政のガバナンスにそれぞれあてはまります。意思決定、運営、財政においてグッドガバナンスを実現することは、不祥事の防止につながるものなのです。

### ⑵　不祥事対応の局面

ここでは、まず、不祥事の事実調査を外部の有識者が担当することや、不祥事に関与した者に対する処分が行われていることが求められます。

不祥事に対する処罰も、運営に関するガバナンスの項目で指摘したとおり、あらかじめ公表された基準・ルールに基づかなければならないことはいうまでもありません。

そして、不祥事に対する調査や処分を下した後は、これを隠ぺいすることなく情報開示を行うことが必要です。

また、不祥事が起こった場合に備えて、紛争解決手続を整備すること、紛争解決について相談できる外部の有識者を配置すること等も求められます（なお、選手が不祥事を起こした場合の対応については、Q65も参照してください）。

**【参考文献】**

スポーツにおけるグッドガバナンス研究会編『スポーツガバナンス実践ガイドブック』（民事法研究会、2014年）

**（堀田裕二・相川大輔）**

## Q60 スポーツ団体の不祥事

スポーツ団体の不祥事の問題はニュースでも盛んに報じられています。私が理事となっているスポーツ団体では、そのような問題が決して起こることのないように心がけているつもりですが、万が一、何らかの不祥事を起こしてしまった場合、その団体の活動が困難になるだけでなく、そのスポーツの人気がなくなってしまうことさえあるかもしれないと思うと不安です。どのようなことに気をつければよいでしょうか。

A

### スポーツ団体における不祥事の類型

近時スポーツ団体における不祥事のニュースが後を絶ちません。日本相撲協会の野球賭博や八百長問題、全日本柔道連盟の暴力問題や補助金不正受給問題、日本バスケットボール協会のリーグ統一問題や日本テコンドー協会や全日本スキー連盟等の団体内部の対立問題等など例をあげればきりがないほどです。

これらスポーツ団体の不祥事は、類型化するとおよそ以下のような形に分類することができます。

① 横領や背任などスポーツ団体の組織内で犯罪が行われている場合
② 内部対立や役員改選などスポーツ団体の運営に問題がある場合
③ 代表選考の方法などスポーツ団体の具体的業務運営に問題がある場合
④ スポーツ団体のとった懲罰や紛争解決に問題がある場合
⑤ 不正経理や補助金不正受給等会計処理に問題がある場合
⑥ 不祥事が起こった際に情報を隠蔽するなどの情報公開に問題がある場合
⑦ 暴力問題などインテグリティに問題がある場合
⑧ 不祥事が起こった際の対応方法など危機管理に問題がある場合

### 不祥事による影響

オリンピックなどのスポーツイベントが大規模化し、スポーツが商業化することにより、スポーツの社会的影響力は年々大きくなっています。また、スポーツそれ自体の公共性から、スポーツ団体には公益的な側面を有することになります。それゆえ、スポーツ団体の社会的な責任や注目度は大きく、不祥事が生じた際の影響も大きくなります。

これにより、スポーツ団体は社会から糾弾され、社会的評価が低下し、そのスポーツそのもののイメージも低下することにより、スポンサー離れによる収益力の低下のおそれがあります。また、そのスポーツの人気低下による選手人口の減少や有力選手の減少などのスポーツ団体の収益力や競技力の低下のおそれもあります。あるいは、スポーツ団体が適切に運営されていないと評価されることにより、補助金の減額等のおそれもあります。

## Ⅹ 不祥事が起きた際の対応策

スポーツ団体においては、不祥事が起こらないように対策を行うことが大切ですが、それでも不祥事が生じた場合には不祥事による影響を最小限に抑えるため、適切な対応をとることもまた大切です。

### ⑴　初期対応

不祥事が生じた場合には、まず的確な状況把握が必要です。また、被害が生じているような事案ではまず被害拡大を防止するための措置をとる必要があります。そして、次に、できるだけ早期に適切な情報を開示することも必要です。このような不祥事に対する対応は、クライシス・マネジメントと呼ばれ、対応を誤ると団体自体の存在を危うくすることにもなりかねません。初期の段階で何をどこまで調査し、どのタイミングで記者会見などを行って開示するか、事案によっては弁護士などの専門家による助言を受けて行う必要があります。

### ⑵　原因等の調査

次に、初期対応が終わったら、本格的に不祥事が起こった背景事情などの調査を行い、それに対する処分が今後の改善策などを検討する必要があります。これには、外部の有識者等による第三者委員会を活用することが有効な場合があります（Q62参照）。この場合、形だけの第三者委員会にならないようにするためには、日本弁護士連合会が作成した「企業不祥事における第三者委員会ガイドライン」が参考になります。

### ⑶　改善策の検討

不祥事の原因等を調査した後は、不祥事を起こした者など関係者の処分と今後の改善策を講じる必要があります。あらかじめ策定した処分基準に従い適切な処分を行うとともに、再度不祥事が生じないよう、不祥事の原因や背景事情に応じた改善策の策定が必要です。

## よりよいスポーツ団体の運営のために

不祥事が起こらないようにすること、不祥事が起こった場合に適切な対応をとることは、一見すると競技とは関係がなく面倒なことと思うかもしれません。しかし、不祥事対策を適切に行い、健全な組織にすることは、そのスポーツ団体のみならずそのスポーツ自体の信頼度やイメージの向上にもつながり、ひいては競技力の向上にもつながるものです。そのスポーツやスポーツ界全体のためにも、適切な対策を心がけましょう。

**【参考文献】**

スポーツにおけるグッドガバナンス研究会編『スポーツガバナンス実践ガイドブック』(民事法研究会、2014年)
第一東京弁護士会総合法律研究所スポーツ法研究部会編著『スポーツ権と不祥事処分をめぐる法実務―スポーツ基本法時代の選手に対する適正処分のあり方』(清文社、2013年)
日本弁護士連合会「企業不祥事における第三者委員会ガイドライン」(2010年)

(堀田裕二)

# Q61 スポーツ仲裁制度

私も理事者として名を連ねているスポーツ団体において、先般、オリンピックへ派遣する代表選手を選出したところ、選考に漏れた選手が、スポーツ仲裁という手続を利用して選考結果の取消しを求めてきました。このようなことは初めてなのですが、どのように対応すればよいのでしょうか。

A

## スポーツ仲裁

スポーツ仲裁とは、スポーツ特有の紛争に関する紛争解決手続として利用されるものです。スポーツに関する紛争は裁判所での訴訟手続などになじまないことが多いため、スポーツ仲裁が利用されるのです。選手選考に関する紛争以外に、選手等が不祥事を起こしたりドーピング検査で陽性となったりしたこと等を理由として出場停止等の処分を受け、その処分の軽減等を求める場合などによくスポーツ仲裁が利用されます。その他スポーツ仲裁を含む紛争解決の方法については、Ｑ７を参照してください。

日本にもスポーツ仲裁を取り扱う機関として公益財団法人日本スポーツ仲裁機構（JSAA=Japan Sports Arbitration Agency）があります。2012年ロンドンオリンピックの際、ボート競技の代表選考で補欠とされた武田大作選手が選考結果の取消し等を求めてJSAAに申立てを行ったところ、武田選手の主張が認められ、選考は取り消されました。そのうえで、社団法人日本ボート協会（現在は公益社団法人）は再度選考レースを実施し、武田選手はそのレースで見事代表の切符を勝ち取っています（Q17参照）。

## スポーツ仲裁の手続

### (1)　申立費用など

スポーツ仲裁は、上記のとおり、選手等が団体に対し、団体の行った決定ないし処分の取消しを求めて申立てを行うことが多いです。申立ての際、JSAAのスポーツ仲裁では、申立費用５万円をJSAAに納める必要がありますが、他方、申立人の資力に応じて弁護士費用等を支援してもらえる制度があり、申立てをする選手等に経済的な負担がかからないような工夫がなされています。

### (2) 仲裁に応じるか否か

スポーツ仲裁は当事者双方の合意がなければ手続を進めることができません。このため、申立てをされた団体は、まず仲裁に応じるかどうかを選択することになります。しかし、仲裁に応じなかった場合、JSAAによってその事実が公表されることになっており、これにより団体に対する信用ないし社会的評価が低下し、ひいては競技自体の人気の低下を招くおそれもあります。また、仲裁に応じず紛争を放置していても解決になりません。スポーツ団体としては仲裁に応じ、真摯に紛争解決にあたるべきでしょう。

なお、スポーツ団体が、団体の規約の中に後述の自動応諾条項を盛り込んでいる場合は、必ず仲裁申立てに応じなければなりません。

### (3) 仲裁パネルの選任

団体が仲裁を行うことに合意すると、仲裁手続が開始されます。JSAAの仲裁手続は、原則、両当事者（申立人である選手等と被申立人である競技団体）が1名ずつ仲裁人を選任し、選任された2名の仲裁人があと1名仲裁人を選任して合計3名の仲裁人が「仲裁パネル」を構成して進められます。

### (4) 迅速な手続

JSAAの仲裁では、申立てから1カ月以内に仲裁判断を言い渡されていることも少なくなく、迅速な解決が図られています。解決までに時間がかかると、選手が競技活動を行えない期間が長期化したり、大会に出場できなかったりして、最悪の場合選手生命が断たれかねないからです。申立てをされた団体は、短期間に申立てに対する反論を行う等、迅速に対応することが求められます。

## X 自動応諾条項

JSAAでは、スポーツ仲裁の申立てがなされたものの競技団体が仲裁に合意しなかったため、手続を開始できず終了せざるを得なかった事例が散見されます。そこで、近年、JSAAの働きかけなどにより、競技団体の規約等に「競技団体に対する不服申立ては、JSAAのスポーツ仲裁によって解決する」という内容の条項（「自動応諾条項」といわれています）を盛り込むことが増えてきています。この条項があれば、競技団体に対し仲裁申立てがなされた場合、申立人と競技団体の間に仲裁合意が成立していると自動的に認められ、仲裁手続を進めることができるのです。もっとも、2016年10月11日現在、自動応諾条項を規約等に盛り込んでいる団体は、公益財団法人日本オリンピック委員会（JOC）加盟団体および準加盟団体に限れば70％を超えていますが、それ以外の団体では半数に満たないようです。

今後より多くの競技団体が自動応諾条項を採択し、一つでも多くの紛争が公正な仲裁手続により解決されるようになることが期待されます。

## スポーツ仲裁以外の紛争解決手続と課題

日本の競技団体の中には、JSAAのスポーツ仲裁によらない独自の紛争解決制度を有している団体もあります。たとえば、公益財団法人日本サッカー協会（JFA＝Japan Football Association）は、団体内に、不服申立委員会という機関を設けており、一定期間以上の出場停止等の処分を受けた者は、この委員会に対し、処分に対する不服を申し立てることができます。しかし、この不服申立委員会の決定に不服がある場合は、スイスのスポーツ仲裁機関であるスポーツ仲裁裁判所（CAS＝Court of Arbitration for Sport）にしか上訴できないことになっています。日本にはJSAAがあり、CASよりJSAAのほうが言語や費用の面で利用しやすいことは明らかであるにもかかわらず、JSAAを利用することは認められていないのです。

Ｊリーグでは、2007年、当時、川崎フロンターレに在籍していた我那覇和樹選手が、体調不良によりチームドクターから受けた点滴がドーピング違反であるとして６試合の出場停止処分を受けたという事件がありました。我那覇選手は、点滴は正当な医療行為であったとして処分取消しを求めたのですが、ＪリーグはJSAAでの仲裁を拒否し、CASでの仲裁にしか応じませんでした。CASでは我那覇選手の主張が認められ、出場停止処分は取り消されましたが、CASで手続を行ったため我那覇選手には大きな負担がかかりました。

上述のJFAの制度設計では、我那覇選手の場合と同じように、紛争解決のために選手に大きな負担を負わせることになる可能性があり、選手が声を上げることを諦めることになりかねません。選手がアクセスしやすい制度設計になってこそ、公正な紛争解決手続といえるのではないでしょうか。

（山田尚史）

## Q62 第三者委員会

スポーツ団体内部で不祥事が発生したとしても、その団体の運営者自身が事実調査や原因解明を行うのは限界があるように思われます。何か参考になる制度はありますか。

# A

### さまざまな第三者委員会

事件や事故などが起こったとき、当事者から独立した第三者の専門家が委員会を構成して、事実や原因の調査を行ったり、再発防止策を提言することがあります。

当事者となる団体が調査したのでは、中立性に疑問があり、十分な調査ができないおそれがある場合、また、事案が複雑であるため専門的な調査が必要な場合などです。

企業の不祥事が起きたときに何度か設置されました。2011年の大王製紙元会長の巨額不正借入れ事件、同じ年のオリンパスの企業買収等に係る不正経理事件、2016年の三菱自動車の燃費偽装事件などです。科学技術の分野では、2014年のSTAP細胞の論文不正事件で第三者委員会が検証を行いました。いじめ事件でもときどき設置されます。2013年施行のいじめ防止対策推進法は、重大事態が発生した場合、第三者委員会の調査を想定しています（28条・30条）。

スポーツでは、2011年の大相撲の八百長事件、2013年の柔道のスポーツ振興くじ助成金の不正受給、同年の女子柔道の暴力的指導、2014年のプロ野球の統一球の変更、2015年のアイスホッケーのスポーツ振興くじ助成金の不正受給、同年の新国立競技場整備計画の問題などで第三者委員会が設置されました（以上はいずれも発覚した年）。

団体や企業にとっては、不祥事が発生した場合に、外部の徹底した調査を入れることで自浄するきっかけとすることができます。マスコミや世論の追及を受けているときは、自ら不正に立ち向かうことをアピールする効果もあります。

### 第三者委員会の意義と限界

その一方、第三者委員会特有の課題や限界もあります。

第三者委員会は、事実を調査する機能に限定されます。裁判所ではないので、法的評価は行いません。賠償も刑罰も決めません。このため、調査・報告の後、被害者や関係者がその報告書をもとに新たに裁判を起こすことがあります。

また、第三者委員会は警察のような強制捜査権がありません。あくまで、その団体が隠さずに資料を提出し、関係者が誠実に聴取りに協力することを前提としての調査となります。このため、事実認定もある程度の推論を含んだものにならざるを得ません。

報告に対しては、団体が受け入れるか受け入れないかは原則として自由です。また、不服があるからといって、関係者が異議を申し立てることはできません。

構造的な課題は、一般的に、不祥事を起こした当の団体が委員を選び報酬を払うことです。委員が団体に対する過度な配慮をしないとは限りません。だからこそ、団体は、中立性や公正に疑問を抱かれたり、責任逃れや時間稼ぎではないかといった批判を受けたりしないよう、信頼される人選を行い、調査・報告の独立性を確保し、調査に積極的に協力するなどの態度が必要であり、また、マスコミなどもこれを監視していかなければなりません。

## スポーツ事故の調査でも

団体の不祥事だけではなく、スポーツ事故でも第三者委員会が設置されることがあります。

2013年11月、京都市教育委員会は、京都市立の小学校プールでの溺死事故に関して第三者委員会を設置しました。弁護士、大学研究者、医師等の専門家が委員となって、直接的な原因の究明並びに学校のプール管理運営および事故後の対応のあり方について検証を行い、翌年７月に報告書を提出しています。

文部科学省「学校事故対応に関する指針」（2016年）は、学校で事故が発生した場合、必要に応じて専門家が調査することを求めており、今後第三者委員会の設置が増えることも予想されます。

（宮島繁成）

## コラム ■「勝ち負けより大切なものがある。」

私は奈良県でサッカーを始め、地元の私立奈良育英高等学校を卒業後、名古屋グランパスエイトやサガン鳥栖などでプレーし、10年のプロサッカー選手生活を終え、奈良に戻ってきました。奈良にはＪリーグクラブがなく、「それなら自分が！」と思い立ち、2008年に奈良クラブを発足させました。

近年は日本フットボールリーグ（JFL）に昇格し、Ｊリーグ百年構想クラブとして承認していただき、目標に手が届くところまで歩んできました。とはいうものの、いまだクラブの大半の選手が午後から地元企業に勤務しながらＪリーガーになる夢を追いかけています。当初はクラブの財政課題によって選手の就労が始まったのですが、思わぬ反響が届きました。選手の勤務先から「奈良クラブの選手がほしい」、「サッカーを真剣に打ち込んでいた人は頼もしい」と多くの声をいただくようになったのです。サッカーを続けることで育まれた人間性には大きな価値があることにあらためて気づきました。Ｊリーグが創設され、20年以上が過ぎ、夢破れた選手たちは星の数ほどいたことでしょう。しかし、その努力は決して無駄ではありません。奈良クラブのコンセプト「勝ち負けよりも大切なものがある。」の「大切なもの」とは、人間の成長、コミュニティの形成、社会貢献を意味します。プロ選手になれる割合は0.1％といわれる中で、プロ選手になれなかった人間も、意識を変えることができれば、町を、人を元気にすることができるのです。戦術のトレンド、トレーニング方法、求められるフィジカルは時代ごとに変化します。その中で、人を磨く作業を大切にし、広い目でサッカーをとらえることができる選手が育てば、おのずと勝利が近づくと奈良クラブは考えます。

私は今、39歳です（2018年３月現在）。８歳で始めたサッカーで、18歳でプロの門を叩き、28歳で夢破れ、ようやく今、スポーツをする意味や価値に気づきました。サッカーの発展やＪリーグの発足とともに歩んできた私のサッカー人生の次なる目標は、子どもたちやお年寄りも楽しめるスポーツ環境（施設・教育）を整え、「スポーツの価値」を高めることです。その中でスポーツのルール、コミュニティのルール、人としてのルールを守り、より豊かな人生を送っていきたいと思っています。

**矢部次郎**（特定非営利活動法人奈良クラブ理事長兼 GM）

## Q63 ガバナンス（財政面）

スポーツ団体の不祥事として、特に、財政面で、補助金の不正な流用が多発している事例が目立ちます。財政面のガバナンスを強化するには、どのようなことに気を付けなければなりませんか。

A

### 補助金制度のしくみ

現在、スポーツ振興を目的とした各種の補助金制度が存在します。

たとえば、公益財団法人日本オリンピック委員会（JOC）における選手強化事業に対しては、国（文部科学省）から民間スポーツ振興費等の補助金が出ており、その一部が同強化事業の強化合宿事業等からスポーツ団体へ委託金として支払われています。そして、委託金を受けたスポーツ団体は、これを選手の強化のための費用にあてるとともに、その一部をJOCの選手強化事業の専任コーチ等設置事業に対して支払い、専任コーチらへの謝金にあてるというしくみになっています。

また、国（文部科学省）は、公益財団法人日本体育協会のスポーツ指導者養成事業に対しても民間スポーツ振興費等の補助金を支給しており、同養成事業から実際に指導者養成にあたるスポーツ団体に委託金が支払われることになります。

他にも、独立行政法人日本スポーツ振興センター（JSC）が、国（文部科学省）からの出資や民間の寄付金からなるスポーツ振興基金を、もしくはtoto事業の収益金を、スポーツ振興助成にあてるというしくみが存在し、そのスポーツ振興助成からスポーツ団体に助成金が支払われています。

### 補助金に関する問題

今般、スポーツ団体で生じている補助金に関する問題は、上記のそれぞれのしくみを通じて支給されている委託金や助成金等が、スポーツ振興という目的を離れて使用されるという不正使用の問題、あるいは虚偽の申告や報告により助成金等が受給されるという不正受給の問題の二つに分けられます。

たとえば、国からの民間スポーツ振興費等を原資とする補助金を、JOCを通じていったん委託金として受け取ったスポーツ団体が、その一部をJOCの選手強化事業の専任コーチ等設置事業に対して支払うべきところ、専任コーチからスポーツ団体に還流させ、スポーツ団体が金銭を得ていた（これによりスポーツ団体は専任コーチ設置義務に対する自己負担分を免れていた）というケースが近年続発しました。これは本来の趣旨に反する補助金の不正使用問題の典型例といえます。

また、専任コーチが架空の活動報告を行い、謝金を受け取っていたというケースも続発しましたが、これは不正受給問題の典型例です。

## 財政面のガバナンスの強化に向けて

このような問題は、スポーツ団体に対する信頼を失墜させるものであり、決して許されないものです。

これらの問題については、公的資金を受けることについての意義をしっかり理解し、適正に執行するというスポーツ団体自身の姿勢がまず問題となります。さらに、補助金の受給に際しての申告書や報告書に対するチェックが十分に働いていなかったことも一つの要因といえますので、そうした経理部門における外部からのチェック体制を整えることも必要です。

適正さを担保するために、補助金の受給と使用に関する記録を残し、不審な金銭の還流や架空の活動報告がなかったかどうかを監視するため、それらの記録が弁護士や公認会計士などの外部の有識者からチェックを受けられる体制を整備することも望まれます。スポーツ団体の会計業務は、補助金の受給等に伴う入金に始まり、それを保管・支出し、決算報告を行う等、会計に関する知識がなければなりませんから、専門家のサポートを仰ぐべきです（とはいえ、スポーツ団体が補助金を受給することはすなわち、スポーツが公共的性格をもつものであることを意味します。この観点からみても、専門家に依頼する際の費用負担は脆弱な組織が多いスポーツ団体に負担させるべきではありません。今後は、スポーツ立国の実現に向け、費用負担を補助する体制も整えられるべきでしょう）。

また、そのチェックの結果を速やかに外部に公開する体制として、団体のウェブサイト等において、外部に公開し、透明性を確保することも重要です。

財政面でのガバナンスが不十分なままだと、今後も不祥事の発生が続出することによって、スポーツ団体全体に対する信頼を失うことにつながります。それでもスポーツに対する補助金の支給が必要であるというならば、公権力の監視・介入が強められることになり、規制を加えられるなどして締め付けられることにもつながりかねません。あるいは、不祥事が発生するようなスポーツには補助金を支給するべきではないなどとして、スポーツに関する予算の削減につながるおそれもあります。

スポーツ団体が補助金の受給を受けつつ、団体自らが公権力のチェックを受けることなく自律性を保つ、そのようなスポーツ団体の自律的で持続可能な発展のためにも、上記の体制を速やかに整える必要があるのです。

**【参考文献】**

スポーツにおけるグッドガバナンス研究会編『スポーツガバナンス実践ガイドブック』（民事法研究会、2014年）

（桂　充弘・相川大輔）

# Q64 団体内の紛争とその解決

スポーツ団体内部における理事の間での主導権争いや、団体の内部統治の不全などの話題がマスコミで取り上げられるのを耳にすることがあります。このような対立が続いていると、どのような問題が起こりうるでしょうか。こうした問題を行政や国際統括団体が解決した場合、何か問題はないでしょうか。

A

## 団体内部の対立による問題

人が集まる団体では、団体の運営方針等について、構成員同士で意見が食い違うことがありますが、そこで主導権争いをしている陣営同士が中傷し合ったりすると、団体に対する信用が失われます。また、理事長などが頻繁に交代すると、長期的な運営計画を立てることができなくなります。こうした紛争の解決のために、行政や国際統括団体が関与することがあります。

## 行政による関与

日本の国内統括団体の多くは公益法人です（公益法人の特徴等についてはQ57を参照してください）。公益法人は、法令に違反した運営がなされていないか、行政庁から監督を受け、行政庁は、公益法人の運営が法令に違反していると判断した場合は是正を勧告することができ、最終的には公益認定を取り消すこともできます。公益認定を失うに至った事例として、全日本テコンドー協会（AJTA。現在は一般社団法人）の事例を紹介します。

日本におけるテコンドーの統括団体は、従前から理事同士の対立等により分裂や統合を繰り返していましたが、2005年、AJTAが財団法人日本オリンピック委員会（JOC。現在は公益財団法人）の承認団体となり（その後正式に加盟）、以降は同団体が国内統括団体と認知され、さらに、2012年、公益認定を受けました。

ところが、これに先立つ2011年、JOCの補助金不正問題が発覚しました。JOCは国庫の補助を受けて国内統括団体の専任コーチに謝金を支払うのですが、その際、国内統括団体はこの謝金の3分の1を負担し、JOCに納付していました。それにもかかわらず、複数の国内統括団体は、専任コーチから、謝金の３分の１を団体に寄付させ、資金を還流させていたのです。これは、国内統括団体の負担分を免れるのと同じであり、厳しい批判にさらされました。AJTA も同様の不正に関与しており、しかも特に悪質性が高いとして、内閣府は AJTA に対し、財政的基盤を確保して代表理事個人の財布と法人の財布とを明確に分けるよう勧告しました。

また、補助金不正問題をきっかけに、理事や社員（AJTA では、都道府県協会の会長が社員になっていました）の間の対立が再燃しました。AJTA は、理事会が定めた賞罰規程を根拠に対立する社員を資格停止処分とし、社員総会での議決権を与えないこととしたのですが、法律上、社員の議決権を制限する手続は、定款で定めなければならず、理事会の定めで制限することは許されませんでした。そのため、内閣府は AJTA に対し、資格停止処分を受けた社員の議決権を認めるとともに、法律に基づいて規程を整備するよう勧告しました。

AJTA は、これらの問題につき、再三にわたって説明、報告を求められていましたが、2014年、十分な報告を果たさないまま、公益認定を自ら返上してしまいました。内閣府が強制的に公益認定を取り消したわけではありませんが、内閣府の追及が返上の要因となったことは間違いありません。その代償は大きく、以降５年間は再度公益認定を受けることはできません。

現在、AJTA は、ようやく規約の整備や規約遵守のための対策等の改革に乗り出しており、内閣府による勧告には意味があったといえそうです。

## 国際統括団体の関与

2014年11月、公益財団法人日本バスケットボール協会（JBA）は、国際バスケットボール連盟（FIBA）から資格停止処分を受け、国際交流試合等の一切の国際活動を禁止されるという制裁を受けました。これは、日本国内に JBA 傘下のリーグ（ナショナルバスケットボールリーグ）の他、bj リーグという JBA の統括下にないリーグが併存していたところ、FIBA が JBA に対しこの状態の解消を求めていたにもかかわらず、解消されなかったということが原因でした。制裁を受けて「ジャパン2014タスクフォース」が結成され、さまざまな取組みが行われた結果、二つのリーグは、新リーグのジャパン・プロフェッショナル・バスケットボールリーグ（通称Bリーグ）に統一され、2015年8月、制裁は解除されました。

ここでの問題の本質は、国内に二つのリーグが併存していたこと自体ではなかったと思われます。つまり、JBAの統括下にないbjリーグが一定の認知度を得たことで、JBAが関与しないところで大きな大会が開催されたり、人気選手が活躍したりし、それにより日本代表選手の招へい等に支障が出るおそれが生じ、ひいてはバスケットボール界の健全な発展も阻害されるおそれがありました。スポーツ基本法5条1項では、「スポーツ団体は、……スポーツの推進に主体的に取り組むよう努める」旨規定され、JBA定款3条では、JBAの目的として、「日本国内の競技界の統括」、「バスケットボールの普及及び振興」、「競技者の育成強化」、「バスケットボールを通じた国民の心身の健全な発展及び豊かな人間性の涵養」が掲げられています。JBAによる統治が機能不全となることで、このような基本理念が達成されなくなるおそれがあることが問題の本質だったといえるでしょう。

この件については、FIBAが一国の競技団体のことにそこまで介入する必要があったのかという意見もあろうかと思います。しかし、上記のとおり、JBAの機能不全は多くの弊害をもたらす可能性があったところ、FIBAの介入を契機としリーグの統一がもたらされたものと思われます。この件は国際統括団体の関与が一定の成果をあげた一例といえるでしょう。

## まとめ

スポーツ団体は自律権を有しており、自力で健全な運営を行うのが本来の姿です。しかし、団体が機能不全となった場合、行政や国際統括団体がそのスポーツ団体をあるべき姿に導くことも時には必要であると思われます。

**【参考文献】**

スポーツにおけるグッドガバナンス研究会編著『スポーツガバナンス実践ガイドブック』（民事法研究会、2014年）

境田正樹＝岸郁子『日本バスケットボール協会に対する制裁（資格停止処分）が解除されるまでの経緯』法律のひろば68巻10号（2015年）

（岡本大典・山田尚史）

## Q65 選手の不祥事に対する対応

私はスポーツ団体を運営する立場にありますが、私の所属するスポーツ団体の選手が遠征先で窃盗を犯したらしいという情報が伝わりました。警察の捜査は受けておらず、事実の真偽もいまだ不明ですが、一部のマスコミでも報じられており、団体として速やかに対応したいと考えています。仮に選手に出場停止等の処分を下すとすれば、どのような点に気を付けるべきか、教えてください。

A

### スポーツ団体による懲戒処分

スポーツ団体として団体の規律を保つために、所属選手が問題を起こした場合に、何らかの処分を行う必要があることは少なくありません。それは、スポーツ競技に直接かかわるものでなく、選手の私生活上の非行であっても処分を行わなければならないこともあります。そのため、多くのスポーツ団体においては、所属選手等の団体構成員に対する懲戒処分に関する規約が設けられています。

最近も国際大会の遠征先において窃盗を犯したとされる代表選手が選手登録資格停止処分を受けたというご質問のケースと同様の事件がありました。この事件も窃盗についての刑事裁判が始まる以前に団体による速やかな処分が行われました。

### 適正手続

スポーツ団体による所属選手等に対する懲戒処分は、スポーツ団体の自治として認められる権限であり、その裁量が一定程度認められるものです。

しかし、スポーツ団体による所属選手などへの懲戒処分は、処分対象者に一定の制裁を科し、スポーツ活動に制限を生じさせ場合によっては選手活動そのものを終わらせてしまいかねないので、その裁量も無限定ではなく、慎重に行われるべきものです。

スポーツ団体による懲戒処分のように所属選手等に出場停止の不利益処分を行うにあたっては、適正手続保障という一般的な法原則の規律を受けます。適正手続保障とは、人に不利益を与えようとする場合にはあらかじめその内容を告知して弁解と防御の機会を与えなければならないとする原則であり、憲法31条にその原則を確認することができます。スポーツ団体による処分の際の適正手続の保障については明確に定めた法律はありませんが、スポーツ基本法５条においてスポーツを行う者の権利保護や運営の透明性の確保を求めていることから、適正手続の保障をすべきことが導かれます。

このように、選手に出場停止等の処分を下す場合には、適正手続を保障したかに気を付けるべきことになります。

では、適正手続を保障したというにはどうすればいいのでしょうか。

適正手続の保障の重要なポイントは、「告知」と「聴聞」の手続にあります。

「告知」とは、①あらかじめ処分のルールを示しておくこと、および、②処分対象者にルール違反の行為とそれによる具体的な不利益処分を告知しておくことをいいます。

「聴聞」とは、処分対象者に弁解と防御の機会を与えることをいいます。

スポーツ団体の懲戒処分においても、規約で上記の告知と聴聞の手続を明確に定めておかなければなりません。具体的には、処分基準と処分内容を明確化し、弁明の機会を与える手続を設けておくことが必要です。さらに、手続保障を実質的に意味あるものにするため、①懲戒処分の判断者が独立かつ公平であること、②処分対象者の弁明の機会確保、③スポーツ団体の処分決定に対して不服審査や公益財団法人日本スポーツ仲裁機構への再審査を求める機会が設けられていることも必要となるでしょう（日本スポーツ法学会監修『標準テキストスポーツ法学』（エイデル研究所、2016年）198頁参照）。どのような手続をとれば処分対象者に弁明の機会が確保されたかという点は難しいところですが、たとえば、処分審査の通知に処分対象事案およびその資料が処分対象者に通知された後、２～４週間の期間のうちに弁明等の反論をするよう求めるという手続をとることが考えられます。

もし、上記のような適正手続保障に適う懲戒手続なしで、スポーツ団体が所属選手を処分した場合には、所属選手からスポーツ仲裁の申立てや民事訴訟を提起して争われることにより、処分が無効とされるだけでなく、処分の無効が確定するまでの間に試合に出場できなかったことについての損害賠償責任も負わされる可能性があります。

## 平等原則・比例原則

このように懲戒処分の手続を整備していたとしても、実際の処分自体が適正でなく不合理なものであれば、懲戒処分の手続の整備をせずに処分した場合と同様に、処分対象者がスポーツ仲裁や訴訟で争うことにより、処分が無効とされたり、損害賠償責任をも負わされる可能性があります。

処分の適正さや合理性については、極めて多様な事情を考慮して総合的な判断を要する問題であって、一律に形式的な基準を見出すことは困難です。しかし、一般的には、他の同種事例と比べて不当に重い処分になっていないか（平等原則）、非行事実の軽重と処分の軽重のバランスを失していないか（比例原則）ということには留意する必要があります。

ご質問のケースでは、マスコミ情報に振り回されずに所属選手の窃盗事件の事実を把握し、所属選手に十分な弁解の機会を与えるなど、適正手続にのっとった手続を通じて、出場停止などの処分を下すことが必要となります。しかし、警察の捜査も開始されてないということでもありますので、処分の手続は慎重に進めなければなりません。

（結城圭一）

## Q66 特待生問題

近年、高校野球では特待生について、１校５名までを特待生として認める制度を発足させたと聞きました。わが校でも新たに野球部を発足させ、特待生を迎え入れて強化しようと計画していますが、「日本学生野球憲章」との関係で問題が生じないようにするにはどのようにすればよいでしょうか。

A

### 高校野球における特待生問題

スポーツの世界でも、優秀なスポーツの才能をもつ学生に対して、私立の高等学校や大学が授業料免除等の特典を与えて「特待生」として入学させる例が多く見受けられます。

しかし、かつての日本学生野球憲章13条１項は、「選手または部員は、いかなる名義によるものであっても、他から選手または部員であることを理由として支給されまたは貸与されるものと認められる学費、生活費その他の金品を受けることができない」と定めており、財団法人日本高等学校野球連盟（高野連。現在は公益財団法人）は2005年11月の通達においても、中学生の勧誘行為の自粛を求める中で、野球部員であることを理由に学費や寮費などを免除する特待生待遇や、第三者の高校入学あっせん行為について明示的に禁じていました。

これは、特待生制度を認めることにより勝利至上主義が蔓延するおそれがあることや、部活動の指導はあくまで教育の一環として位置づけられるため、スポーツが学業よりも優先されるのを防ぐことが根拠とされたものでした。

ところが、2007年春に発覚したプロ野球裏金問題を契機に状況は変化しました。このプロ野球裏金問題では、ある大卒選手がドラフト会議に先立ちプロ野球球団から契約金の前渡しとして現金を受け取り、学費や生活費の援助を受けていたことが発覚したものですが、あわせて、高校に入学する際に、球団のスカウトのあっせんにより私立高校に入学していたこと、高校が特待生制度を設けていたことまでもが公になったのです。

問題が発覚した当初は、憲章違反を理由に特待生制度を採用する高校の大会出場を禁止するなどの強い姿勢をみせていた高野連も、調査の結果、350校を超える高校が特待生制度を採用している実態に直面し、かつ、大会出場資格をめぐって指導現場での大きな混乱が生じたことから、そうした学校の大会出場を認めるように態度を変化させることになりました。

## 特待生制度についての新しいルール

上記の事態を経たのち、高野連は有識者会議を設置して特待生制度に関する意見を諮問した結果、同会議は、2007年10月、「特待生」について、「（高野連の）加盟校が、野球の能力が特に優秀である生徒に対して、入学金、授業料その他これに類する負担金を免除する制度」と定義づけたうえで、一定の条件を満たす限り、学生野球憲章13条１項に違背しないとする答申を出しました。

そして、2011年５月、高野連は、2012年度より、①特待生を各学年５人以内とすること、②入学金や授業料以外の生活費の支給は認めないこと、③出願時に中学校校長の推薦を必ず求めること、④募集要項や学校のウェブサイトにおいて特待生制度について明示すること、⑤中学校時代の学業成績や生活態度が良好であること、といった条件を付したうえで、野球特待生制度の導入を正式に決定しました（なお、この取り決めに違反した場合についての罰則規定はありませんが、違反した場合は高野連からの脱退または除名が勧告されます）。

また、学生野球憲章は2010年に改正され、「部員は、野球部に現に在籍しているか否かを問わず、部員であることまたは学生野球を行うことに対する援助、対価または試合や大会の成績によって得られる褒賞としての金品を受け取ってはならない。ただし、日本学生野球協会が認めたものはこの限りではない」（改正後の学生野球憲章23条１項）としたうえで、同条２項２号において、特待生制度に基づく給付を認める規定となっています。

## 特待生制度の問題点

特待生制度の問題点としては、特待生である生徒がケガなどにより退部を余儀なくされた場合、学校から退学処分を受けたり、退学勧告を受けたりすることがありうるのではないかという点です。

生徒の意思によることなく一方的に学校が生徒を退学させることは、仮に規則が存在したり生徒との間で事前に契約を締結したりしていたとしても、公序良俗違反により無効であると考えられるのですが、現実には、退部をした生徒は特待生待遇がなくなることにより、授業料等の経済的負担を負うことになり、退学するという場合が多いのではないでしょうか。

この点については、特待生待遇をなくすという学校側の対応を直ちに違法とすることは難しいところですが、2007年10月の高野連有識者会議の答申でも、「怪我等により野球の能力について特待生の条件を満たさなくなった場合における、学生生活継続のための措置を講じることが望ましい」とされているとおり、学校関係者には、生徒が高校での学習を継続できるような教育的配慮が求められるところでしょう。

## 高野連の対応の問題点――ガバナンスの観点から

スポーツ団体のガバナンスの観点から付言しますと、この問題における高野連の対応は問題のあるものでした。特に、高野連が当初は特待生制度を設けた学校に大会出場禁止等の処分を下す強い意向をみせていたのに、実態調査の結果を受け、特待生制度を許容するかのように態度を変化させた点は、一貫性を欠くとして批判が集まりました。学生野球憲章の規定よりも実態を優先させたかのような扱いにも疑問が残りました。

また、もともと学生野球憲章13条１項に対して高野連が解釈指針（ガイドライン）を定めていなかったことも、憲章の条項の解釈をめぐって現場が混乱してしまった一因となりました。

今後は同様の問題を起こさないようにするためには、憲章違反が疑われる状況を放置せず、実態調査を早期に行うこと、憲章の解釈を明らかにし、一義的で明確なガイドラインを早期に策定して明示すること、といった対応が求められるでしょう。

2007年の有識者会議においては、高野連において透明性を確保し、開かれた議論によりルールづくりが進められるべきとの意見もありました。今後も特待生制度のルールが改正されることがあろうと思われますが、その際には開かれた議論によるルールづくりがなされるかどうか、注目しましょう。

（相川大輔）

## Q67 統一球問題

2013年の日本のプロ野球では「統一球問題」が話題となりました。当時は、バッターがボールを打った際に、そのボールが飛びやすくなっていることが盛んに問題視されたようにみえました。しかし、私は、仮にボールが飛びやすいものになったとしても、同じボールを使っているのであれば、チーム間で不公平という問題は生じないので、なぜ騒動になったのかが不思議でした。「統一球問題」は、何が問題だったのでしょうか。

### 統一球問題の経過――統一球の導入から問題発覚まで

2011年、国際大会であるワールドベースボールクラシック（WBC）の基準に合わせること等を目的に、日本のプロ野球の試合における使用球を統一することになりました。それ以前は、各球団が自由に主催試合での使用球を選んでおり、ミズノ、ZETT、アシックス、久保田運動具店の４社が使われていました。2011年からは、統一球として、ミズノ製の低反発ゴム材を用いた球が採用されました。このときの社団法人日本野球機構（NPB。現在は一般社団法人）のコミッショナーが加藤良三氏でした。

ところが、統一球導入後から、本塁打が激減し、極端な投高打低となりました。この統一球は大リーグで使用されている球よりさらに反発係数が低いのではないかとの疑問が選手から上がります。2012年シーズンの開幕直後、日本プロ野球選手会（以下、「選手会」といいます）は、NPBと12球団に対して、統一球の検証と見直しを求めました。しかし、NPB側は統一球の見直しを否定し、2013年も従来の統一球が使用されることになりました。

今後も打高投低が続くかと思いきや、2013年の開幕後、一転、ホームラン数、打率ともに、前年を大幅に上回り、全体的に打者成績が向上しました。選手など各方面から、今季から使用球が変わったのではないかとの声が上がり始めました。当初、NPBも製造元のミズノも一貫して否定していましたが、2013年６月、NPBは、飛距離を抑えることなどを目的に2011年から導入した統一球を今季から変更していたことを認めるに至りました。その後、同月28日に第三者委員会が設置され、関係者へのヒアリングを中心に、資料の検証など事実関係の確認等がなされました。なお、この第三者委員会（統一球問題における有識者による第三者調査・検証委員会）は、那須弘平委員長（弁護士・元最高裁判所判事）、佐々木善三（弁護士・元京都地方検察庁検事正）、米正剛（弁護士・元一橋大学大学院国際企業戦略研究科講師）の両委員、そして特別アドバイザーに桑田真澄氏（野球解説者・元プロ野球選手）も加えられて構成されました。

## X ガバナンス面からの問題の指摘――情報の不開示、虚偽の説明、組織の構造そのものの問題

### (1) 情報の不開示

この問題においては、試合球の反発係数という重要な事項が仕様変更されたにもかかわらず、最後まで、NPBの主導による選手やファンに対する公表や情報の開示がなされることはありませんでした。

### (2) 虚偽の説明

さらには、選手やファンから、反発係数が変更されたのではないかとの疑問の声が上がり、また、製造元のミズノすら公表の必要性を水面下においては指摘していたにもかかわらず、変更した事実が否定されていました。

### (3) 組織の構造そのものの問題

このような問題の背景には、組織の構造そのものがあったと考えられます。

NPBは、理事会を設置し、定款の定めにより、NPBの「事業遂行に必要な専門的事項を処理するため」、理事会の下に日本プロフェッショナル野球組織（以下、「野球組織」といいます）を設けています。そして、野球組織においては、NPBという法人の事業のうち、「プロ野球の公式試合の運営等に関する事項」を取り扱うこととされています。NPBと野球組織とのこのような上下構造を考えると、業務執行の最終的な決定権限は、NPBの理事会にあり、野球組織にはありません。

しかし、NPBの運営状況からすると、統一球問題に関する主要な会議体は野球組織の代表者会議および実行委員会であり、NPBの理事会が何らの関与もしていないことからもわかるように、プロ野球の試合運営については野球組織の実行委員会でのみ議論を行い、NPBの理事会に対する報告や承認取得と

いったプロセスが存在していませんでした。

このように、NPB は、NPB 理事会と野球組織という二つの組織体が「二重構造」ともいうべき状態となっていて、誰が真の業務執行者であるのか、他方で誰が責任主体であるのかがあいまいな状況が続いているといえます。

今後、NPB としては、プロ野球の試合運営等について、野球組織はあくまでも専門的検討の場として NPB の理事会に従属する存在として位置づけ、機構の理事会が業務執行の最終的な決定権限を実質的に有する状況をつくることが急務であると思います。

## スポーツ団体と特定のサプライヤーとの関係

この問題の背景には、スポーツ団体と特定のサプライヤーの関係も大きく影響しているといえます。今回、統一球導入時、仕様変更時の各時点でその問題は顕在化しました。

### (1)　統一球導入時

従来、各球団は各主催試合でミズノを含む４社の供給するボールを使用していました。しかし、全球団の試合球を統一するということになれば、試合球が統一球としての品質を充足することが必要です。そのためには、同一の製造設備・環境で生産されることが望まれ、特定の１社に独占的に製造させることは合理的といえます。

しかし、その１社の決定手続は慎重にならざるを得ません。2009年夏以降、各社からのヒアリング、各球団からの意見聴取、サンプル球の評価などを経て、2010年８月の実行委員会で、ミズノの製造に係る統一試合球の採用が決定されましたが、この統一球問題を振り返って考えた場合、ミズノに独占的に供給させることに決定した手続に本当に問題がなかったのか、今後も検証されていくべきです。

### (2)　仕様変更時

2012年６月頃に統一球の反発係数が下限値を下回ることが判明して以降、NPB は、製造元のミズノに、修正を指示する一方、統一球に関する問合せには「仕様変更していない」と虚偽の説明をするよう指示していました。ミズノは、仕様変更の非公表に懸念を抱き、数度に渡り、NPB に公表を進言するも、受け入れられませんでした。本来であれば、NPBは、統一球の反発係数が下限値を下回ることが判明した際に、NPBとミズノの契約の不備を認め、双方の責任を明確にしたうえで、ミズノ以外の他社に統一球の仕様変更を要請する選択もあったように思います。それができなかったのは、長年にわたるNPBとミズノの癒着ともいうべき関係に原因があったのかもしれません。

## 最後に

このような事態の再発防止のためには、今後は情報の開示を徹底することはいうまでもなく、コミッショナー、NPB事務局および各球団において、組織内外の法律、定款、規則等の諸ルールを率先して遵守・履践するとともに、コミッショナーの権限の見直し、NPB理事会と野球組織の二重構造の再考を含めた組織の抜本的な構造改革が急務であるように思われます。

**【参考文献】**

一般社団法人日本野球機構『統一球問題における有識者による第三者調査・検証委員会の調査報告書公表について』（一般社団法人日本野球機構ウェブサイト、2013年）

（松尾研太郎）

### コラム ■一汁三菜＋二個ニコ

私はアスリートの食事をサポートする仕事をしています。ジュニアアスリートへの食事指導や、トップアスリートの海外遠征に帯同して食事提供するなど現場のニーズはさまざまです。専門家として食事に関する情報や知識を提供していますが、逆に教えられることがたくさんあります。

私は食事指導するとき、「『一汁三菜＋二個ニコ』をそろえましょう」と話しています。一汁三菜という和食のメニューは世界無形文化遺産にもなった日本の文化です。日本を背負って世界に羽ばたくアスリートが増えている今、理解していておいてほしいことの一つだからです。その一汁三菜に、乳製品と果物の二個をプラスしておけばアスリートにとって必要な食事バランスはほぼ整います。これを日々チェックして、足りないものがあれば補えるようになると、自立し世界中どこでも戦えるアスリートになります。

この「一汁三菜＋二個ニコ」を考えた当初、二つ目の「ニコ」はついていませんでした。二つ目のニコがなくてもバランスは整っているからです。しかし、アスリートと接していく中で、食事の大切さは栄養がそろっていることだけではないことを教えてもらいました。

この二つ目のニコには楽しい食事を示しています。アスリート自身が笑顔で楽しく食事をすることは消化吸収の面からもよいとされています。さらに、このニコには周りの人も笑顔にすることやそのための配慮、食事マナーに対する意味も含めています。以前、ある競技の強化合宿に帯同したとき、ある選手が自分の使った食器は自分で洗わせてほしいと言ってきました。「練習後すぐに自身でご飯を作って食べることは難しいので、食事の用意はお願いしたいのだけれど、後片づけはできるから自分でやりたい」というのです。いつも「ジュニアアスリートに自立を」と言っているのに、まだまだやりすぎてしまっているのだということを教えてもらいました。さらに、その選手は「ご迷惑でなければ」と私たちの食器の後片づけまで申し出ました。私たちのニコニコが止まらなかったことは言うまでもありません。以前、選手のメンタルを管理している医師に感謝を言葉や行動で示しているアスリートは強いということを聞いたことがありました。まさに、これだと思いました。

また、アスリートは強くなると注目されます。食事風景がメディアに出ることもあります。そのようなとき、食事マナーや同席している人への配慮のない振舞いを見てがっかりすることがあります。そのようなこともあり、ジュニアアスリートが憧れてもよいトップアスリートが増えればという思いも込めてニコを加えました。まだまだ、日本のスポーツは未熟です。自身だけでなく、周りの人の笑顔もつくり上げられるような、キラキラしたエレガントな選手が増えることでスポーツが和食のように世界に誇れる文化となればと思います。

**橋本　恵**（管理栄養士）

# 第6章

# アンチ・ドーピング

## Q68 ドーピング規制は誰に適用されるか

ドーピング規制はオリンピック代表選手などの一流選手だけに適用されるのですか。また、未成年者にも適用されるのですか。

A

### ドーピングが禁止・規制される理由

ドーピングとは薬物等によって人体内部から運動能力を高めることをいいます。ドーピングは、自分の走るトラックだけを100ｍから90ｍに短縮するに等しく、フェアプレーの精神に違反するだけでなく、ファンを落胆させ競技人気を低下させるという悪影響があることに加え、薬物使用の副作用としてアスリートの健康が害され、死亡または重い後遺症を負うことも少なくありません。

そのため、現在、世界的規模でアンチ・ドーピングといわれるドーピング防止活動が実施され、ドーピングの防止・摘発体制の盤石さはオリンピックやその他の国際スポーツイベントの招致・開催条件ともなっています。

### ドーピングに関する規制の概要

#### (1) 世界アンチ・ドーピング機構（WADA）と世界アンチ・ドーピング規程（WADC）

従前は各競技団体間に統一したアンチ・ドーピング規程はなく、各競技団体が独自にアンチ・ドーピング活動を行っていましたが、国際レベルのあらゆるスポーツにおけるアンチ・ドーピング活動を推進・調整するため、1999年に国際オリンピック委員会（IOC）の主導により世界アンチ・ドーピング機構（WADA）が設立されました。

WADA は、アンチ・ドーピング活動に関する重要な事項について定める世界的なルールである世界アンチ・ドーピング規程（WADC）と禁止表（Q69参照）など５つの付属ルールを策定し、各国のアンチ・ドーピング機関や国際競技連盟にモデルルールを提供しています。

### ⑵ 日本アンチ・ドーピング機構（JADA）と日本アンチ・ドーピング規程（JADC）

2001年、日本国内のアンチ・ドーピング活動を推進することを目的として、日本アンチ・ドーピング機構（JADA）が設立されました。

JADA が策定する日本アンチ・ドーピング規程（JADC）は、日本のアンチ・ドーピングのためのルールで、WADC と根幹部分を同じくし、日本における検査機関や不服申立期間、手続を明示しています。

### ⑶ WADC と JADC には法的拘束力、強制力があるのか

WADA はスイス法に準拠した民間組織ですが、日本も批准しているユネスコの「スポーツにおけるドーピングの防止に関する国際規約」を通じて、WADA を中心としたアンチ・ドーピング活動を支援し、教育・啓発を行うことが各国に義務づけられています。

また、スポーツ基本法では、アンチ・ドーピング活動の推進が基本理念とされ（２条）、国が JADA と連携しアンチ・ドーピング活動を支援することが明記されています（29条）。

WADC は、国際競技連盟の WADC に服する旨の受諾により、JADC は、国内競技連盟の JADC に服する旨の受諾により、競技者、サポートスタッフ、競技連盟を法的に拘束します。こうして、アンチ・ドーピング規程は、スポーツ界に広く適用され、違反に対する制裁を伴う強制力をもった、いわばスポーツ固有の法として機能しています。

## JADA 非加盟の国内競技団体のアンチ・ドーピング活動

スポーツ競技団体の多くは、JADA に加盟し、JADC に準拠したドーピング防止規程を定めるなど、JADC をアンチ・ドーピング活動の正式なルールとして採用しています。

一方で、プロ野球を統括する一般社団法人日本野球機構（NPB）や男子プロゴルフツアートーナメントを統括する一般社団法人日本ゴルフツアー機構（JGTO）、プロボクシングを統括する一般財団法人日本ボクシングコミッション（JBC）は、JADA に加盟せず、独自にアンチ・ドーピング活動を行っています。また、大相撲を統括する公益財団法人日本相撲協会は、JADA に加盟

しておらず、かつドーピング検査を実施していないとのことです。

このように、すべての競技においてJADCが適用されるわけではないため、アスリートは、所属する競技団体のJADA加盟の有無、アンチ・ドーピング活動の内容を確認しておく必要があります。

## JADCは誰に適用されるか

JADCは、JADAに加盟する国内競技連盟の会員、同連盟傘下の会員、クラブ、チーム、団体、リーグ、それらによって組織、開催、授権または承認された活動に参加する競技者やサポートスタッフなど、JADA加盟団体のあらゆる参加者に適用されます。そして、参加者は、ドーピング検査手続の事前告知や説明等を前提として、個別の承諾がなくても、参加することによって、当然にJADCが適用されることを承諾したものとみなされます。

すなわち、JADCのドーピング規制は、オリンピックに出場するトップアスリートだけでなくすべての競技者に適用され、日本国籍でない者や国内居住者以外の者も含まれ、また未成年者の者も例外ではありません。

18歳未満の者については、違反事実の公開、資格停止期間の縮減において重要な「過誤または過失」の認定（Q71参照）などにおいて、若年者保護の観点から修正や配慮がなされているものの、WADCやJADCの適用を免れることはありません。障がいを伴う競技者についても、検査手続等で一定の配慮がなされていますが、WADCやJADCが適用されることに違いはありません。

したがって、トップアスリートはもちろん、一般的な競技者やコーチ、トレーナー、監督、医療従事者、未成年者の親など何らかの形でスポーツに参加する者は、アンチ・ドーピング規則違反の内容（Q69参照）、ドーピング検査手続（Q70参照）、アンチ・ドーピング規則違反に対する制裁（Q71参照）など、スポーツ固有の法であるWADCやJADCといったアンチ・ドーピング活動のルールを十分確認しておく必要があります。

（冨田英司）

## Q69 何がドーピング違反となるか

大事な試合前に体調を崩してしまいました。体調を戻すためにかぜ薬を飲みたいと考えているのですが、かぜ薬に含まれる成分も禁止されると聞きました。何がドーピング違反となるのですか。治療のためや知らずに服用した場合でも違反になるのですか。

A

### 禁止物質と禁止方法

ドーピングというと、選手が試合前に禁止されている薬品を飲んだり、あるいは注射で体内に摂取したりといったケースが思い浮かぶだろうと思います。

この点、いかなる行為がドーピング違反に問われるのかについては、世界アンチ・ドーピング機構（WADA）による「禁止表国際標準」において明らかにされています（この禁止表は毎年改定されます）ので、アスリートはこの禁止表を参照する必要があります。

この禁止表では、「禁止物質」と「禁止方法」が定められています。「禁止物質」とは、アスリートが体内に入れてはならない物質を明らかにした項目であり、ご質問では、あなたが服用する予定のかぜ薬に、「禁止物質」に該当する成分が入っていないかどうか、医師らに慎重に確認する必要があります。

「禁止方法」とは、たとえば自己血を体内に戻す行為など、禁止物質を用いるわけではありませんが、方法として禁止されるべき行為をあげたものであり、自分が「禁止行為」に及んでいないかどうかもアスリートは確認することが求められるのです。

また、禁止物質、禁止方法についても、それぞれ、競技会（時）に限らず常に禁止される物質・方法（つまりトレーニング時ですら許されない禁止物質・方法）や、競技会（時）に限り禁止される物質・方法が定められていますし、禁止物質については、特定競技について禁止される物質が定められるなど、規定の内容は詳細なものとなっています。

なお、禁止表においては、禁止物質のうち、一部を除いた大多数は「特定物質」とする扱いがなされています（2017年の禁止表参照）。「特定物質」とは、医薬品として広く市販されているため不注意で違反を起こしやすいものや、ドーピングの物質としては比較的濫用されることが少ないものです。2015年日本アンチ・ドーピング規程（JADC）によれば、特定物質にあたるもの以外の禁止物質を使用した場合は、ドーピング違反が意図的ではなかったことを競技者側が立証できなければ、資格停止期間が原則４年間となるのに対して、特定物質を使用した場合は、ドーピング違反が意図的であったことをJADA側が立証できなければ、資格停止期間が原則２年間となる、という大きな違いがあります。

ちなみに、海外の事例ですが、2016年にテニスのマリア・シャラポワ選手のドーピング違反が発覚しました。このケースで問題となったメルドニウムという物質は、2016年の禁止表より新たに禁止物質にリストアップされたものでしたが、メルドニウムは同禁止表においては特定物質ではない禁止物質とされていました。そのため、ドーピング違反が発覚した当初は、同選手に対しては原則として４年間の資格停止処分が下るのではないかとみられていたのですが、国際テニス連盟（ITF）の仲裁パネルは、同選手のドーピング違反が意図的ではない等として同選手の資格停止処分を２年間としました（その後、同選手はスポーツ仲裁裁判所（CAS）において上記判断を争い、結果として資格停止処分は15カ月に短縮されました）。

ご質問によりますと、あなたは大事な試合前に体調を崩してしまったとのことですが、禁止物質が含まれていないかぜ薬もあるだろうと思います。専門家に相談し、あなたの競技と照らし合わせたうえで、ドーピング違反となる物質が含まれていないかぜ薬を探してみてはいかがでしょうか（Q72参照）。

## Ⅹ 何がドーピングになるか

### ⑴　原　則

注意が必要なのは、WADAは、上記のような典型的なドーピング行為のみを、アンチ・ドーピングの対象にしているのではないということです。

WADAが数年に一度改定する世界アンチ・ドーピング規程（WADC）において禁止されているドーピングはこれに限るものではなく、非常に範囲の広いものです。

たとえば、2015年改訂版のWADCによれば、次の行為に違反すれば資格停止等の処分を受けることになります。

① 競技者の検体に、禁止物質またはその代謝物もしくはマーカーが存在すること
② 競技者が禁止物質もしくは禁止方法を使用することまたはその使用を企てること
③ 検体の採取の回避、拒否または不履行
④ 居場所情報関連義務違反
⑤ ドーピング・コントロールの一部に不当な改変を施し、または不当な改変を企てること
⑥ 禁止物質または禁止方法を保有すること
⑦ 禁止物質もしくは禁止方法の不正取引を実行し、または不正取引を企てること
⑧ 競技会（時）において、競技者に対して禁止物質もしくは禁止方法を投与すること、もしくは投与を企てることまたは競技会外において、競技者に対して競技会外で禁止されている禁止物質もしくは禁止方法を投与すること、もしくは投与を企てること
⑨ 違反への関与
⑩ 特定の対象者（資格停止期間中の者等）とのかかわり

上記③のとおり、検体採取拒否もドーピング違反にあたりますから、アスリートは自身がドーピング検査の対象となった場合は注意が必要です。

上記④の居場所情報提供義務とは、一定のレベルにあるアスリートに対して、検査機関が抜き打ち検査を実施することができるよう、アスリートが自身の居場所に関する情報を提供しなければならないというものですが、これに違反した場合も、ドーピング違反となります（詳しくはQ70を参照してください）。

### (2) 例　外

もっとも、ドーピングに関する規制を強める反面で、選手が治療目的のために薬品を使用する機会が失われてはなりません。どうしても禁止物質を含む薬品を使用しなければならないというときに、ことごとくドーピング違反と認定されてしまうならば、選手が健康を保ちつつスポーツに取り組む機会が過度に

妨げられることになります。

そこで、WADCでも、治療目的のための例外的措置として、TUE（Therapeutic Use Exemption：治療目的使用にかかる除外措置）という措置が用意されています。

これは、ドーピング検査に先立ち、あらかじめ、医師の協力を受けて医学的情報を伴う診断内容等を明示し、自身が使用する薬品を明らかにして、薬品使用に関する申請を行うものです。

あなたの場合も、仮にかぜ薬に禁止物質が含まれるとしても、TUEの申請を適正に行えば、治療のためのかぜ薬の服用が認められる可能性もあります。

## 知らずに服用した場合

ドーピング違反の責任追及は厳格であり、仮に、あなたが服用した薬品に禁止物質が含まれることを知らなかったとしても、ドーピング検査の際にあなたが提出した検体に禁止物質が存在した場合には、あなたに対しては資格停止等の厳しい処分が下されると見込まれます。

あなたが禁止物質を体内に摂取したことについて、自分は知らずに行ってしまったことだとしても、あなたがその事実に関する立証責任を負いますし、その立証に成功したとしても、資格停止期間の短縮が認められるにすぎません。

したがって、やはりアスリートとしては、自身がドーピング違反を犯さないよう細心の注意を払う必要があるのです。

（相川大輔）

## Q70 ドーピング検査の方法

ドーピング検査はどのように行われるのですか。すべての出場選手が対象となるのですか。ドーピング違反となった場合は直ちに処分されるのですか。また、処分に対して不服申立てはできますか。

A

### 競技会検査の手続

ドーピング検査は、多くの場合、アスリートから尿や血液といった検体を採取する方法で行われ、競技会開催中（競技会の12時間前以降も含まれます）に行われる「競技会検査」と自宅や練習場所で行われる「競技会外検査」があります。

競技会検査では、競技会の成績上位者と無作為に抽出したアスリートなどが対象となります。検査対象となった競技者は、シャペロンと呼ばれる検査係員から検査対象であるとの通告を受け、検体提供への同意の署名を行うことになります。尿検査の場合、アスリートは、シャペロン監視の下、自ら選んだ採尿カップで採尿し、自らＡとＢの二つのボトルに入れて封をし、検査手続の報告書に署名した後、尿検体は分析機関に運搬され、分析されます。

この検査過程で競技者が検査を拒否した場合、そのこと自体が日本アンチ・ドーピング規程（JADC）違反として制裁が課されるため（Q69参照）、注意が必要です。

### 競技会外検査の手続

競技会外検査は、より効果的なアンチ・ドーピング活動を行う目的で実施され、競技会外検査を受ける義務はすべての競技者に課されますが、主に、国際競技連盟または公益財団法人日本アンチ・ドーピング機構（JADA）により選出されたトップアスリート（検査対象者登録リスト・アスリート（RTPA））を対象に行われます。

検査対象者登録リスト・アスリートは、ADAMS（Anti-Doping Administration and Management System の略）と呼ばれるインターネット上のシステムを通じて、四半期ごとに居場所情報を提出しなければなりません。そして、居場所情報には、365日すべてについて、居場所を特定し、午前５時から午後11時までの間で検査に対応できる60分の時間枠を指定する必要があります。こうした情報をもとに、検査員が事前の通告なくアスリートの練習場所や宿泊場所に出向き、抜き打ちで検査を行います。検査の手順は競技会検査と同様です。

検査対象者登録リスト・アスリート居場所情報の提出を怠り、または指定場所・時間枠での検査に対応できなかった場合、居場所情報関連義務違反となり、違反が累積するとJADC違反として制裁の対象となります（Q69参照）。

## 検体の分析手順と暫定的資格停止処分

分析機関では、まずＡボトルの検体が分析され、禁止物質が検出されなければ、ドーピング違反には問われません。

しかし、Ａボトルの検体から禁止物質が検出された場合、アスリートは、ドーピング違反が疑われることに加え、Ｂボトルの検体の分析を要求できる旨の告知を受けます。ドーピング違反が疑われるＡボトルの検体の分析結果が報告された時点で、アスリートに対して暫定的な資格停止処分がなされる可能性があることに注意しなければなりません（Q71参照）。

そして、アスリートがＢボトルの検体の分析を要求した場合、Ｂボトルの検体の分析が行われます。Ｂボトルの検体からＡボトルの検体と同様の禁止物質が検出されない場合には、ドーピング違反には問われないことになり、暫定的資格処分が課されている場合には、その処分は取り消されます。

## アンチ・ドーピング規律パネルの開催

Ｂボトルの検体分析の結果、禁止物質が検出された場合、あるいはアスリートがＢボトルの検体分析を希望しなかった場合、国際競技連盟やJADAが、それらの機関から独立したアンチ・ドーピング規律パネル（日本の場合、日本アンチ・ドーピング規律パネル）に対し、アスリートをドーピング違反で訴えることになります。そして、アンチ・ドーピング規律パネルにより、聴聞会が開催され、アスリートは意見を述べる機会が与えられるほか、証人尋問や証拠の取調べが行われます。

その結果、アンチ・ドーピング規律パネルは、多数決により、世界アンチ・

ドーピング規程（WADC）または JADC 違反の有無、制裁の内容について決定を下します（違反の有無についてはQ69、制裁の内容についてはQ71をそれぞれ参照）。

## 不服申立て

アンチ・ドーピング規律パネルが下した決定に対しては、不服申立てをすることができます。

まず、国際競技大会で発生した事案または国際レベルの競技者が関与した事案については、スポーツ仲裁裁判所（CAS）に対してのみ不服申立てをすることができます。次に、上記以外の事案については、公益財団法人日本スポーツ仲裁機構（JSAA）に対して不服申立てをすることができます。JSAA に対して不服申立てを行うためには、アンチ・ドーピング規律パネルの決定から21日以内に仲裁申立書を JSAA に提出しなければならないことには注意が必要です。JSAA の下した決定については、国際競技連盟および世界アンチ・ドーピング機構（WADA）は CAS に対し不服申立てできますが、アスリートは不服申立てができません。

## ドーピング「技術」の進化に伴うアンチ・ドーピング活動

近年、一般的な尿採取によるドーピング検査のみならず、採血によるドーピング検査も広がりをみせています。

また、禁止薬物の摂取ではなく、自己血液や遺伝子ドーピングなどもともと体内に存在する物質を用いるドーピングに対応するため、血液から読み取ることができる生物学的データを長期にわたって蓄積し、数値変化の異常によりドーピング違反を検出する方法（アスリート・バイオロジカル・パスポート・プログラムと呼ばれます）も採用され始めています。さらに、WADA などが、競技者の SNS 情報、競技成績、大会スケジュール、税関や警察といった公的機関からの情報、アスリート・バイオロジカル・パスポートの数値などを総合的に評価し、ドーピング違反の可能性が高いアスリートやタイミングを特定する取組み（インテリジェンスと呼ばれます）も国際的に求められています。

（冨田英司）

## Q71 ドーピング違反にはどのような制裁が科されるか

禁止薬物を使用し、ドーピング規制に違反した場合、どのような制裁が科されるのですか。出場した大会での成績が失効するだけですか。

A

### ドーピング違反への制裁

禁止薬物を使用し、ドーピング規制に違反した場合には、アンチ・ドーピング規程（世界アンチ・ドーピング規程：World Anti Doping Code、日本アンチ・ドーピング規程：Japan Anti Doping Code）に基づいた処分がされます。大会中の検査で違反が発覚した場合には、出場した大会の成績は自動的に無効となりますし、それ以外の検査などで違反が確認された場合でもドーピングの影響を受けていると判断された記録は、事後的に取り消されることがあります。また、長期間にわたって登録競技者としての資格が停止され、競技会への出場はもちろん、所属チームの活動にも参加できなくなります。悪質な事例では登録資格のはく奪や追放処分となることもあります。

なお、日本国内では、刑事罰を科されることはありませんが、ドーピング違反の事実は自動的に公表されますので、競技者に対して大きな社会的非難が向けられるなど、競技生活に極めて大きな悪影響が生じることに注意が必要です。

### 競技会の成績や記録は失効する

ドーピング検査には特定の競技会に出場する選手に対して行われる競技会検査と、一定のレベルにあるアスリートとしてアンチ・ドーピング機関から検査対象者リストに登録されたアスリート（RTPA＝Registered Testing Pool Athlete）を対象として、いわゆる抜き打ち検査として自宅やトレーニング場所などで行われる競技会外検査があります（Q70参照）。

特定の大会における競技会検査でドーピング規則違反が確認された場合、違反した選手がその大会で残した競技記録や、競技結果として獲得したメダル・ポイント・その他の賞は、自動的に失効し、はく奪されます（WADC9、JADC9）。競技会検査で発覚したドーピング行為は、競技会における競技力に影響を及ぼしていた可能性があるとみなされ、当然に記録が抹消されるのです。
これに対し、競技会外検査でアンチ・ドーピング規則違反が確認された場合には、たとえ大会期間中であっても当然に記録が失効するわけではありませんが、関係機関によってドーピング規則違反が特定の競技会の成績に影響を及ぼしていると判断される場合には、競技会の成績が無効とされます（大会期間中の競技会外検査に関するWADC10.1、JADC10.1等）。

## 資格停止処分

次に、ドーピング規則違反の場合には、違反者には一定期間にわたって競技者資格も停止されます。しかも、聴聞会やスポーツ仲裁機関の最終判断を待つことなく、ドーピング違反が疑われる分析結果（AAF=Adverse Analytical Findings）が報告された時点で、暫定的な資格停止処分を受けることになります（WADC7.9、JADC7.9）。暫定的資格停止処分を含む資格停止期間中は、競技会への参加やトレーニング、コーチとして指導に関与することなど、スポーツ活動にかかわることができなくなります。
2015年に改正された世界アンチ・ドーピング規程（WADC）では、検出された違反薬物の種類に応じて原則的な資格停止期間が定められています。「特定物質」と呼ばれるカテゴリーに属する薬物に関しては、原則として2年間の資格停止期間とすることにとどめられていますが、それ以外の薬物に関しては原則として資格停止期間を4年とすることが定められています（WADC10.2、JADC10.2）。改正前は、基本的な資格停止期間は2年とされていたことからすると、ドーピング規制が処分期間の面でも厳罰化されたということができます。
資格停止の期間については、意図的な違反や、複数回にわたる違反の場合など、悪質な場合には、永久の資格停止を含め、より重い資格停止処分が科されることもあり得ます。逆に、過失がないことを所定手続で、競技者側で立証できれば処分は取り消されますし（WADC10.4、JADC10.4）、重過失がなかった場合や、情報提供等による違反行為摘発の支援となる情報提供や、客観的な証拠が乏しい状況での違反行為の自認などがあった場合には、処分が軽減されることもあります（WADC10.5～10.6、JADC10.5～10.6）。ただし、過失がなかったこと、過失が軽微であったことを立証することは、一般的には競技者側にとって非常に難しいことをあらかじめ理解しておく必要があるでしょう。

なお、かつて2015年のアンチ・ドーピング規程改正前においては、具体的な資格停止を伴わず、けん責処分にとどめるという事例もありました。

## チームへの影響

ドーピング違反が、競技チームの複数の選手で確認された場合には、他のチームメンバーに対する個別的なドーピング検査を行う措置が講じられることがあります。さらに、特に3名以上のチームメンバーにドーピング違反が認められる場合には、チーム自体の活動に対してチーム成績の取消しを行うこともできるとされています（WADC11、JADC11）。

## 経済的な制裁

ドーピング違反が確認された場合には、賞金の返金請求や、アンチ・ドーピング機関からの費用償還請求がされる場合もあります（WADC10.9、JADC10.9）。その他、経済的に不正な利益と深く結び付いているような事例などで、成績の失効や資格停止処分等のみでは、不正な利益を残すことになる場合には罰金等の経済的な制裁を科すこともできるとされています（WADC10.10、JADC10.10）。

## 制裁措置の公開、社会的な非難

日本では、ドーピング規則上の禁止薬物のうち、覚せい剤や麻薬、大麻など、特定の薬物の使用や所持が、特別法で禁止され、刑事処罰の対象となっていることは、周知のとおりです。これに対し、ドーピング規程上の禁止薬物の使用そのものは刑事罰の対象とまではなっていません。

とはいえ、ドーピング規程違反に対する制裁処分は、アンチ・ドーピング機関を通じて公表されることになっています。ドーピング行為に対して一般社会から大変厳しい眼差しが向けられている時勢において、ドーピング違反は、支援者を含む多くの市民から競技者への信頼を大きく損なうことにもつながりますので、十分な注意が必要です。

（岡村英祐）

## Q72 ドーピング違反に問われないために

実際、ドーピング違反とされたのはどのようなケースですか。ドーピング規制に違反しないためにはどうすればよいですか。

### こんなことがドーピング違反に

#### (1) 禁止薬物の使用は原則としてドーピング違反

アスリートから採取された尿や血液から禁止物質が検出された場合、治療目的での使用を事前に申請するなどの一部の例外を除き、アスリートはドーピング違反の責任を問われます（Q69参照)。家族やスタッフ、ファンの期待に応えるためにドーピングに手を出せば、選手生命が絶たれてしまい、結果として周囲を失望させることになることを忘れないでください。

#### (2) かぜ薬やサプリメントなら大丈夫か

かぜ薬や花粉症の薬、湿布、目薬、サプリメント、漢方薬などあらゆる医薬品・医薬部外品には禁止物質が入っている可能性があります。競技会直前に風邪を引いた場合でも、ドラッグストアでかぜ薬やサプリメントを購入する前に、医師や薬剤師に自分がアスリートであることを伝えたうえで、相談してください。

過去には、インターネット通販で購入したサプリメントに禁止物質が入っていたとして、ドーピング違反となったケースも少なくありません。製品ラベルやインターネット上の説明で、そのサプリメントには禁止物質が含まれないと書かれていても、実際に禁止物質が入っていた場合には、ドーピング違反になります（ただし、その場合には資格停止期間が短くなる可能性はあります)。緊急治療としてドーピング違反を免れるのは、意識不明状態での入院中に投与された事例など、極めて限られた場合だけなのです。

#### (3) 口に入れる飲食物には細心の注意を

信頼しているコーチや仲間のアスリートから勧められたドリンク剤や食品にも注意が必要です。競技会時にコーチから渡されたチョコレートの中に禁止物質が混入していた場合で、そのチョコレートの外観上薬物混入の兆候がなかったとしても、それを摂取したことはドーピング違反となるとされた事例もあります（この事例では、資格停止期間短縮も認められませんでした）。このような場合、コーチや仲間のアスリートにあなたをおとしめる意図であったとしてもなかったとしても、ドーピング違反であることに変わりはないのです。ライバル選手からペットボトルに禁止物質を混入されドーピング違反に問われた事例も発生しており、飲食物は必ず自分で開封する、開封した飲食物は必ず目の届くところで保管するといった自衛策まで必要といえるでしょう。

少し事情は異なりますが、アスリートの妻が、アスリートのコップを使って鎮痛剤を服用した後、アスリートがそれを知らずに同じコップで水を飲んだ結果、鎮痛剤に含まれる禁止物質を摂取してしまった場合について、ドーピング違反とされた事例もあります（ただし、「重大な過誤又は過失」（Q71）はなかったとされ、資格停止期間は短縮されました）。

また、ドーピング違反の事例ではありませんが、最近では、国内競技連盟の公式スポンサーが選手に提供するサプリメントから禁止物質が検出されるという事件もありました。

どのような状況であっても、自分が口にする飲食物には細心の注意を払い、特に新たにドリンク剤や栄養補助食品などを摂取する場合には、「みんなが飲んでいるから大丈夫」などと安易に考えず、専門家に相談することが大切です。

### ⑷　アンチ・ドーピングの専門家へ相談を

アスリートが医師の処方に基づき薬物を服用し、その結果禁止物質が検出されたとしても、相談した医師がスポーツ医学の専門家ではなく、その他アンチ・ドーピングの専門家に相談していなかった場合に、ドーピング違反に問われた事例があります（この事例では、資格停止期間短縮も認められていません）。

また、検体採取拒否の事例で、ドーピング検査の途中に、アスリートが競技団体会長から「帰りの飛行機の時間に間に合わなくなるから、検査を途中で止めて帰れ」と言われ、採尿せず会場を出た例で、ドーピング違反とされたものがあります（この事例もまた、資格停止期間短縮は認められていません）。

他方、アスリートが選任した医師が、競技団体のアンチ・ドーピング部会の医師で、その医師が処方した目薬によって禁止物質が検出された場合には、アスリートに過失はなかったとして、資格停止が取り消された事例があります。

アスリートとしては、薬物やサプリメントの摂取、検査手続に際しては、アンチ・ドーピングに精通する専門家に相談することが最低限必要といえるでしょう。

## ドーピング違反に問われないために

運動能力を高めるために禁止薬物を使用することがドーピング違反にあたることはいうまでもありませんが、多くのアスリートにとって注意すべきは不注意による「うっかりドーピング」です。医師に相談した場合ですら、アスリートはドーピング違反を問われる場合があるのです。

また、ドーピング違反が疑われた場合、アンチ・ドーピング規律パネルによる聴聞会（公益財団法人日本アンチ・ドーピング機構（JADA）からの通知から14営業日以内に開催）、公益財団法人日本スポーツ仲裁機構（JSAA）への不服申立て（パネルの決定を受領した日から21日以内の申立てが必要）など、裁判類似の手続が予定されています。

このように、アンチ・ドーピングに関する手続は、スポーツ固有の独特なルールに基づくもので、医学、薬学、法律のそれぞれの分野で専門的知識を必要とするものです。この点、薬物やサプリメントなど飲食物についての専門家としては、JADA と公益社団法人日本薬剤師会とが資格認定を行っている、公認スポーツファーマシストがあります。この公認スポーツファーマシストは JADA のウェブサイト〈http://www.playtruejapan.org/〉から住所地や勤務先などの条件別に検索でき、JADA は、同サイト上に、薬剤師会ドーピング防止ホットラインを公表しています。また、公益社団法人日本医師会が認定する健康スポーツ医や公益財団法人日本体育協会が認定するスポーツドクターといった制度もあります。アンチ・ドーピングに関する法律の専門家としては、本書の執筆者弁護士のほか、日本スポーツ法学会、一般社団法人スポーツ法支援・研究センターなどの団体があります。

アスリートおよびアスリートをサポートするスタッフは、ドーピングに関するトラブルを自分たちだけで解決しようとせず、アンチ・ドーピングに精通している専門家と十分連携をとるべきでしょう。

（冨田英司）

## コラム ■スポーツ映画というカテゴリを熱くする！

突然ですが、「メリケンシアター」というモニュメントがあることをご存知でしょうか。これは神戸が「日本の映画発祥の地」であることを記念して設置されました。神戸には日本で初めてマラソン大会が行われたことを記念したモニュメントも存在します。マラソンに限らず、ゴルフやボクシングなど、日本における各種スポーツ競技の発祥の地とされています（諸説ありますが）。この二つのモニュメントが語っていること、それは、日本国内787市（2016年３月末現在）の中で、映画とスポーツ競技の両方の発祥の地である都市は唯一、神戸だけ、ということなのです。

スポーツと映画に所縁があるという、すばらしい背景があるにもかかわらず「スポーツをテーマにした映画祭が神戸にない」と気づいたのが2015年１月のことでした。その後、多くの方々のご協力、ご支援をいただき、約１年かけて準備を進め2016年２月20日からの１週間、「神戸スポーツ映画祭！」を開催することができました。２回目の開催となった2017年１月には、スポーツをテーマにした短編作品によるコンペティションも開催し、全国各地から優れた作品が集まりました。

実は、スポーツと映画には非常に似た部分が多くあります。いずれもテレビでも視聴できますが、スタジアムやアリーナ、劇場に足を運び臨場感を楽しむ醍醐味は格別です。同じ試合、同じ作品を、多くの人たちと喜び、悲しみを共感できる点も同様です。一方で、テレビ放送のない（世間一般的には）マイナー（といわれるよう）な競技や、DVD 化されないような（世間一般的には）マイナー（といわれるよう）な作品の場合は、試合会場や劇場に足を運ぶしか見る手段がない、ということも共通しています。古い話ですが、映画会社が親会社だったプロ野球チーム（東映・阪急など）も存在しましたし、オリンピックの記録メディアとして映画が用いられたこともあり、スポーツと映画は切っても切り離せないといえるでしょう。

近代化以降、多くの人たちから愛されている、スポーツと映画。この二つの魅力的なコンテンツと歴史的にリンクしている神戸で、活性化や産業化へとつなげていき「スポーツ映画の都」にすることができれば楽しいだろうな、と日々考えています。

**塚田　義**（神戸スポーツ映画祭！　実行委員長）

# 第7章

# スポーツにおける不祥事

## Q73 指導者による暴力

顧問や指導者による暴力的な指導は許されるのでしょうか。体罰と暴力は違うのですか。しつけと体罰・暴力の境界線はどこですか。暴力によらない指導のためには、何が必要ですか。

A

### 法律による体罰、暴力の禁止

誰もが、指導するに際し、暴力的な指導や体罰がよくないと考えています。ですから、暴力的な指導は許されませんと答えるのが正解です。しかし、実際上はそう簡単でないのが体罰・暴力の問題です。

### 体罰と学校教育法、暴力と刑法

まず体罰と暴力は、どう違うのでしょうか。

私は、使われている法律は異なりますが、法的には同じ概念だと思います。

体罰は、身体に直接に苦痛を与える罰のことです。すなわち、学校教育に関する規定ではありますが、児童らに違法行為や学則に反する行為（非違行為）があることを前提に、学校教育法11条では、「校長及び教員は、教育上必要があると認めるときは、文部科学大臣の定めるところにより、児童、生徒及び学生に懲戒を加えることができる。ただし、体罰を加えることはできない」と規定しています。

一方暴力は、暴力行為等処罰に関する法律や暴力団対策法という法律のタイトルで文言が使われていますが、それは刑法208条の暴行の意味であり、「有形力の行使」であって、体罰と同義です。

そして、体罰＝暴力＝暴行の結果、ケガをしたり死亡すれば、傷害罪、傷害致死罪という重い刑事事件に発展します（刑法204条・205条）。

また、体罰も暴行も、民法では709条の不法行為になり、損害賠償責任の対象になります。

このように、教育法、刑事法、民事法、いずれの立場からも体罰や暴力行為は禁止されているのです。そして体育・スポーツの世界では以前から問題になっていて、2012年から2013年にかけての大阪市立桜宮高校バスケットボール部、公益財団法人全日本柔道連盟（全柔連）女子の事件で、一気に噴出した古くて新しい問題なのです。二つの事件が、スポーツ面だけでなく社会面での大きな記事になったのは、正に、社会の縮図的要素があったからです。

## しつけ（躾）のための体罰と暴力

しつけは礼儀作法を身に付けることであり、そのために体罰や暴力が許されるか、それもとても難しい問題です。しつけについては、民法822条で、親権者は、子どもの監護および教育に必要な限度で、懲戒することができるとされています。ここでは、学校教育法のように「体罰はできない」とか、「暴行は禁止」などの文言はありませんが、理論的には、むしろできないことが自明であると考えられます。

しかし、学校での懲戒や、しつけとしての懲戒の中で、言葉の文字どおりの意味として、全く「体罰や暴力」は許されないのでしょうか。

自身が育ってきた過去や自身の子育てを考えてください。実際上、たくさんの子どもたちのケースがある中、温和な注意や説得だけで懲戒の効果が出るとは限りません。何らかの苦痛を与えることや有形力の行使（行使した状態）が必要な場合も否定できないようにも思います。

結局は、対象行為者の年齢、悪さの内容・程度、発生の経緯、被害感情、反省の態度など、諸般の事情を勘案して、しつけのための、または教育上必要な懲戒内容（限界）が決まるとしかいえません。

なお、暴力＝有形力の行使に準じるものとして、いわゆる言葉の暴力があります。これについては、言葉の内容、たとえば、「死ね」、「殺されてしまえ」、「クソブタ」、「生きている価値がない」などの文言や態様、つまり耳元に口を近づけての大声での罵声やその回数などにもよりますが、刑法上、脅迫罪（222条）にあたる場合は、ここでの暴力になると考えられます。

## 暴力によらない指導

桜宮高校や全柔連の事件以来、たとえば悪さを行った中学生が、担任の教師に対し、「殴ってみいや」などと、挑発する例もあると聞きます。

望月浩一郎弁護士は、指導者の暴力行為に、①感情爆発型、②暴力行為好き型、③確信犯型、④指導方法わからず型の４つの類型があるとされます。

①②は論外としても、③の暴力行為が有効な指導方法だと確信をもっている場合、④他の有効な指導方法がわからないため暴力行為に走ることなどは、指導者の一生懸命さと相まって評価が難しいところです。アンケートをとると、過去を振り返り、先生が涙を流しながら殴って（体罰して）くれたといって感謝する人もいます。

しかし、指導者としては体罰や暴力に訴えては負けです。体罰・暴力により技術が向上したりうまくなることはありません。むしろ、萎縮したり自分で考えなくなり、マイナス面が多いのです。さらに、体罰・暴力を受けた者が、暴力行為に親和性や融和的態度をもち、暴力的指導の連鎖が続く可能性も高く、実際、これまでのスポーツ界の歴史がそうだったといっても過言ではありません。

そして何よりも、スポーツが楽しくありません。

心理学、医学、社会行動学、法学（判例）など不断に科学的知識を学習しながら、親を含む指導者が指導方法を学び磨くことが大切です。その意味では、指導者を指導するシステムの開発も急ぐべきでしょう。また、そのための公的資金の供給も大切です。

たとえば、公益財団法人日本高等学校野球連盟（高野連）が毎年行っている甲子園塾、合宿をしての「指導者のための講習会」なども参考にすべきよい例だと思います。そして、そのような場所に、弁護士が参加してアドバイスをできる場合もあると思います。そのような難しい指導の中で、自分の子どもを含む若者を、非暴力的に指導し習熟させるところに、指導者としての価値と喜びがあり、指導者の人間力が試されるところです。

（辻口信良）

# Q74 先輩、同僚による暴力

部活の先輩やチームの同僚からのしごきやいじめは許されるのでしょうか。対処法はありますか。放置する指導者に責任はないのでしょうか。

A

## 「しごき」、「いじめ」の定義と加害者の責任

「いじめ」は幅広い概念ですが、2013年6月に制定されたいじめ防止対策推進法においては、「児童等に対して、当該児童等が在籍する学校に在籍している等当該児童等と一定の人的関係にある他の児童等が行う心理的又は物理的な影響を与える行為（インターネットを通じて行われるものを含む。）であって、当該行為の対象となった児童等が心身の苦痛を感じているもの」と定義されています。同法の定義は児童生徒間で行われるものを想定していますが、職場で大人が行ういじめが裁判で問題とされ、慰謝料等の請求が認められた事例もあります。

「しごき」とは厳しく教えたり鍛えたりすることですが、しばしば、練習に名を借りた身体的、精神的虐待を指す言葉として使われます。

部活動やスポーツチームにおいても、殴ったり蹴ったりすれば暴行罪、結果、ケガをさせれば傷害罪が成立しますし、暴行脅迫を用いて義務のないことを無理やりやらせれば強要罪にあたります。また、これらの行為は民法上の不法行為にあたりますので、加害者は、刑事上の責任のほか、ケガの治療費、慰謝料等の損害を賠償すべき民事上の責任を負います。なお、しごきやいじめが民法上の不法行為にあたる場合で、加害者が未成年であれば、その親には子どもに対する監督義務がありますから、監督義務違反を理由として親が損害賠償責任を負う可能性があります（最高裁昭和49年3月22日判決・民集28巻347頁）。

## 学校、指導者等の責任

先に述べたいじめ防止対策推進法においては、学校や行政は、同法に定義する「いじめ」に対し、早期発見のための措置や相談体制の整備等いじめ防止のための基本的施策を定め、かつ、個別のいじめに対しては、事実確認やいじめを受けた児童生徒やその保護者に対する支援を行うこと等を求めています。た

だし、同法は、学校や行政に対し直接損害賠償義務を負わせるものではありませんので、損害賠償請求が認められるか否かは民法ないし国家賠償法にのっとって判断されることになります。

学校や教師は、学校の教育活動により生ずるおそれのある危険から児童生徒を保護すべき法律上の義務を負っており、部活動についても、その実施にあたっては、事件・事故の発生を未然に防止すべき義務があります（一般に「安全配慮義務」と呼ばれます）。学校に対してこのような義務違反行為を理由として損害賠償を請求する場合、国公立の学校については国家賠償法に基づき学校設置管理者である国や地方公共団体に、私立学校については民法に基づき学校法人に損害賠償請求をすることになります（部活動中の事故についてQ25も参照）。

部活動の指導者の責任が認められた例として、私立高校の空手部員が練習時間中に下級生の部員に暴行を加え負傷させた事案で、指導教員が練習に立ち会い、状況を十分監視していれば事故が発生せずに済んだ蓋然性が極めて高く、指導教員の怠慢は部員の加害行為と共同不法行為を構成するとされた裁判例があります（熊本地裁昭和50年７月16日判決・判タ332号331頁）。

また、いじめやしごきそのものではありませんが、学校の安全配慮義務が認められた例として、横浜地裁平成13年３月13日判決・判時1754号117頁があります。この裁判例は、私立高校柔道部の練習前に掃除をしていた生徒がプロレス技をかけられて重傷を負ったという事案で、練習前後の時間帯も部活動の一部と認定したうえで、従前から複数の部員が練習前に危険なプロレス技をかけ合っていることを指導教員が認識していた以上、学校と教員は未然に事故の発生を防止するよう監視・指導を強化する義務を負っていたのにこれを怠ったと判断しています。

このように、学校や指導者は、児童生徒の生命、身体等の安全を保護すべき義務を負っており、いじめや度をこしたしごきの存在を認識しながら放置していたような場合等には損害賠償責任を負います。

部活動以外でも、たとえば企業が運営しているスポーツチームであれば、企業は所属選手に対して安全配慮義務を負うと解する余地があります（もっとも、精神的にも肉体的にも未熟な児童生徒を指導監督する立場にある学校や教師と比べると安全配慮義務の内容はおのずと異なってくると思われます）。

## 相談窓口

近年では、スポーツ界から暴力行為を根絶すべく、さまざまな相談窓口が設置されています。

独立行政法人日本スポーツ振興センターでは、オリンピック強化指定選手等のトップアスリートを対象とした「第三者相談・調査制度相談窓口」を設けています（TEL03-6758-0010、火・木・金13時～16時）。また、公益財団法人日本体育協会（日体協）には、トップアスリートに限らず広く暴力行為等についての相談を受け付ける「スポーツにおける暴力行為等相談窓口」があります（TEL03-6407-1225、火・木13時～17時）。

その他、各スポーツ団体も暴力行為等の相談窓口を設けるところが増えていますし、もちろん、私たちスポーツ問題研究会でも常時相談を受け付けています（TEL06-6361-8888）。

（冨田陽子）

# Q75 部員の不祥事と連帯責任

高校の部活に所属している部員が飲酒や暴力事件、犯罪行為などをした場合、どのような処分を受けますか。部やチーム全体も出場停止処分を受けなければならないのでしょうか。

A

## 1 個人に対する処分

高校の部活に所属している部員が飲酒や暴力事件、犯罪行為などをした場合、部員（未成年）は、法的責任（刑事責任・民事責任）を問われ、競技団体による処分、学校による処分を受ける可能性があります。

### ⑴　法的責任（刑事責任・民事責任）

部員（未成年）が飲酒したこと自体が直ちに刑罰の対象になるわけではありませんが、暴力事件や犯罪行為などをした場合、刑事責任として、暴行罪（刑法208条）、相手にケガをさせた場合には傷害罪（刑法204条）、民事責任として、被害者に対する損害賠償責任（不法行為。民法709条）が問われる可能性があります。なお、未成年の刑事事件については、家庭裁判所による審判によって処分が決定されます。

### ⑵　競技団体による処分

相談者が念頭においている競技団体が明らかではありませんが、報道などでよく目にする高校野球を例にお話します。

個人が高校の野球部員であれば、日本学生野球憲章（学生野球憲章。2017年２月27日改正）との関係で、公益財団法人日本高等学校野球連盟（高野連）による注意・厳重注意（学生野球憲章26条１項）あるいは、公益財団法人日本学生野球協会（学生野球協会）による登録抹消などの処分（同憲章27条１項・28条）が考えられます。ただし、実際には、部員個人に対して処分をするといった運用はなされていません。

ほかに、個人がサッカー部員である場合、公益財団法人日本サッカー協会（JFA）の基本規程の懲罰規程（競技及び競技会における懲罰基準）によりますが、試合中ではなく競技場内での非行でもない以上、先行してなされる学校の処分が尊重されるようです。

### ⑶　学校による処分

個人は、学校教育法11条・同法施行規則26条や校則に基づき、指導や懲戒処分として停学または退学等を受ける可能性があります。

また、所属している部が、個人の部活動を停止したり試合の出場を認めなかったり、場合によっては、学校が、個人を退部させるなどの措置をとることもあるでしょう。

## Ⅹ 部（やチーム全体）に対する処分

### ⑴　競技団体による処分

ここでも、まず、高校野球を例にお話します。

部員が学生野球憲章に違反する行為をした場合、野球部は、高野連による注意・厳重注意（学生野球憲章26条1項）あるいは学生野球協会による対外試合禁止または登録抹消の処分（学生野球憲章27条1項・28条）を受ける可能性があります。

対外試合禁止などは、非行とは無関係な部員にも連帯責任を負わせ、野球をする権利を奪うことになりかねず、高野連や学生野球協会でも、その可否や程度について繰り返し検討されています（スポーツ基本法5条1項参照）。

近年では、部員が窃盗や強制わいせつなどの犯罪行為で事件を起こしても、部活動にかかわらず個人の事件と評価できれば、「野球部活動外の事件」として、その部に対して対外試合禁止の処分をすることはありません。

他方、部活動にかかわり、部員内での暴力事件、窃盗などの犯罪行為がなされ、野球部それ自体の体質が問われるような場合には、かかわった部員の人数、被害の程度、動機・目的などを勘案のうえ、対外試合禁止の処分がなされることもあります。

ただし、ご質問の飲酒などの場合、高野連により、注意の処分が繰り返しなされていたのであれば、改善計画書の提出を求める厳重注意（学生野球憲章26条3項）の指導がなされることになるでしょう。

この処分の手続は、学生野球協会の審査室によって行われ（学生野球憲章29条）、審査室が行った決定に不服があれば、審査室に対して不服の申立てができます（同憲章31条1項）。この不服の申立ては、弁護士などの代理人を通じて行うこともできます（審査室の処分決定に対する不服申立に関する規則４条１項）。ただし、不服申立ては、処分決定の通告を受けた日から６カ月以内に行わなければなりません（同規則８条２項）。

さらに、公益財団法人日本スポーツ仲裁機構に対し、その決定の取消しを求めて仲裁の申立てを行うことができます（学生野球憲章30条２項、スポーツ基本法５条３項参照。詳しくは、Q61参照）。

また、学生野球協会が行った決定を不服として、その処分無効の確認等を求めて訴訟を提起することも考えられますが、団体の構成員に対する処分の有効性については、「司法審査の対象にはならない」として訴え自体を却下した裁判例もあり、裁判を通じての解決は難しいといえます（東京地裁平成22年12月１日判決・判タ1350号240頁）。

ほかに、個人がサッカー部員である場合、先にお話しましたように、試合中ではなく競技場内での非行でもない以上、先行してなされる学校の処分が尊重されます。

⑵　学校による処分

学校は、個人の非行の程度にもよりますが、競技団体からの処分が決定される前に、自主的に大会への出場を辞退したり、部そのものを解散したりすることもあります。

## Ⅹ部（やチーム全体）に対する処分の問題点

これまで、主にお話しましたように、個人が野球部員である場合、高野連が、部活動にかかわらない部員の個人的な事件を理由に、部（やチーム全体）につき対外試合禁止の処分をすることはありません。

スポーツは、試合に勝つために日々練習をして自己研鑽に励むものですから、試合に出場できないことは、スポーツをする者にとって致命的ともいえます。部員全員がかかわるような事件でない限り、対外試合禁止という処分には、事件とは無関係な部員のスポーツをする権利を奪いかねない側面を残します（スポーツ基本法５条１項参照）。

現在、高野連では、学生野球憲章において、処分の種類の明示はありますが（学生野球憲章28条）、処分の対象行為の内容が一義的ではないため（同憲章27条

「本憲章に違反する行為をし」)、都道府県連盟に対し、毎年３回～４回程度、発生した事件の内容とその処分結果を開示しており、加盟校は、都道府県連盟の定期会合を通じて、これらを知ることができます。高野連としても、できる限り予測が可能であるように、類型化・具体化するとともに、その公開も含め検討されているところです（スポーツ基本法５条１項・２項参照)。

また、個人がサッカー部員である場合、JFA は基本的に学校による判断を尊重するため、学校による出場辞退などの自主的判断にも、非行にかかわらなかった生徒のスポーツをする権利が奪われないよう十分な配慮がなされることを求めます。

**【参考文献】**

第一東京弁護士会総合法律研究所スポーツ法研究部会編著『スポーツ権と不祥事処分をめぐる法実務』（清文社、2013年）

（加藤智子）

# Q76 セクシュアル・ハラスメント

指導者からセクハラを受け悩んでいます。指導者にはどのような責任が生じますか。何か対処法はありますか。

A

## セクシュアル・ハラスメントとは

セクシュアル・ハラスメント（セクハラ）とは、力関係・人間関係を利用した相手の望まない、不快に感じる性的言動をいいます（男女雇用機会均等法11条、人事院規則10−10第２条を参考）。

要は、拒みにくい人間関係が存在する場合に、性的言動を受けた当事者が不快に感じればセクハラになります。

## 指導者の責任

指導者には、後でお話するような①民事責任、②刑事責任、③競技団体による懲戒等の責任が生じる可能性があります。

ただし、相談者が、今後も現在の所属状況の中で競技を継続したいと考えているのであれば、セクハラの程度にもよりますが、指導者の法的な責任等を問うことを主とする解決方法は、必ずしもベストな選択肢とはいえないかもしれません。対処方法ともかかわりますので、順次お話します。

### (1) 民事責任

指導者は、不法行為責任を問われる可能性があります（民法709条・710条）。

なお、所属団体も、指導者と雇用関係にあれば使用者責任（民法715条）、また不法行為責任（民法709条）・安全配慮義務の一貫として環境配慮義務違反に基づく責任（民法415条）を問われる可能性があります。

指導者が公立学校の教員であるなど公務員であれば、その自治体等には国家賠償法１条２項に基づく責任が問題になるでしょう。

### (2) 刑事責任

セクハラの態様・程度によりますが、指導者は、強姦（刑法177条）・強制わいせつ（刑法176条）、名誉毀損（刑法230条）・侮辱（刑法231条）、脅迫（刑法222条）・強要（刑法223条）などの刑事責任を問われる可能性があります。

裁判例では、合宿先のホテルで女子部員に性的暴行をしたとして、指導者に対し、準強姦罪で懲役５年の実刑判決が言い渡され確定しています（東京地裁平成25年２月１日判決・判例集未登載。最高裁判所にて上告棄却され確定）。

⑶　競技団体による懲戒等の責任

指導者は、所属している競技団体から、定款・懲罰基準等の処分に関する規則により、戒告、登録停止、除名などの内部処分を受けることがあります。

先に例であげた懲役５年の実刑判決を言い渡された指導者は、競技団体から、除名に相当する会員登録（永久）停止処分を受けています。

## 対処方法

スポーツに係る指導者と選手の人間関係は、長時間の練習・合宿・遠征など、競技が生活の大きな割合を占めるため、狭く濃密になりがちです。しかも、指導者と選手間には、指導や選手選考などにかかわり上下関係が歴然としてあるため、選手にとって、拒みにくい人間関係が存在しているといわざるを得ず、セクハラが問題になりやすいのです。

たとえば、選手が、指導者から、フォームを直されたりマッサージをされたりする際に違和感や不快感を覚えた場合、セクハラにあたることがあります。

しかし、選手自身においても、そもそも、そのようなことをされること自体を当然と思っていたりすることも少なくなく、選手に対する啓発活動が重要となります。

また、違和感や不快感を覚えても、選手が、指導者に対し、セクハラを止めるように求めると、二次セクシュアル・ハラスメント（止めるように求めたり相談したりすることによって、所属団体内で嫌がらせなどさらに被害を受けること）を受けることにもなりかねず、選手としては声を上げることに躊躇（ちゅうちょ）せざるを得ない場合もあるでしょう。

二次セクハラが不安であれば、まず、所属する競技団体が公表しているセクハラに関する対策をウェブサイトなどで確認しましょう（公益財団法人日本体育協会（日体協）は、倫理に関するガイドラインを公表しており〈http://www.japan-sports.or.jp/about/tabid/149/Default.aspx〉、各加盟団体において、相談・苦情窓口を設置することなどの対応を求めています）。

匿名で相談できたり、個人を特定して公表したりしないことが確約されているなどの対策がとられているどうか確認できれば、相談しやすいでしょう。

また、指導者が自身の行為をセクハラであると認識できていないことも少なくなく、競技団体において、指導者に対し研修など啓発活動を実施することが求められます。

ただし、強姦や強制わいせつなどの犯罪行為に遭い、警察に相談せざるを得ないような状況になった場合には、ご自身だけで対処することは困難です。周りの人に相談しにくい状況があれば、弁護士などの専門家に相談してください。希望すれば女性弁護士を紹介してもらうことも可能ですし、専門家には守秘義務があり、どのような解決方法が相談者にとって一番よいかを一緒に考えてくれます。

以上は、通常多く問題になる女性選手が男性指導者からセクハラを受けた場合を想定してお話しましたが、男性選手が女性指導者からセクハラを受けることもありますし、同性間でのセクハラもあります。それらの場合でも、基本的には、お話したことを参考にしていただけます（2017年に改正された刑法では、それまで強姦罪の罪名で加害者は男性で被害者は女性とされていたものが、加害者・被害者の性別を問わず「強制性交等罪」に改められました）。

（加藤智子）

## Q77 八百長問題

スポーツにおける八百長にはどのようなものがありますか。また、どのような問題がありますか。

A

### 八百長とは

明治初期のこと、八百屋の斎藤長吉（通称八百長）という者がおり、親交のある大相撲の年寄七代伊勢ノ海五太夫としばしば囲碁を打っていたのですが、長吉は、付き合いの維持のため、伊勢ノ海に対して適度に勝ちを譲っていました。ところが後に、長吉の将棋の力が相当に高いことを伊勢ノ海が知ってしまい、伊勢ノ海はずっと馬鹿にされていたと大変憤った、という出来事がありました。このことから、相撲で両力士が互いに申し合わせて引き分けにすることなどを八百長と呼んでいたようです。

現在では、実力を発揮せずわざと負けることだけでなく、勝利のために選手や審判を買収することなども、同じく八百長と呼ぶことがあります。

### 八百長に対する制裁

⑴　犯罪になる場合

現在のわが国では、故意に試合に負けるという行為そのものは、原則として犯罪にはなりません。

しかし、競技によっては、八百長行為が犯罪になることがあります。八百長は勝敗を意図的に左右することから、ギャンブルと密接にかかわっています。そのため、競馬をはじめとした公営競技やスポーツくじ（toto など）にかかわるＪリーグでは、八百長行為や試合結果にかかわる金銭の授受は犯罪とされています。

また、それ以外の競技でも、違法な賭博の対象となっていることがあり、これに関与して八百長行為をした者は賭博罪に問われることがあります。

⑵　競技団体からの制裁

各競技の国内競技連盟やプロスポーツ団体は、競技者規程や倫理規程等を定めて、試合結果に影響を与える不正行為への関与を禁じたり（Ｊリーグ規約89

条１項７号）、故意に敗れることを「敗退行為」として禁止したりしており（日本プロフェッショナル野球協約177条１項１号）、これが八百長行為禁止の根拠となっています。これに違反すると、資格停止、出場停止などの処分を受けます。その競技団体から永久に追放されることもあり得ます。

## Ⅹ 八百長の事例

### ⑴　山岡事件

1965年、恐喝事件で逮捕された暴力団員が、取調べの中で、競馬の騎手を抱き込んで八百長行為をしていたと供述しました。調査の結果、天皇賞などで勝利したことのある山岡忞騎手をはじめ、３名の騎手が競馬法上の収賄罪で、暴力団員らが贈賄罪で逮捕され、有罪判決を受けました。

また、山岡騎手らは、騎手の免許を取り消され、事実上競馬界から永久追放されました。

この事件は、騎手による不正防止のため、調整ルーム制度（騎乗予定の騎手が開催日前日に調整ルームに入り、外部との接触を禁じられるもの）などを整備するきっかけとなりました。

### ⑵　黒い霧事件

1969年、プロ野球西鉄ライオンズの選手が八百長行為をしていたことが発覚し、プロ野球界で初めて永久出場停止の処分を受けました。

その後、1971年にかけて、暴力団員から金銭を受け取ったり、実際に八百長行為に及んだりした選手がいることが続々と発覚しました。結局、合計５名の選手が永久出場停止の処分を受けたほか、８名の選手が期限付き出場停止処分や戒告処分などを受ける事態になりました。

また、八百長疑惑が取りざたされている最中の1970年、中日ドラゴンズと大洋ホエールズの元選手２名が、暴力団員と共謀してオートレースの八百長を仕組んでいた疑惑が報じられ、その後小型自動車競走法違反の疑いで逮捕されるに至りました。その後も同様の容疑で３名の現役選手が逮捕され、現役選手のうち１名は永久出場停止、残る２名は期限付き失格選手に指名されました。

オートレース八百長では、オートレース選手が19名も逮捕されました。東京都の大井オートレース場は、もともと廃止の声があがっていたところに黒い霧事件による悪評が重なり、1973年に廃止されています。

### ⑶　大相撲における八百長問題

2010年、大相撲の力士が野球賭博に興じていた問題が発覚し、逮捕者を出す騒動となりました。2011年、その捜査の一環で、大相撲で八百長が行われていたことが新たに発覚しました。調査の結果、力士同士が事前に勝敗を打ち合わせていたことや、その仲介をしている力士がいること、金銭の授受があったことなどが判明しました。

結局、八百長に関与したとされる21名の力士が引退勧告や出場停止処分を受け引退、２名の力士が引退勧告を拒否して解雇されました（ただし、解雇された２名のうち蒼国来は、後に無気力相撲をしたとは認められないと判断されて裁判で勝訴し、現役に復帰しています）。また、19名の年寄が処分されています。

### ⑷　ロンドンオリンピックバドミントン女子ダブルスでの無気力試合

2012年のロンドンオリンピックバドミントン女子ダブルスでは、対戦する両ペアが試合で負けようと無気力試合をするという出来事が２試合で発生し、関与した４ペアがすべて失格処分となりました（Ｑ３参照）。

### ⑸　Ｊリーグのベストメンバー規定

八百長そのものの事例ではありませんが、関連するベストメンバー規定についても紹介します。

Ｊリーグでは、八百長の防止や、スター選手を見に来るサポーターへの配慮等を目的に、Ｊクラブに対し、「その時点における最強のチーム（ベストメンバー）」で試合に臨むことを義務づけています（Ｊリーグ規約42条）。しかも、その内容として、先発メンバーは、リーグ戦の直前５試合で１試合以上先発した選手を６人以上含まなければならないというものとなっていました（改正前の「Ｊリーグ規約第42条の補足基準」）。この規定に違反したとしてＪクラブが処分された事例が２例あります。

しかし、どの選手がベストメンバーであるかは監督の裁量で決めるべきだという批判が根強くあります。また、処分事例のうち１例は、ＪクラブがＪリーグに対して事前に確認したのに対し、Ｊリーグが「ベストメンバー規定には違反しない」という誤った回答をし、Ｊクラブがこれを信じてしまったために発生したものであり、さらに批判を巻き起こすこととなりました。

現在では、Ｊ１リーグやカップ戦では、契約形態に着目した規定に変更されたほか、Ｊ２、Ｊ３リーグでも規定の例外を増やすなど、この規定は緩和されつつあります。

## 八百長防止のための取組み

八百長行為を事前に防止するために、各団体はさまざまな取組みを行っています。

たとえば、2011年、日本プロ野球では、グラウンド上で対戦相手と親睦的態度をとることを禁じた公認野球規則等の規定を遵守し、練習中での談笑や一塁走者と一塁手の私語等を慎むように選手に通達されました。

また、2013年、ヨーロッパの各国サッカー協会、クラブ団体、リーグ団体、選手会の代表で構成するプロサッカー戦略評議会は、八百長行為をなくすための行動計画を策定しました。具体的には、内部告発制度の導入、各団体による教員キャンペーンや八百長禁止プロジェクトの実施、スポーツ賭博における詐欺行為の検知報告システムの継続などがあげられています。

（岡本大典）

## Q78 反社会的勢力の排除

スポーツ界と反社会的勢力とのつながりが問題視されていますが、なぜ反社会的勢力の排除が必要なのでしょうか。スポーツ団体や選手が脅かされてお金を渡したような場合も問題となるのでしょうか。

A

### スポーツ界と反社会的勢力

スポーツ選手と反社会的勢力との関係では、古くは1970年頃に発覚したプロ野球の「黒い霧事件」があります。この事件では、八百長や違法賭博に関与していたとして、多数の選手が永久追放処分などを受けています。また、2010年には、野球賭博に関与したなどとして大相撲の現役の大関が除名処分を受けるなど多数の力士が処分を受けました。さらに、2016年には、プロ野球の複数の巨人軍選手が野球賭博に関与したとして処分を受け、バドミントンでは世界ランキング上位の選手の違法カジノ賭博が発覚しオリンピックに出場できなくなりました。賭博などは、暴力団や反社会的勢力と密接に関係し、その資金源となっています。軽い気持ちで行った者もいるかと思いますが、結果は選手生命を絶たれるなど、払った代償は極めて大きいものがあります。

### 脅されても資金提供は行わない

暴力団などから脅されてお金を要求された場合、不安感や恐怖感から暴力団の言いなりなってお金を払うということがないとはいえません。この場合、暴力団は恐喝罪になり、暴力団との関係ではお金を渡した人は被害者です。しかし、他面からみると、暴力団に脅されたとはいえ、安易にお金を渡すことは、暴力団に資金源を提供し、暴力団の活動を支えることになります。

現在、全国47都道府県などで、暴力団排除条例（一部で名称が異なる場合があります）が制定されています。東京都暴力団排除条例では、基本理念として、次の４つの原則をあげています。

① 暴力団を恐れない。

② 暴力団に金を出さない。

③ 暴力団を利用しない。

④　暴力団と交際しない。

企業の場合、たとえ脅されたとしても暴力団にお金を渡す行為はコンプライアンスに反し、非難されるべき行為であるとされています。この考え方は、企業だけではなく、いまや市民を含め社会全体にあてはまり、子どもたちに夢を与えるスポーツ選手やスポーツ団体では特に厳しい態度が求められているといえます。

## 反社会的勢力の排除が必要な理由

戦後、日本の暴力団は、賭博、のみ行為、覚せい剤の販売などを資金源とし成長し、その後、債権取立て、交通事故の示談、寄付金要求などと市民生活や企業活動にかかわるようになり（民事介入暴力）、我々の安全を脅かすようになってきました。そこで、1992年に暴力団対策法が施行され、暴力団の活動が規制されるようになったことから、暴力団であることを示してあからさまな不当要求を行うということは減少しました。しかし、他方で、政治活動を装う政治活動標榜ゴロ（えせ右翼）や人権活動などを装う社会運動標榜ゴロ、企業としての経済取引を装う暴力団関係企業（フロント企業）などの活動が活発化し、資金獲得活動が巧妙化しています。したがって、市民生活や企業活動の安全を守るためには、暴力団だけではなく、上記のような違法・不当な方法または暴力的威力を用いて資金獲得活動を行う者や団体も反社会的勢力として排除していく必要性があります。

## 企業における反社会的勢力の排除の内容

2007年６月に政府の定めた指針（企業が反社会的勢力による被害を防止するための指針――犯罪対策閣僚会議幹事会申合せ）では、企業においては、「反社会的勢力に対して屈することなく法律に則して対応することや、反社会的勢力に対して資金提供を行わないことは、コンプライアンスそのものである」とし、基本原則として次の事項を定めています。

【反社会的勢力による被害を防止するための基本原則】
① 組織としての対応
② 外部専門機関との連携
③ 取引を含めた一切の関係遮断
④ 有事における民事と刑事の法的対応
⑤ 裏取引や資金提供の禁止

たとえば、暴力団関係者などの反社会的勢力から、販売した製品に欠陥があったとしてクレームをつけられ過大な要求を受けた場合、企業としてはあくまでも担当者任せにするのではなく役員も含めて組織として対応し（①）、状況に応じて、警察、暴力追放運動推進センター、弁護士などの外部の専門家と連携して対応し（②）、不当の要求には応じることなく、民事、刑事の法的対応をとるということが求められます（③④）。特に、企業に弱みがある場合には、相手方はそれを公表しないことの見返りとして不当な要求を行うなど裏取引を求めることがありますが、そのような誘いに応じることは厳禁です（⑤）。反社会的勢力に資金提供をしたという弱みにつけこんで、さらなる不当要求につながるからです。

## スポーツからの反社会的勢力の排除

スポーツ界においても、暴力団や反社会的勢力の排除を求め、一般社団法人日本野球機構（NPB）や公益財団法人日本相撲協会でも暴力団等排除宣言を出して、反社会的勢力との決別を宣言しています。しかし、残念ながら、最近でも、先に述べたように、プロ野球選手による野球賭博やバドミントン選手の違法カジノ賭博が問題になりました。

スポーツ選手は、スポーツという狭い世界、閉じられた世界に生き、社会の常識との間にズレが生じている場合があると思われます。スポーツは子どもたちを含む多くの人たちに夢や希望を与えるものであり、反社会的勢力とは最も相容れない関係にあります。スポーツ団体としては、単にスポーツのエリート選手を養成するだけではなく、社会の常識を備えた真のエリートを養成する努力をするべきだと考えます。

（井上圭吾）

## Q79 野球賭博、ノミ行為、ダフ行為

野球賭博にはどのような問題がありますか。また、ノミ行為やダフ行為といった言葉を聞いたことがありますが、何が問題なのですか。チケットを友人から購入したり、転売する場合に注意することはありますか。

A

### 野球賭博とは

わが国の法律では野球賭博のような行為を賭博罪として禁止しています（刑法185条）。賭博とは、偶然の事情で結果が決まることに財物を賭けることをいいます。野球の勝敗も実力以外の運が左右することも多く偶然の事情で結果が決まることにあたりますので、これにお金を賭けたりすることは賭博にあたります。

もっとも、刑法の賭博罪は「一時の娯楽に供するもの」を賭けた場合には犯罪にならないとされていますが、これはお菓子や食事などといった価値の低いものを賭けた場合を指しています。お金の場合にはごく少額でも一時の娯楽に供するものとはいえないとされていますので、賭博罪になります。

野球賭博については、暴力団関係者といったいわゆる反社会的勢力とのつながりが問題視されることも珍しくありません。一般社団法人日本野球機構（NPB）においても、反社会的勢力排除を目指すために厳しい態度をとっており、日本プロフェッショナル野球協約においても賭博行為は禁止されており、違反すると１年間または無期の失格処分とされます（野球協約180条）。最近も、現役のプロ野球選手が野球賭博に関与していたとして失格処分を受けたことがありました。

### ノミ行為とは

「ノミ行為」とは、競馬、競輪、競艇およびオートレース等の公営競技等を利用して、私設の投票所を開設する行為をいいます。これを営業的に行っている者を「ノミ屋」といいます。一般的にノミ屋の控除率は正規の投票券よりも低く設定されているため正規の投票券を買うよりも割増された配当が受けられるほか、わざわざ正規の投票券売り場まで行かずとも購入できるという手軽さ

もあって、ノミ屋が利用される動機となっています。

しかし、ノミ行為が横行すると公営競技の主催者の売上げの減少につながりますし、そもそもノミ屋の運営が暴力団等の反社会的勢力の資金源になっているという問題があります。そのため、ノミ屋をすることも利用することのいずれも競馬法、自転車競技法、小型自転車競走法、モーターボート競走法によって禁止し、刑罰が科せられています。

## ダフ行為とは

スポーツの試合やコンサートなどのチケットを転売目的で入手し、その会場近辺などの場で、チケットを買えなかった人や買いたい人に違法に売りさばく行為を「ダフ行為」といいます。ダフ行為が横行するとチケットを本当に必要としている人が適価で購入することが難しくなるなどの問題があります。ダフ行為そのものを一般的に取り締まる法律はありませんが、地方公共団体の定めるいわゆる迷惑防止条例により取締りの対象となっています。

### ⑴　地方公共団体の条例――迷惑行為の防止

迷惑行為防止条例によるダフ行為規制は、公共施設の公平な利用、ダフ屋による善良な社会環境への侵害防止を目的としています。

ダフ屋行為とされるのは、次のいずれかの行為です。

①　転売目的でチケットを公衆に発売する場所において購入すること。

②　転売目的で得たチケットを公共の場所または公共の乗物において不特定の者に売りまたは人を勧誘して売ろうとすること、公衆の場で、チケットを他者に転売すること。

### ⑵　物価統制令――価格秩序の維持

迷惑防止条例にダフ行為取締りの規定が設けられていない地域でも、チケットの転売行為が物価統制令に違反するとして処罰の対象になることがあります。

物価統制令９条の２によれば、不当高価契約が禁止されており、ダフ行為がこれにあたれば、同令34条により、罰則が科せられます。のみならず、ダフ行為目的のために、物品を所持すること自体禁止されており（同令13条の２）、これに違反したものは処罰されます（同令35条）。

### ⑶　処罰の対象行為

まず、ダフ屋からチケットを購入することは、迷惑防止条例違反にはなりませんが、ダフ屋から不当に高い価格でチケットを購入した場合には物価統制令９条の２違反として処罰の対象となります。

次に、入手できたチケットを知人に有償で配った場合、チケットを通常のチケット売り場等の公衆に販売する場所で購入した場合には、迷惑防止条例違反として処罰の対象となります。しかし、知人から直接譲ってもらったような場合には迷惑防止条例違反にはなりません。

また、入手方法に問題なくとも大量のチケット入手は転売目的での取得と判断される可能性が非常に高いため、公共の場所で転売すれば迷惑防止条例違反として処罰の対象となります。なお、転売価格が不当に高価である場合には物価統制令違反により処罰される可能性もあります。

### ⑷　その他

いわゆるチケットショップがダフ屋として取締りの対象になっていないのは、自ら店舗を構えて一般の顧客から不要チケットを買い取って店舗で転売するという方式が迷惑防止条例に定めるダフ行為に該当しないからです。もっとも、チケットショップは中古販売業ですから、営業するためには古物営業許可を取っておく必要があります。

さらに、最近問題となっているものとしてインターネットオークションでのチケット転売行為があります。インターネット上のサイバースペースは物理的な「公衆の場」ではないため、インターネットオークションで不要なチケットを出品して転売する場合は、公衆の場でのチケット転売ではないため、転売行為そのものがダフ行為にはあたりません。しかし、インターネットオークションで転売するためにチケット売り場でチケットを購入する行為はダフ行為にあたります。インターネットオークションでのダフ行為の摘発が時折ニュースになっていますが、実際に取締り対象になっているのはオークションでの転売ではなく、チケットを仕入れた行為なのです。

最近では、法律や条例ではなく、興行主がチケットの転売を禁止していることが増えてきました。そのような場合には、ダフ行為として犯罪にはならなくても、転売したチケットが無効扱いされるなどの不利益を受けることになりますので注意しましょう。

（結城圭一）

## コラム ■リオオリンピックの戦いへの「こだわり」

私は2014年に10年ぶりに日本代表ヘッドコーチに復帰し、約２年半の練習を経てリオオリンピックでの戦いを迎えました。自信がない日本選手たちにメダルを取らせるには、誰にも負けない厳しい練習をして、技術、体力、精神力を鍛えることはもちろんです。しかし、それだけではシンクロナイズドスイミング（シンクロ）という採点競技ではメダルをとることはできません。採点競技ゆえの「こだわり」なくして、今回のデュエットで８年ぶり、チームで12年ぶりのメダル獲得はあり得なかったと思います。

### ●曲へのこだわり

シンクロで使う曲は、現在、アップテンポなリズムの曲が世界的に流行しています。

もっとも、体形的に恵まれていない小柄な日本選手が流行と同じことをしていてはメダルを取ることはできません。そこで、審判と観客を感動させる曲を使おうと考え、曲の中に起承転結がはっきりと表現されているオリジナル曲を作っていただきました。序盤はスピード感にあふれた曲で見ている人たちの心をつかみ、中盤では審判と観客に感動してもらうためにスローなメロディーラインのある曲で選手を泳がせ、人々の心を感動に導き、最後には観客の拍手と手拍子を引き出し、その観客の手拍子の中で選手を泳がせるような曲を作っていただきました。

チームテクニカルルーティンで使う曲の中には、選手たちを録音スタジオに連れて行って録音した、選手たち自身のかけ声を入れました。選手たちは自分の声が入った曲の中、オリンピックで泳いだのです。選手たちに、自分たちが泳ぐ曲に愛着をもち、大切に泳いでほしいと思う、私のこだわりから考えた工夫でした。

### ●水着へのこだわり

日本選手は世界の選手に比べるととても小柄です。

ロシア、中国、そして今回のリオデジャネイロのオリンピックでメダル争いをしたウクライナも長身の選手をそろえています（ウクライナにおいては177cm以上の選手が８名中５名。しかし、日本は最も長身の選手で177cmが１名、170cmが１名、そして最も小柄な選手では161cmが２名の８名のチーム構成でした）。選手全員がオリンピックの舞台で輝いて見えることが私の一番めざすところでしたが、そのためには審判や観客に身長差を感じさせないようにすることが重要な課題でした。そこで、片足を水面上に上げた時にはそれぞれの選手が水着を見せる、そしてその水着の鮮やかな色が見ている人たちの目に飛び込み、「日本選手の演技は水着が見えて高い！」と感じてもらえるような水着を製作していただきました。それが外国選手と足の長さが違うという空間的な点から目をそらせる方法だったのです。

今回作っていただいた水着は、日本の技術を結集したもので、手捺染で染められた、選手を輝かせるに十分な素晴らしい色彩であることに加え、完璧な機能性（軽さ、動きやすさ）を備えたものでした。また、選手のお母さま方に約1000個のスワロフスキーをつけていただくようにお願いしました。私が日本選手の指導に携わっていない10年間は、日本選手の水着は、専門スタッフがスワロフスキーも付け完成させたものを選手に手渡していました。なぜ、私が各選手のお母さま方にスワロフスキーを縫い付けていただくようにお願いしたかというと、今は亡き私の母から「千人針」の話を聞いたことがあり、それが私の心の中に今も深く残っていたからです。かつて、戦争に行かれる人たちは1000人もの方々に布に結び目を作っていただき、その布を肌身離さず身に着け、お守りにして戦場で戦われたという話を聞いたのです。人は最後には人の心で支えられます。シンクロの選手も、オリンピックの舞台で、お母さまが心を込めてスワロフスキーを付けてくださった水着で泳いでほしいと私は思ったのです。お母さま方は心を込めて一粒ずつ飾り付けられ、選手はその水着を身にまとい、オリンピックの大舞台で母の気持ちに守られて泳ぎ切ったのです。最後には「人は人の心で支えられる」ということを実感したオリンピックでもありました。

**井村雅代**（シンクロナイズドスイミング日本代表コーチ）

## ■執筆者一覧■

（50音順）


|  |  |  |
|---|---|---|
| 相川　大輔 | （あいかわ　だいすけ） | 弁護士・北尻総合法律事務所 |
| 足立　朋子 | （あだち　ともこ） | 弁護士・いまここ法律会計事務所 |
| 井上　圭吾 | （いのうえ　けいご） | 弁護士・アイマン総合法律事務所 |
| 岡村　英祐 | （おかむら　えいすけ） | 弁護士・太陽法律事務所 |
| 岡本　大典 | （おかもと　だいすけ） | 弁護士・松柏法律事務所 |
| 桂　　充弘 | （かつら　あつひろ） | 弁護士・北尻総合法律事務所 |
| 葛城　　繁 | （かつらぎ　しげる） | 弁護士・よつば法律事務所 |
| 加藤　智子 | （かとう　さとこ） | 弁護士・ひまわり総合法律事務所 |
| 川井　圭司 | （かわい　けいじ） | 同志社大学教授・博士（法学） |
| 河端　　直 | （かわばた　なお） | 弁護士・弁護士法人なにわ共同法律事務所 |
| 木村　重夫 | （きむら　しげお） | 弁護士・太陽法律事務所 |
| 古座　成彦 | （こざ　しげひこ） | 税理士・古座税理士事務所 |
| 小谷　英男 | （こたに　ひでお） | 弁護士・小谷法律事務所 |
| 坂　　房和 | （さか　ふさかず） | 弁護士・須知法律事務所 |
| 新矢　　等 | （しんや　ひとし） | 行政書士・太陽法律事務所 |
| 田中　　敦 | （たなか　あつし） | 弁護士・弁護士法人苗村法律事務所 |
| 辻口　信良 | （つじぐち　のぶよし） | 弁護士・太陽法律事務所 |
| 冨島　智雄 | （とみしま　ともお） | 弁護士・澪標綜合法律事務所 |
| 冨田　英司 | （とみた　えいじ） | 弁護士・関口・冨田法律事務所 |
| 冨田　陽子 | （とみた　ようこ） | 弁護士・弁護士法人宮﨑綜合法律事務所 |
| 仲元　　紹 | （なかもと　しょう） | 弁護士・仲元紹綜合法律事務所 |
| 西本　雄大 | （にしもと　ゆうた） | 弁護士・池田綜合法律事務所 |
| 藤田　康貴 | （ふじた　やすたか） | 弁護士・弁護士法人 KM 総合 |
| 藤村航太郎 | （ふじむら　こうたろう） | 弁護士・紅梅法律事務所 |
| 堀田　裕二 | （ほった　ゆうじ） | 弁護士・アスカ法律事務所 |
| 増山　　健 | （ますやま　けん） | 弁護士・弁護士法人淀屋橋・山上合同 |
| 松尾研太郎 | （まつお　けんたろう） | 弁護士・太陽つかさ法律事務所 |
| 松倉　功治 | （まつくら　こうじ） | 弁護士・松倉総合法律事務所 |

執筆者一覧

**宮島　繁成**（みやじま　しげなり）　弁護士・ひまわり総合法律事務所
**山田　尚史**（やまだ　ひさし）　弁護士・フェニックス法律事務所
**結城　圭一**（ゆうき　けいいち）　弁護士・ゆうき法律事務所

## ■コラム執筆者一覧■

（50音順）

| | |
|---|---|
| 井村　雅代（いむら　まさよ） | シンクロナイズドスイミング日本代表コーチ |
| 岡村　武彦（おかむら　たけひこ） | 大阪精神医学研究所新阿武山病院院長<br>特定非営利活動法人日本ソーシャルフットボール協会理事長 |
| 川畑健一郎（かわはた　けんいちろう） | 元ボストン・レッドソックス１Ａ |
| 木場　昌雄（きば　まさお） | 元ガンバ大阪　一般社団法人 Japan Dream Football Association 代表理事 |
| 小林　恵子（こばやし　けいこ） | 全国柔道事故被害者の会事務局長 |
| 小林　義典（こばやし　よしのり） | 東海大学医学部付属八王子病院循環器内科教授 |
| 新川　　諒（しんかわ　りょう） | スポーツライター |
| 田名部和裕（たなべ　かずひろ） | 公益財団法人日本高等学校野球連盟理事 |
| 塚田　　義（つかだ　ただし） | 神戸スポーツ映画祭！　実行委員長 |
| 中村　周平（なかむら　しゅうへい） | ラグビー事故勉強会　運営メンバー |
| 中村智太郎（なかむら　ともたろう） | ロンドンパラリンピック　100ｍ平泳ぎ銀メダリスト |
| 橋本　　恵（はしもと　めぐみ） | 管理栄養士 |
| 廣瀬　俊朗（ひろせ　としあき） | 元ラグビー日本代表主将 |
| 堀込　孝二（ほりごめ　こうじ） | 特定非営利活動法人スポーツファンデーション代表理事　株式会社アミティエ・スポーツクラブ京都代表取締役 |
| 三木　亮平（みき　りょうへい） | ラガーマン |
| 矢部　次郎（やべ　じろう） | 特定非営利活動法人奈良クラブ理事長兼ＧＭ |
| 山口　　香（やまぐち　かおり） | 柔道家　筑波大学大学院准教授　日本オリンピック委員会理事 |

# 第４版　おわりに

スポーツと法律問題を議論するうえで、私たちが常に意識していることがあります。それは、スポーツの力（価値）です。読者の方は、スポーツにどのような価値を見出されるでしょうか。スポーツをしてよかった、観てよかった、支えてよかったというご経験がきっとあると思います。私たちは、スポーツには、こうしたスポーツにかかわる人すべての生活を幸福で豊かにする力があり、さらには世界を平和にする力すらあるのではないかと考えています。私たちは、こうしたスポーツの価値を毀損するような問題を解決し、よりスポーツの価値を向上させるべく、日々スポーツにおける法律問題を研究し、スポーツ法実務に取り組んでおり、本書『Ｑ＆Ａ　スポーツの法律問題』はこうした研究や実務の成果です。

前版である『Ｑ＆Ａ　スポーツの法律問題〔第３版〕』の出版から６年近くの月日が経過し、スポーツ界では今までにない新しい法律問題や取組みが起こり、裁判例の集積や研究を通して従前の法律問題も議論がより深まってきました。そこで、第４版では、スポーツにおける最新の法律問題を取り上げるため、第３版での議論をベースとして、全訂版としてＱ＆Ａを章の構成から一新することにしました。そして、第４版のＱ＆Ａの執筆にあたっては、スポーツにおける人権侵害事例への法的対応、当事者・種目・傷病といった属性を意識したスポーツ事故の検討、急速に進化するスポーツビジネスの整理と分析、スポーツ団体のガバナンス向上やアンチドーピング活動の啓発など、スポーツの現場において今まさに問題となっている課題の解決を意識しつつ、前版までと同様、法律家のみならず選手や指導者等スポーツに携わるすべての人にとってわかりやすいものとなるものを目指しました。本書が、少しでも読者の皆様のスポーツに関する悩みを解決し、スポーツの価値を維持・向上する助けとなれば大変光栄です。

前版同様、第４版でも、本研究会とゆかりのある、さまざまなスポーツ分野の第一線で活躍される方々から多くのコラムを寄稿していただきました。これらのコラムは非常に示唆に富むもので、今後のスポーツ法の研究にとっても大変参考になるものです。忙しい中寄稿をご快諾いただいたコラムニストの方々には深く感謝します。また、私たち法律家のＱ＆Ａは、コラムニストの方々を含む、本研究会へ参加いただいた方々との意見交換の上に成り立っています。本研究会の活動にご協力いただいたすべての方に感謝いたしますとともに、今後ともご指導・ご鞭撻をお願いいたします。

東京オリンピック・パラリンピックなどメガスポーツイベントにおいて、人権侵害・環境破壊を抑制するとともに救済制度を充実させることで、持続可能な大会運営を目指すスポーツ・サステナビリティという議論、大学スポーツにおける日本版 NCAA 構想、e スポーツを取り巻く法律問題など、スポーツの発展に伴い、スポーツ法の論点は日々新たに発生します。今後も、個別事件の処理や研究活動を通して、新たな課題にも積極的に取り組んでいきたいと思いますので、少し気が早いですが、次回の改訂も楽しみにしていただければと思います。

最後になりましたが、第４版にあたっては、民事法研究会の大槻剛裕さんには大変お世話になりましたことを深く感謝いたします。

2018年　早春

**編集責任者**

**相川大輔　岡本大典　田中　敦**

**冨田英司　堀田裕二　山田尚史**

[編者所在地]

スポーツ問題研究会

［事務局］　〒530-0047　大阪市北区西天満4-8-2
北ビル本館４階
太陽法律事務所内
電話06-6361-8888　FAX06-6361-8889
E-mail office@taiyo-law.jp

**Q&A スポーツの法律問題〔第４版〕**

平成30年４月13日　第１刷発行
令和５年８月26日　第２刷発行

定価　本体2,700円＋税

編　　者　スポーツ問題研究会
発　　行　株式会社　民事法研究会
印　　刷　株式会社　太平印刷社

発 行 所　株式会社　民事法研究会
〒150-0013　東京都渋谷区恵比寿3-7-16
〔営業〕　TEL　03(5798)7257　FAX　03(5798)7258
〔編集〕　TEL　03(5798)7277　FAX　03(5798)7278
http://www.minjiho.com/　　info@minjiho.com

落丁・乱丁はおとりかえします。　ISBN978-4-86556-223-1　C2032　￥2700E
カバーデザイン　鈴木弘